# 轨道交通房建结构维修

周飞飞　主编

中国铁道出版社有限公司

2021·北　京

**图书在版编目(CIP)数据**

轨道交通房建结构维修/周飞飞主编．—北京：中国铁道出版社有限公司，2021．12
ISBN 978-7-113-28518-0

Ⅰ．①轨… Ⅱ．①周… Ⅲ．①城市铁路-轨道交通-建筑结构-维修 Ⅳ．①U239．5

中国版本图书馆 CIP 数据核字(2021)第 231744 号

**书　　名：**轨道交通房建结构维修
**作　　者：**周飞飞

---

**策　　划：**陈小刚
**责任编辑：**张　瑜　　　　**编辑部电话：**(010)51873017
**封面设计：**刘　莎
**责任校对：**苗　丹
**责任印制：**樊启鹏

---

**出版发行：**中国铁道出版社有限公司(100054，北京市西城区右安门西街 8 号)
**网　　址：**http://www.tdpress.com
**印　　刷：**三河市国英印务有限公司
**版　　次：**2021 年 12 月第 1 版　2021 年 12 月第 1 次印刷
**开　　本：**787 mm×1 092 mm 1/16　**印张：**12.5　**字数：**296 千
**书　　号：**ISBN 978-7-113-28518-0
**定　　价：**69.00 元

---

# 前　言

城市轨道交通系统是一个庞大复杂的技术系统，主要由轨道线路系统、车辆系统、土建系统、供电系统、通信信号系统、运营组织管理系统等组成。其中土建系统在整个轨道交通系统中发挥着重要的桥梁纽带作用，是确保列车安全运行的基础条件。

《轨道交通房建结构维修》是基于多个城市房建结构设施的运营维护经验，对城市轨道交通中的区间隧道结构、车站站房结构、车站装修等维保过程常见问题和维修方法进行阐述和概括，同时也对这些基建设施可能出现的、危害性较大的病害处理做案例分享，有助于从事或将从事房建结构专业的人员更好地将理论与实际相结合，更好融入工作中。

全书紧紧围绕轨道交通房建结构设施运营维保的维修方法展开论述，结合新形势下国家、行业对企业职工的技能要求，编委会成员通过调研各地方城市的普遍做法，编写过程中在专业上下功夫，在便于实操的工艺方法上做研究，力求图文并茂、实操性强，既可以为基层维修管理人员提供技术支撑，又可以为前线操作人员提供更直观的技术示范。同时，编者也期待在未来，本书可以为城市轨道房建结构行业工种维修水平的提升发挥作用。

本书主要从房建维修技术、结构维修技术、钢结构维修技术、预防性维修、工程案例五个部分着手，专业知识以必需、够用为度，突出职业技能的培养，让一线员工了解质量安全风险控制的重点难点，学习结构、钢网架、装修设施等维修方法，简洁明了、通俗易懂。其中名词术语、第 1 章、第 2 章分别由杭港地铁陈剑、余健、谢建发、万鹏、周泽文、郦立、赵海彬、赵洁黎编写，第 3 章由青岛地铁姜伟龙编写，第 4 章由杭州地铁许莹莹编写，第 5 章由苏州地铁汪家富编写，第 6 章第一节、第二节由浙江省轨道交通运营管理集团沈建军、金华地铁周颖莹编写，第三节由杭州地铁郭攀编写，第四节由浙江大学建筑设计研究院王青编写；杭州水务工程建设总工程师周飞飞担任主编负责全书的统稿工作，苏州地铁汪家富、杭州地铁许莹莹、西安地铁刘建利、青岛地铁姜伟龙担任副主编；福建工程学院土木工程学院陈军浩博士、南京地铁工务公司郭满鸿担任本书的主审。

面对新形势、新任务，作为城市轨道交通的见证者、参与者、实践者，必须坚持业务提升与科技创新相融合，将智能维修技术服务于房建结构维修业务的痛点与难点。历时数月，经多次修改完善，最终定稿形成了这本《轨道交通房建结构维修》，对于各位参编人员所付出的辛勤劳动，在此表示衷心感谢。

在城市轨道交通日新月异发展的今天，希望本书能为热爱轨道交通领域的人群提供有益的借鉴及全新的思路，能够为该领域的研究人员提供有益的技术参考，为培养城市轨道专业技能精湛的复合型人才奠定基础。由于我们水平和经验有限，加之当前的轨道交通房建结构技术日新月异，书中难免有瑕疵之处，敬请读者批评和指正。

编　者

2021 年 6 月于杭州

# 目　　录

# 名词术语

湿渍:混凝土结构背水面,呈现明显色泽变化的潮湿斑。

渗水:水从混凝土结构表面渗出,在背水的墙壁可观察到明显的流挂水膜范围。

水珠:悬垂在地下混凝土结构衬砌背水顶板的水珠,其滴落间隔时间超过 1 min 称为水珠现象。

滴漏:地下混凝土结构衬砌背水顶板渗漏水的滴落速度,每分钟至少 1 滴,称为滴漏现象。

线漏:渗漏成线或喷水状态。

漏泥砂:因渗水通道扩大或防水失效,渗漏进入管片内的水量增加,同时夹带泥砂。

管片裂缝:管片上出现的环向或纵向的混凝土裂缝,常规采用宽度、长度、深度等指标判定裂缝的严重程度。

管片剥落:管片出现的缺角、掉块等现象,常规采用剥落大小、剥落厚度、剥落材质等指标判定管片剥落的严重程度。

管片错台:相邻管片环在垂直于隧道轴线平面内发生的相对位移,或单环内相邻管片沿径向产生相对位移。

接缝张开:相邻环间接缝(环缝)未紧贴而产生的张开现象,或单环内相邻管片间接缝(纵缝)未紧贴而产生的张开现象。

道床脱空:对整体式道床,在横向断面变形、纵向不均匀沉降或列车循环振动荷载作用下,道床混凝土与管片脱离的现象。

快速封堵:采用速凝型封堵材料对渗漏病害进行快速封堵,以快速修复渗漏病害的方法。

嵌填密封:采用密封材料对渗漏病害进行密封处理,以修复渗漏病害的方法。

注浆止水:在压力作用下通过注浆工具注入灌浆材料,切断渗漏水流通道,以修复渗漏病害的方法。

壁后注浆:向隧道衬砌与围岩之间或土体的空隙内注入灌浆材料,防止地层及衬砌形变,以修复渗漏病害的方法。

灌浆法:以一定压力将灌浆材料注入混凝土裂缝当中,通过灌浆材料与原结构材料的有效结合,对受损混凝土进行填充、堵漏和加固,以解决混凝土裂缝病害的方法。

填充法:通过直接填充或开槽填充的方式,使修补材料和原结构材料有效结合,对受损混凝土进行填充、堵漏和加固,以解决混凝土裂缝病害的方法。

无筋嵌块修补:采用早强快硬修补材料分层嵌填,对混凝土剥落病害进行修复的方法。

有筋嵌填修补:采用植筋、钢筋网片等材料,结合早强快硬修补材料分层嵌填,对混凝土剥落病害进行修复的方法。

钢内衬加固:又称钢环加固、隧道内张钢圈加固。为弥补隧道结构承载能力的不足,满足结构使用寿命期内功能和耐久性要求,采用环形钢板,通过膨胀螺栓或化学锚栓固定于隧道内弧面,并进行充填黏结,以此形成钢环与原隧道结构共同受力的一种工艺。

地表卸载:通过在盾构隧道上方卸载,减少隧道上覆压力,以改善隧道受力状态的一种隧道病害修复方式。

洞外注浆：在隧道外部，用适当的方法将某些能固化的浆液注入隧道周边地层的裂缝或孔隙中，通过充填、混合或挤压等方式填充空隙、改善隧道周围土层物理力学性质、减轻横断面收敛变形和隧道纵断面相对变形等。

洞内注浆：在隧道内部，用适当的方法将某些能固化的浆液注入隧道周边地层或隧道衬砌与道床之间的裂缝或孔隙中，洞内注浆分为洞内道床底注浆和洞内隧道外注浆。

洞内道床底注浆：在隧道内部，用适当的方法将某些能固化的浆液注入隧道衬砌与道床之间的裂缝或孔隙中，通过充填方式解决道床脱空问题，洞内道床底注浆是洞内注浆的一种。

洞内隧道外注浆：在隧道内部，用适当的方法将某些能固化的浆液注入隧道周边地层的裂缝或孔隙中，通过充填、混合或挤压等方式填充空隙、改善隧道周围土层物理力学性质、形成隧道底部或侧向的有效支墩、减轻横断面收敛变形和隧道纵断面相对变形等，洞内隧道外注浆是洞内注浆的一种。

变形缝：沉降缝、伸缩缝和防震缝的统称。设置原则是为消除沉降差、温度和收缩应力以及体型复杂对结构带来的危害。此处的结构（钢筋、混凝土）完全断开。

伸缩缝：为防止建筑物构件由于气候温度变化（热胀、冷缩），使结构产生裂缝或破坏而沿建筑物或者构筑物施工缝方向的适当部位设置的一条构造缝。伸缩缝是将基础以上的建筑构件如墙体、楼板、屋顶（木屋顶除外）等分成两个独立部分，使建筑物或构筑物沿长方向可做水平伸缩。

沉降缝：防止建筑物因地基不均匀沉降引起破坏而设置的缝隙。沉降缝把建筑分成若干个整体刚度较好、自成沉降体系的结构单元，以适应不均匀沉降。

防震缝：针对地震时容易产生应力集中而引起建筑物结构断裂，在发生破坏的部位而设置的缝。

诱导缝：通过适当减少钢筋对混凝土的约束等方法在混凝土结构中设置的易开裂的部位。

施工缝：在混凝土浇筑过程中，因设计要求或施工需要分段浇筑而在先后浇筑的混凝土之间形成的接缝。

格构柱：在地铁施工过程中，开挖基坑跨度大，用于支护的钢支撑的自重以及跨度大造成的弯矩也较大，钢支撑中部易下沉，因此在钢支撑中部弯矩最大位置使用格构柱来支撑。一般是架起钢支撑或者混凝土支撑，适用于跨度比较大的基坑。

桥梁分类：分为特大桥（桥长 500 m 以上）、大桥（桥长 100 m 以上至 500 m）、中桥（桥长 20 m 以上至 100 m）、小桥（桥长 20 m 及以下）。

桥跨结构：又称桥孔结构、上部结构，是在线路中跨越障碍物的结构物，直接承担使用荷载，是主要的承重结构。

桥墩、桥台：又称下部结构，是支承上部结构并将荷载传递给地基的建筑物。桥台设置在两侧，挡住路堤的土，保证桥梁的温差伸缩，而桥墩设置在桥台的中间。

墩、台基础：为保证桥墩、桥台的安全，设置在土层之中，使桥上的全部荷载传递至地基的结构物。

整体道床：又称无砟道床，是在坚实基底上直接浇筑混凝土以取代道砟层的新型轨下基础，常用于地下铁道、无砟桥梁及检修库的轨道。优点是结构稳定，使用寿命长，维修工作量小；缺点是道床开裂和变形等维修工作难度大。

建筑：包括建筑物和构筑物。

建筑物：供人们进行生活、生产或其他活动的房屋或场所，如住宅楼、商场、厂房等。

构筑物：为某种工程目的而建造的，人们一般不直接在其内部进行生活和生产活动的建筑，如桥梁、烟囱、水塔等。

建筑物耐久等级：分为一级建筑(耐久年限 100 年)、二级建筑(耐久年限 50 年)、三级建筑(耐久年限 25 年)、四级建筑(耐久年限 5 年以下)。

明挖法：由地面挖开的基坑中修筑地下结构的方法，包括明挖、盖挖顺作和盖挖逆作等工法。

盖挖顺作法：作业顺序为在地面修筑地面交通的临时路面及其支撑后，自上而下开挖土方至坑底设计标高，再自下而上修筑结构。

盖挖逆作法：作业顺序与传统的明挖法相反，开挖地面修筑结构顶板及其竖向支撑结构后，在顶板的下面自上而下分层开挖土方分层修筑结构。

矿山法：修筑隧道的暗挖施工方法。传统的矿山法是指用钻眼爆破的施工方法，又称钻爆法，现代矿山法包括软土地层浅埋暗挖法及由其衍生的其他暗挖方法。

盾构法：用盾构机修筑隧道的暗挖施工方法，是在盾构钢壳体的保护下进行开挖、推进、衬砌和注浆等作业的方法。

防水等级：根据工程对防水的要求确定的结构允许渗漏水量的等级标准。

地铁限界：分为车辆限界、设备限界和建筑限界。

建筑限界：分为隧道建筑限界、高架建筑限界、地面建筑限界。隧道建筑限界可按照工程结构形式分为矩形隧道建筑限界、马蹄形隧道建筑限界和圆形隧道建筑限界。

# 1 绪论

截至 2021 年 2 月，北京、上海、天津、广州、重庆、南京、武汉、长春、深圳、大连、成都、沈阳、西安、苏州、昆明、杭州、宁波、哈尔滨、福州、郑州、合肥、南宁、郑州、长沙、青岛、贵阳、无锡、东莞、南昌、厦门、佛山、南宁、石家庄、乌鲁木齐等城市已开通轨道交通运营线路。目前，中国已成为全世界规模最大的城市轨道交通运营及建设市场，参与轨道交通建设的城市之多、建设规模之大、建成速度之快都是空前的，整个轨道交通行业蓬勃发展。

轨道交通的兴起催生了安全运营的应对和研究，人和设施设备是其中两大重要因素。在城市轨道交通的设施设备当中，土建结构设施设备是行车的基础和条件，其他专业如车辆、机电、通号、供电、自动化、轨道等设施设备均安装在土建结构的基础上。土建结构设施设备在车辆、机电、通号、供电、自动化、轨道等系统工程中发挥着极为重要的桥梁纽带作用。

本书主要介绍城市轨道交通运营线路的房建（装饰装修）类设施设备的维修与保养、钢结构（钢网架）类设施设备的维修与保养、土建结构（土木结构）类设施设备的维修与保养。

房建维修是指地铁车站土木结构以外的实体（装饰装修及辅助设备）以及车辆段、停车场及车站附属用房的房建设备的维修保养，涵盖天花、墙壁、地面、柱子、雨棚、沟（井）、爬梯、地漏、门窗、门锁、五金件、洁具、栏杆、扶手、玻璃、防淹闸、站内导向标识（包括出入口门楣、地徽标识及蓄光型疏散标识）、站外导向标识（车站 500 m 范围内导向标识）、出入口外出墙上的不锈钢 LOGO、地下车站出入口站前广场、高架站站前广场、出入口及商业区卷帘、消防卷帘（电器元件除外）、票亭、不锈钢栏杆及车站附属结构（风亭等的房建设施）等。主要施工内容含顶面工程（车站主体及出入口的天花吊顶、导向标识开孔及安装、挡烟垂壁、天花原顶板喷涂）、墙面工程（车站主体及出入口墙、柱的搪瓷钢板干挂，广告灯箱和导向信息牌的开孔与预留和安装，部分干挂石材的施工）、地面工程（车站主体及出入口的地面、台阶花岗岩铺装，花岗岩盲道的铺设，离壁沟挡水台等）、扶手栏杆工程、防火工程、钢化玻璃工程，包含公共区卫生间和污水泵房的装修，以及公共区其他附属配合工程等。部分施工图片如图 1-1、图 1-2 所示。

图 1-1　房建类装饰天花板

图 1-2　房建类装饰墙面搪瓷钢板

钢结构主要由型钢和钢板等制成的梁钢、钢柱、钢桁架等构件组成，并采用硅烷化、纯锰磷化、水洗烘干、镀锌等除锈防锈工艺。各构件或部件之间通常采用焊缝、螺栓或铆钉连接。钢结构主要包括地下车站及其附属结构（疏散通道等），高架车站及其附属结构（疏散通道等），区间风井、车辆段、停车场等的钢结构网架、钢制雨棚、玻璃、铝板钢构件等。风亭及紧急出入口钢结构如图 1-3 所示。

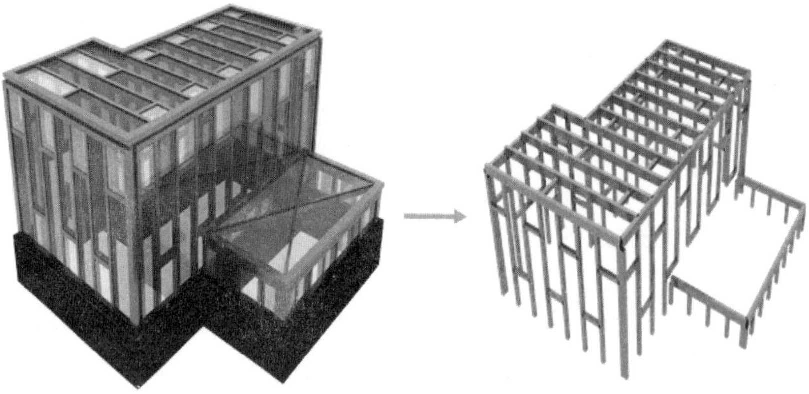

图 1-3　风亭及紧急出入口钢结构

停车场采用空间网架结构设计（图 1-4），钢网架形式为螺栓球节点正方四角锥网架，支撑条件为下弦多柱点支承，支承采用板式橡胶支座，支座支承在下部结构的柱顶。螺栓球节点构成示意如图 1-5 所示。

图 1-4　停车场钢网架结构

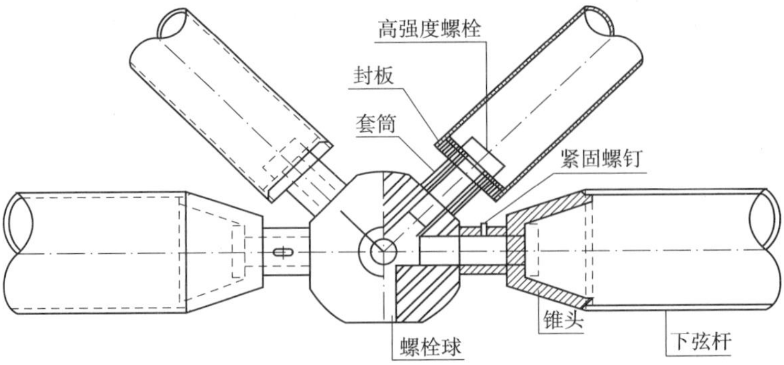


图 1-5　螺栓球节点构成示意图

结构维修是指混凝土结构、区间隧道结构、高架桥结构以及附属设施等土木工程实体的故障与缺陷维修。结构主要包括隧道结构(含加固隧道的钢环)、桥梁结构、U 形槽结构、车站及其附属结构(包括商业区)、区间风井、主变电所、车辆段、停车场、人防门、防淹门、区间联络通道、疏散平台、道路等。其中隧道的结构形式有盾构圆形、明挖矩形、暗挖马蹄形。高架桥上部结构为预应力混凝土箱梁和钢筋混凝土钢构桥(与 U 形槽相接),下部结构为 Y 形墩,基础为桩基础加承台。主要包括以下部分:

隧道:主要由正线、联络线、出入段(场)线盾构隧道、明挖隧道、U 形槽结构、部分隧道的加固钢环等组成。隧道结构横断面如图 1-6 所示,隧道管片错缝拼接如图 1-7 所示。

桥梁:主要由预应力混凝土箱梁、钢筋混凝土钢构桥、上下部结构及支座等组成。

整体道床:主要由正线整体道床,出入段线、出入场线及库内线整体道床组成。

车站:包括正线车站主体结构及车站出入口等附属设施。

车辆段:工程车库、检修库、变电所(含气灭用房)等的墙、柱、板、梁等混凝土结构及道路设施。

停车场:列车检修库房、综合维修楼变电所(含气灭用房)建筑物墙、柱、板、梁等混凝土结构及道路设施。

主变电所:包括墙、柱、板、梁等混凝土结构。

区间风井:包括墙、柱、板、梁等混凝土结构。

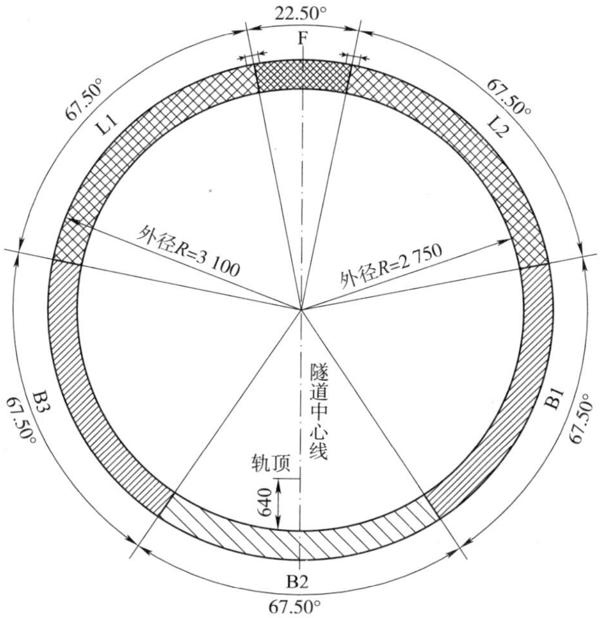


图 1-6　隧道结构横断面图(单位:mm)

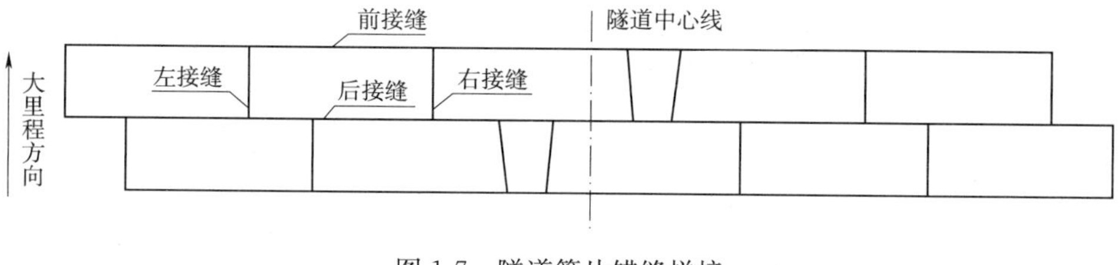


图 1-7　隧道管片错缝拼接

# 2 预防性维修

## 2.1 房建预防性维修

### 2.1.1 车站房建设施预防性维修

1. 定义

车站房建设施预防性维修是指对地铁的车站房建设施进行巡检和日常性维护，确认设施设备的状态，保持设施设备良好的性能，并记录设施设备存在的问题、缺陷、损坏等情况，及时报告设备设施的各类故障。

(1)高风险：隐患对运营设备、车务、乘客或者员工有即时性危险，一旦发生，会有严重后果，例如：服务终止，长时间停顿或人命伤亡。

(2)中风险：隐患对运营设备、车务、乘客或者员工没有即时性危险，但短期内会变成高风险。

(3)低风险：隐患对运营设备、车务、乘客或者员工没有危险，但影响结构长期完整性。

2. 日常检查工具

数码相机、黑色中性笔、文件夹、巡查记录表格、安全帽、反光衣、安全鞋、手电筒、手套、常用维修工具、除锈剂、毛刷等。

3. 日常性检查内容

(1)门及锁维护

①对全线(车站、车辆段、停车场、变电所、风井)的门及五金配件、锁、防盗卷帘和消防卷帘进行定期上油、除锈、清洁等保养。

②对巡查记录汇总，进行整理分析，形成巡查报告。

③发现隐患，立即消除。

(2)挡烟垂壁玻璃、防火板检查

①对全线(车站、车辆段、停车场、变电所、风井)挡烟垂壁玻璃、防火板的牢固、缺损等问题进行检查。

②对巡查记录汇总，进行整理分析，形成巡查报告。

③发现隐患，立即消除。

(3)天花、吊顶检查

①对全线(车站、车辆段、停车场、变电所、风井)公共区的天花吊顶可靠性进行登高检查(高度 5～12 m)，发现问题立即修复。检查天花吊顶是否存在缺失、破损、异物、变形。

②检查天花吊顶与次龙骨连接是否牢固，次龙骨是否有移位。

③检查主、次龙骨有无变形。

④检查主、次龙骨的卡扣是否缺失、松动、变形。

⑤检查吊杆有无松动及断裂。

⑥对巡查记录汇总，进行整理分析，形成巡查报告。

⑦发现隐患，立即消除。

(4)门楣检查

①检查全线门楣面板是否存在破损、松动。

②检查固定门楣的螺栓有无松动、缺失。

③检查预埋件与出入口门架钢梁的焊接处是否脱焊。

④检查预埋件折弯处焊接是否脱焊。

⑤对巡查记录汇总，进行整理分析，形成巡查报告。

⑥发现隐患，立即消除。

(5)装修设施掉落隐患排查

①检查全线车站、停车场、车辆段、变电所等附属设施是否存在安全隐患。

②排查车站风亭口部不锈钢网格栅有无异物掉落隐患，外立面干挂石材及百叶是否松动。

③排查风井楼地面设施状态情况，如外包铝板是否松动掉落。

④排查变电所外立面附着设施状态情况，如雨棚是否锈蚀、松动。

⑤排查车站公共区内房建装饰类设施，包括天花板、吊顶、挡烟垂壁、防火板、施工遗留浮浆等安全隐患(天花吊顶不登高)。

⑥排查室外建筑外立面装饰及附属物的安全隐患。

⑦对巡查记录汇总，进行整理分析，形成巡查报告。

⑧发现隐患，立即消除。

(6)声屏障检查

①检查既有线声屏障是否存在生锈、松动、破损。

②检查立柱螺栓是否存在松动、脱落、生锈。

③检查玻璃是否存在破损。

④检查立柱结构是否存在移位。

⑤检查声屏障构件、胶条是否脱落、破损。

⑥对巡查记录汇总，进行整理分析，形成巡查报告。

⑦发现隐患，立即消除。

(7)人防门盖板、排水沟、集水井盖板、静电地板及支架检查

①检查全线井盖是否能打开。

②检查井盖上方的大理石有无松动、破损。

③检查井盖本身有无松动、翘起、下沉。

④检查井盖底部的金属板、金属条是否存在锈蚀、脱焊。

⑤检查地面框体支座是否存在松动、变形。

⑥检查全线不锈钢面板有无下凹、变形。

⑦检查不锈钢面板底座有无锈蚀、断裂。

⑧检查面板与面板底座有无脱焊。

⑨检查排水沟底座有无松动、下陷、锈蚀、破损。

⑩检查静电地板及支架的牢固、缺损、锈蚀等问题，静电地板接地检查。

⑪对巡查记录汇总，进行整理分析，形成巡查报告。

⑫发现隐患，立即消除。

4. 日常性检查注意事项

(1)日常巡查前,制定当天要巡查车站的线路。

(2)在对有设备的房间进行巡查时,必须有相关专业人员在场,并遵守相关设备房的规章制度,不得违规操作。

(3)要求在巡查过程中对有缺陷且要求维修的项目进行照相,并在“车站设施预防性维修表”的“问题描述”栏中标明清楚。

(4)日常性检查中的建议维修等级分为高风险、中风险和低风险。

(5)预防性维修结束后,需要对巡查记录进行整理,需在工作完成后 4 h 内将当日巡查结果以电子版形式报相关负责人。

(6)定期提出日常性检查工作的总结和评价意见,以改进工作效率和不足之处。

(7)如发现房建设备有重大隐患,会影响工作人员或者过路人员的人身安全时,需立即处理故障隐患,如巡查人员暂时解决不了的,需采取隔离防护措施并及时反馈上级领导,由上级领导联系承包商或者组织工班成员解决隐患。

(8)如检查中发现房建设备隐患一时间不能解决的,需制定完成计划,因缺失物料而无法完成的故障隐患,需及时提交采购申请,在物料到场后及时修复故障隐患。

### 2.1.2 站外房建设施预防性维修

1. 定义

站外导向设施:指的是出入口 LOGO、站外导向标识(不含电控部分)、牌体、立柱、基础。

站前广场房建设施:指的是地铁高架站的站房周边房建设施、绿化设施。

2. 日常检查工具

长柄扫帚、拾取工具、刮刀、平头起子、铲子、电锯、除锈剂、铁锹、检查报告表、粉笔、水写笔、铅笔、大剪刀、数码相机、对讲机等。

3. 日常性检查

(1)日常性检查内容

①检查出入口 LOGO 情况:部件是否缺损、松动、脱落、锈蚀等。

②检查站外导向标识(不包含电控部分):导向标识是否变形、缺失;牌体是否缺失,立柱是否变形、倾覆,基础是否牢固等。

③站前广场房建设施的检查:栏杆是否破损、地面是否开裂、地砖是否破损等。

④站前广场绿化情况的检查:需要时及时修剪、需要时及时除草、是否定期养护。

(2)日常性检查注意事项

①日常性检查由经过培训的站外房建设施巡检人员负责,一般以目测为主,简单工器具为辅。

②巡查时不少于 15 min 的查看,所有规定项目均要逐一仔细检查。

③巡检过程中发现设施明显损坏,影响行车、行人安全,应及时采取相应维护措施,并立即向主管部门报告。

④日常性检查记录应每日整理归档。

⑤定期提出日常性检查工作的总结和评价意见,以改进工作效率。

### 2.1.3 声屏障预防性维修

1. 定义

声屏障:在声源和接收者之间插入一个设施,使声波传播有一个显著的附加衰减,从而减弱接收者所在的一定区域内的噪声影响。

2. 检查工具

物料：油漆、喷漆、黄油、防锈漆、各型螺栓等。

工具：手电筒、记录表、安全带、扭力扳手、铲锈刀、除锈锤、钢丝刷、毛刷、纱布、棉纱头等。

3. 日常性检查内容

(1)声屏障防腐涂层退化的预防性维修

①日常巡检：以声屏障的涂层恶化状态为检查重点，包括防撞龙门架、围栏等附属结构及铆钉头、螺栓头或局部的检查。发现缺陷或异常，确定有无检查的必要。检查内容为涂层是否变色，是否有膨胀、剥落、锈蚀等现象。

②定期巡检：根据涂层退化的状况及部位进行定期检查。

③特殊巡检：在受到火灾和撞击等意外灾害时，随时进行详细巡检，检查频率根据实际情况确定。

④即时维修：针对严重脱漆生锈的钢构、螺栓等进行除锈、补漆喷涂等处理。

(2)声屏障结构性故障预防性维修

①日常巡检：采用扭力扳手等检查声屏障的螺栓是否松动，目测声屏障设备设施(包含声屏障及钢构玻璃等附属设备设施)是否松动、破损。

②定期巡检：根据声屏障设备设施的维修进度及故障部位进行定期检查。

③特殊巡检：在受到火灾和撞击等意外灾害时，随时进行详细巡检，检查频率根据实际情况确定。

④即时维修：针对松动的声屏障设备设施进行拧固及安装，针对松动的螺栓进行拧固、涂油及喷涂防锈漆处理。

### 2.1.4 风井、变电所房建预防性维修

1. 定义

风井、变电所房建预防性维修是指对风井、变电所房建设施进行巡检和日常性维护，确认设施设备的状态，保持设施设备良好的性能，并记录设施设备存在的问题、缺陷、损坏等情况，及时报告设备设施的各类故障。

2. 日常检查工具

长柄扫帚、拾取工具、刮刀、平头起子、铲子、电锯、除锈剂、铁锹、检查报告表、粉笔、水写笔、铅笔、大剪刀、数码相机、对讲机等。

3. 日常性检查内容

(1)检查天花板有无掉落隐患或者破损，并及时记录、处理。

(2)检查玻璃窗有无破裂松动，并及时记录、处理。

(3)检查门锁是否能正常开启，并及时记录、处理或报修。

(4)检查墙壁粉刷层是否破落、污染，并及时记录、处理。

(5)检查墙面踢脚线是否破损、缺失，并及时记录、处理。

(6)检查设备房静电地板有无缺失、塌陷、破损以及支座是否松动，并及时记录、处理。

(7)检查地面瓷砖有无破裂、缺失，并及时记录、处理。

(8)检查墙、柱面是否有损坏，并及时记录、处理。

(9)检查楼梯间不锈钢护栏是否有缺失、破损，并及时记录、处理。

(10)检查防淹门是否有损坏，并及时记录、处理。

### 2.1.5 车辆段、停车场房建预防性维修

1. 定义

车辆段、停车场房建预防性维修是指对车辆段、停车场房建设施进行巡检和日常性维护，确认设施设备的状态，保持设施设备良好的性能，并记录设施设备存在的问题、缺陷、损坏等情况，及时报告设备设施的各类故障。在预防性维修执行过程中，对房建设施的主要功能及主要部位进行检查、维修、局部拆卸、恢复、清理或更换小部分零部件等即时性工作，必须在巡检过程中同时解决，及时修整不良状态，以确保结构设施处于良好的工作状态保证安全。

2. 检查机具

数码相机、黑色中性笔、文件夹、巡查记录表格、安全帽、反光衣、安全鞋、手电筒、手套等。

3. 日常检查内容

(1)检查天花板有无掉落隐患、松动及破损。

(2)检查玻璃窗是否破裂、整体有无松动。

(3)检查门锁是否正常开启、门体是否倾斜松动、门锁是否有破损情况。

(4)检查墙壁是否被污渍污染、是否剥落脱离。

(5)检查排水沟盖板是否缺失、破损。

(6)检查墙面踢脚线是否松动、破损、缺失。

(7)检查厕所墙体瓷砖是否脱落、破损及缺失，有无空鼓。

(8)检查设备房静电地板有无缺失、塌陷、破损以及支座是否松动。

(9)检查地面瓷砖有无松动、破裂、缺失。

(10)检查道路(含导向标识、路灯等附属设施)是否有损坏。

(11)检查车辆段、停车场道路两边的绿化树是否有倾倒的风险。

(12)检查检修库平台钢结构是否脱焊、变形，是否影响设备检修安全。

## 2.2 钢结构(钢网架)预防性维修

1. 定义

钢网架：由多根杆件按照一定的网格形式通过节点连接而成的空间结构，具有空间受力小、质量轻、刚度大、抗震性能好等优点。

2. 检查工具

物料：油漆、喷漆、黄油、防锈漆、各型螺栓等。

工具：手电筒、记录表、安全带、扭力扳手、铲锈刀、除锈锤、钢丝刷、毛刷、纱布等。

3. 日常性检查内容

(1)钢网架防腐涂层退化的预防性维修

①日常巡检：以钢网架的涂层恶化状态为检查重点，包括防撞龙门架、围栏等附属结构及铆钉头、螺栓头或局部的检查。发现缺陷或异常，确定有无检查的必要。检查内容为涂层是否变色，是否有膨胀、剥落、锈蚀等现象。

②定期巡检：根据涂层退化的状况及部位进行定期检查。

③特殊巡检：在受到火灾和撞击等意外灾害时，随时进行详细巡检，检查频率根据实际情况确定。

④即时维修：针对严重脱漆生锈的钢构、螺栓等进行除锈、补漆喷涂等处理。

(2)钢网架结构性故障预防性维修

①日常巡检:采用扭力扳手等检查钢网架的螺栓是否松动,目测钢网架设备设施(包含钢网架及钢构玻璃等附属设备设施)是否松动、破损。

②定期巡检:根据钢网架设备设施的维修进度及故障部位进行定期检查。

③特殊巡检:在受到火灾和撞击等意外灾害时,随时进行详细巡检,检查频率根据实际情况确定。

④即时维修:针对松动的钢网架设备设施进行拧固及安装,针对松动的螺栓进行拧固、涂油及喷涂防锈漆处理。

## 2.3 结构预防性维修

### 2.3.1 车站结构预防性维修

1. 定义

预防性维修:对结构设施进行巡检和日常性维护,确认设施设备的状态,保持设施设备良好的性能,并记录设施设备存在的问题、缺陷、损坏等情况,及时报告设备设施的各类故障。

车站渗漏水:根据严重程度分为五个等级,分别为湿渍、渗水、水珠、滴漏、线漏,严重程度从轻到重,其中湿渍、渗水为低风险,水珠、滴漏为中风险,线漏为高风险(包括滴漏至设备)。

湿渍:混凝土结构背水面,呈现明显色泽变化的潮湿斑。

渗水:水从混凝土结构表面渗出,在背水的墙壁可观察到明显的流挂水膜范围。

水珠:悬垂在地下混凝土结构衬砌背水顶板的水珠,其滴落间隔时间超过 1 min,称为水珠现象。

滴漏:地下混凝土结构衬砌背水顶板渗漏水的滴落速度,每分钟至少 1 滴,称为滴漏现象。

线漏:渗漏成线或喷水状态。

高风险:隐患对运营设备、车务、乘客或者员工有即时性危险,一旦发生,会有严重后果,例如:服务终止,长时间停顿或人命伤亡。

中风险:隐患对运营设备、车务、乘客或者员工没有即时性危险,但短期内会变成高风险。

低风险:隐患对运营设备、车务、乘客或者员工没有危险,但影响结构长期完整性。

2. 检查工具

检查报告表、水写笔、数码相机、手电筒、手持台等。

3. 日常性检查内容

(1)检查混凝土有否剥落、掉块、漏筋,并及时记录、处理。

(2)检查止水带受损情况及螺栓是否松动、锈蚀,并及时记录、处理。

(3)检查车站设备房墙体是否开裂,并及时记录、处理。

(4)对高架站站房结构及地下室结构进行巡检,并及时记录、处理。

(5)检查主体结构有否裂缝、渗漏水,并及时记录、处理。

(6)检查施工缝、变形缝有否渗漏水,并及时记录、处理。

(7)检查车站出入口、站厅、站台有否渗漏影响乘客乘车,并及时记录、处理。

(8)检查离壁沟排水是否流畅,并及时记录、处理。

4. 日常性检查注意事项

(1)日常巡查前,制定当天要巡查车站的线路。

(2)在对有设备的房间进行巡查时,必须有相关专业人员在场,并遵守相关设备房的规章制度,不得进行违规操作。

(3)要求在巡查过程中对有缺陷且要求维修的项目进行照相,并在“车站设施预防性维修表”的“问题描述”栏中标明清楚。

(4)日常性检查中的建议维修等级分为高风险、中风险和低风险。

(5)预防性维修结束后,需要对巡查记录进行整理,需在工作完成后 4 h 内将当日巡查结果以电子版形式报相关负责人。

(6)定期提出日常性检查工作的总结和评价意见,以提高工作效率和改进不足之处。

(7)如发现结构有重大隐患,会影响工作人员或者过路人员的人身安全时,需立即处理故障隐患,如巡查人员暂时解决不了的,需采取隔离防护措施并及时反馈上级领导,由上级领导联系承包商或者组织工班成员解决隐患。

(8)如检查中发现结构设备隐患一时间不能解决的,需制定完成计划,因缺失物料而无法完成的故障隐患,需及时提交采购申请,在物料到场后及时修复故障隐患。

### 2.3.2 区间隧道结构预防性维修

1. 定义

错台:在水泥混凝土路面的接缝或裂缝处,两板体产生相对竖向位移的现象。

区间渗漏水:根据严重程度分为五个等级,分别为湿渍、渗水、水珠、滴漏、线漏,严重程度从轻到重,其中湿渍、渗水为低风险,水珠、滴漏为中风险,线漏为高风险(包括滴漏至设备)。

湿渍:混凝土结构背水面,呈现明显色泽变化的潮湿斑。

渗水:水从混凝土结构表面渗出,在背水的墙壁可观察到明显的流挂水膜范围。

水珠:悬垂在地下混凝土结构衬砌背水顶板的水珠,其滴落间隔时间超过 1 min,称为水珠现象。

滴漏:地下混凝土结构衬砌背水顶板渗漏水的滴落速度,每分钟至少 1 滴,称为滴漏现象。

线漏:渗漏成线或喷水状态。

高风险:隐患对运营设备、车务、乘客或者员工有即时性危险,一旦发生,会有严重后果,例如:服务终止,长时间停顿或人命伤亡。

中风险:隐患对运营设备、车务、乘客或者员工没有即时性危险,但短期内会变成高风险。

低风险:隐患对运营设备、车务、乘客或者员工没有危险,但影响结构长期完整性。

2. 检查机具

检查报告表、水写笔、数码相机、手电筒、红色或黑色涂料、拾取工具、垃圾袋、手持台、水瓢等。

3. 日常性检查内容

(1)日常性检查由经过培训的隧道巡检人员负责,一般以目测为主、简单工器具为辅进行。

(2)检查结构外观情况:洞口边是否积水,边沟是否堵塞,结构是否开裂、倾斜、沉降、漏水,与车站交接处变形缝是否渗漏水,接水槽是否松动、脱落。

(3)检查洞门:结构是否开裂、倾斜、沉降、错台、起层、剥落、渗漏水,洞门及洞身是否有较大裂缝(大于 2 mm)、渗漏水。

(4)检查初衬管片:是否开裂、错台、起层、剥落、掉块、渗漏水,拼缝是否开裂、错台,管片是否有大于 0.2 mm 的裂缝、缺角、掉边,管片接缝是否渗漏水,管片连接螺栓是否缺失,部分裸露螺栓等铁制件是否生锈。

(5)检查排水是否正常,排水沟与道床是否脱离,管沟是否堵塞、积水。

(6)检查联络通道是否变形沉降、破损、漏水,隧道标识是否完好。

(7)检查疏散平台、区间人防门、防淹门、联络通道门是否变形沉降、破损,是否影响使用功能;检查各种门锁、逃生推杆、闭门器、插销是否损坏、残缺;检查门扇是否变形、脱漆,门的合页是否虚焊、脱焊,逃生标识是否残缺;检查人防门、防淹门的门扇是否锈蚀、脱漆,门铰链是否损坏、脱焊,固定人防门、防淹门的支座是否锈蚀、松动,限位装置是否松动、缺损,限位小车能否正常运行。

(8)检查墙体是否开裂,结构是否倾斜、沉降、断裂;洞口与洞身连接处是否有明显的环向裂缝,是否有外倾趋势;矩形隧道混凝土是否有脱落掉块情况,钢筋是否有外漏、受侵蚀情况。

(9)检查道床表面结构是否有开裂、剥落、露筋、返水等病害;道床与管片或车站结构底板是否脱离;道床表面是否有冒砂、冒水现象。

(10)检查区间通道(水泵房)有无渗漏水,接触网、轨道上方 1 $m^2$ 范围内是否渗漏水。

(11)检查隧道内加固钢环有无变形、锈蚀等。

### 2.3.3　防淹门、人防门预防性维修

1. 定义

防淹门:防淹门分为垂直升降式防淹防护密闭门和液压立转式防淹防护密闭门,设置于地铁区间内,兼具区间防护密闭隔断门、防淹门的作用。作为防护密闭隔断门,主要作用是使两个防护单元相互隔绝,使一个防护单元失效后不影响另一个防护单元防护功能的实现。作为防淹门,主要用于平时防灾,当区间隧道过河湖段遭遇破坏时关门以避免水淹车站。主要在战时或水灾时使用,平时均处于开启状态。

人防门:地铁区间(牵出线)防护密闭隔断门、清洁式进排风防护密闭门、钢结构无门槛双扇(防护)密闭门、临空墙防护密闭封堵板、活置门槛防护密闭门,主要作用是战时或紧急情况下使两个防护单元相互隔绝,使一个防护单元失效后不影响另一个防护单元防护功能的实现。

2. 检查工具

手电筒、安全帽、安全鞋、荧光衣、安全带、口罩、手套、伸缩梯、检查报告表等。

3. 日常性检查内容

(1)检查门扇海绵橡胶密封条是否完整,并在门扇或门框密封条卡槽里密贴。

(2)检查轨道密封橡胶块是否安装正确(不高出轨道顶面,符合行车安全要求)(区间)。

(3)检查门体油漆是否有局部剥落、起皮或锈蚀情况。

(4)检查门体是否有倾斜、脱落隐患。

(5)检查门扇安全装置,安全装置门锁是否完好无损,机械千斤顶是否固定在安全座上,无松动现象。

(6)对门扇闭锁联动机构做开、关调试,对门扇做微小幅度转合测试(5°之内,严禁侵限),对闭锁机构、铰页机构加润滑油,检查闭锁机构、铰页机构等运转机构的操作是否灵活。

## 2.4 结构状态检测

### 2.4.1 定　义

对地铁高架桥结构、高架桥站台(桥梁)和连廊顶部钢结构、声屏障、停车场钢网架、部分区间隧道结构，通过对其结构状态进行检测、评估，提出维修建议。

地铁结构包括隧道结构、房建结构(混凝土结构和钢结构)、U 形槽结构以及附属结构等。其中隧道的结构形式有盾构圆形、明挖矩形、暗挖马蹄形。高架桥上部结构为预应力混凝土箱梁和钢筋混凝土刚构桥(与 U 形槽相接)，下部结构为 Y 形墩，基础为桩基础加承台。

### 2.4.2 高架桥桥梁的桥面系、梁、支座(含车站)、墩台、基础、声屏障

1. 桥面系

(1)伸缩缝检查应包括以下内容：

①伸缩缝是否堵塞、梁端缝宽不小于设计值的 1.2 倍。

②锚固连接是否牢固，连接件是否松动。

③密封橡胶带是否老化、拉开、开裂、失效。

④钢构件是否锈蚀、变形，有无局部破损、开裂。

(2)检查混凝土栏杆有无裂缝。

2. 支座

地铁运营桥跨结构的支座类型包括板式橡胶支座、盆式橡胶支座和铸钢支座，支座检查应包括以下主要内容：

(1)锚螺栓有无剪断，螺母有无松动、锈蚀。

(2)钢件是否锈蚀、有无裂痕、有无脱焊。

(3)支承垫石是否裂损、翻浆。

(4)与梁体、墩台连接是否密贴，是否存在“三条腿”现象。

(5)支座上下钢板是否水平、脱空和翘曲。

(6)板式橡胶支座橡胶板有无裂纹、不均匀鼓凸变形、钢板外露，位移、剪切角是否超限等，并填写《城市轨道交通设施养护维修技术规范》(DB11/T 718—2010)“桥梁(四氟)板式橡胶支座普查现场检测记录表”中相应项目。

(7)盆式橡胶支座的位移和转角是否超限，密封圈有无开裂和破损等，并填写《城市轨道交通设施养护维修技术规范》(DB11/T 718—2010)“桥梁盆式橡胶支座普查现场检测记录表”中相应项目。

3. 钢筋混凝土梁及预应力混凝土梁

钢筋混凝土梁及预应力混凝土梁检查包含以下内容(并填写“桥梁钢筋混凝土梁及预应力混凝土主梁梁体普查现场检测记录表”中相应项目)：

(1)检查裂缝宽度、长度、发生位置、形状，并在梁体上做标记。裂缝宽度应符合“钢筋混凝土梁恒载裂缝限值”的规定，见表 2-1。

**表 2-1 钢筋混凝土梁恒载裂缝限值**

<table>
<tr><th>梁 别</th><th colspan="2">裂 缝 部 位</th><th>最大裂缝限值</th></tr>
<tr><td rowspan="4">预应力混凝土梁</td><td rowspan="4">梁体</td><td>下缘竖向及腹板主拉应力方向</td><td>不允许</td></tr>
<tr><td>沿预应力管道方向</td><td>不允许</td></tr>
<tr><td>纵向及斜向</td><td>≤0.2 mm</td></tr>
<tr><td>横隔板</td><td>≤0.3 mm</td></tr>
<tr><td rowspan="2">钢筋混凝土梁及框构</td><td colspan="2">竖向裂缝</td><td>≤0.25 mm</td></tr>
<tr><td colspan="2">腹板、底板横向裂缝</td><td>≤0.2 mm</td></tr>
<tr><td>抗震销棒</td><td colspan="2">水平裂缝</td><td>0.3 mm</td></tr>
</table>

(2)检查预应力混凝土梁封端混凝土是否出现裂缝、渗漏水、脱落,锚具是否外露。

(3)检查混凝土梁是否出现空洞、蜂窝麻面、龟裂,表面是否出现风化。

4. 墩台及基础

墩台、基础检查包含以下内容(并填写“桥梁墩台、基础普查现场检测记录表”以及“桥梁防撞设施普查现场检测记录表”中相应项目):

(1)检查裂缝发生位置、宽度、长度,并做标记,重点检查是否存在贯通裂缝。裂缝宽度应符合“墩台恒载裂缝限值”的规定,见表 2-2。

**表 2-2 墩台恒载裂缝限值**

<table>
<tr><th>结 构</th><th colspan="2">裂 缝 部 位</th><th>最大裂缝限值</th></tr>
<tr><td rowspan="7">墩台</td><td colspan="2">顶帽</td><td>≤0.3 mm</td></tr>
<tr><td rowspan="5">墩台身和承台</td><td rowspan="2">经常受侵蚀性环境水影响</td><td>有筋 0.2 mm</td></tr>
<tr><td>无筋 0.3 mm</td></tr>
<tr><td rowspan="2">常年有水但无侵蚀性</td><td>有筋 0.25 mm</td></tr>
<tr><td>无筋 0.35 mm</td></tr>
<tr><td>干沟或季节性有水河流</td><td>≤0.4 mm</td></tr>
<tr><td colspan="2">有冻结作用部分</td><td>≤0.2 mm</td></tr>
</table>

(2)检查墩台基础的掏空、冲刷情况。

(3)检查墩柱、盖混凝土是否有裂缝、表面风化、钢筋外露、混凝土剥落的情况。

(4)横向限位螺栓是否松动,防磨板与梁体是否密贴。

(5)检查抗震销棒是否倾斜、变形、断裂、锈蚀、顶死、缺失,销棒固定端混凝土是否破损。

(6)检查抗震销棒有无裂缝,并测量裂缝的长度、宽度和深度。

5. 高架站声屏障

(1)结构现场检测

①防坠落:防坠落装置状况。

②立柱:垂直度,整体直线度,立柱底板锚固螺栓状况及焊缝质量。

③屏体:屏体完好状况,支撑件状况,屏体与立柱搭接状况。

④罩板:上下罩板完好状况。

(2)结构防腐检测

①立柱及底板:构件及锚固螺栓锈蚀情况,涂层厚度及风化程度,涂层干漆膜厚度。

②屏体:屏框及罩板锈蚀情况,涂层厚度及风化程度,支撑件锈蚀情况,涂层干漆膜厚度。

(3)基础现场检测

①基础:混凝土强度。

②锚固螺栓:抽检螺栓锚固质量非破损检验。

### 2.4.3 停车场钢网架、高架桥站台和连廊范围钢结构

主要检查钢结构外观、钢结构损伤、杆件的弯曲变形和板件凹凸等变形情况、螺栓和铆钉的松动或断裂、结构构件的锈蚀、钢结构构件的挠度、倾斜等变形与位移和基础沉降等。

1. 钢结构外观检查

检查油漆涂膜是否粉化、起泡、裂纹、脱落、点锈等。

2. 钢结构损伤检查

钢材裂纹,可采用观察的方法和渗透法检测。采用渗透法检测时,应用砂轮和砂纸将检测部位的表面及其周围 20 mm 范围打磨光滑,不得有氧化皮、焊渣、飞溅、污垢等。用清洗剂将打磨表面清洗干净,干燥后喷涂渗透剂,渗透时间不应小于 10 min。然后再用清洗剂将表面多余的渗透剂清除。最后喷涂显示剂,停留 10~30 min 后,观察是否有裂纹显示,对出现裂纹的处所应做好标记。

3. 杆件的弯曲变形和板件凹凸等变形情况检查

可用观察和尺量的方法检测,量测出变形的程度。

4. 螺栓和铆钉检查

检查钢梁连接件是否松动,检查铆钉和高强度螺栓是否流锈、松动、折断。检查铆钉是否存在松动、烂头等不良现象。

5. 结构构件锈蚀检查

结构构件的锈蚀可按 GB/T 8923.1—2011 确定锈蚀等级,对 D 级锈蚀,还应量测钢板厚度的削弱程度。检查钢杆件结合部位混凝土有无开裂、渗水。

### 2.4.4 结构混凝土评价要求

1. 对混凝土评价项目

(1)结构混凝土的工作状态及外界环境之间的相互关系描述,包括温度、湿度、化学物质和荷载等。

(2)目测和钻探。重点包括开裂、表面病害、漏水、移动、金属锈蚀等,通过目测结果辅以钻探方法,可以暴露很多病害。

(3)确定混凝土分层的位置。

(4)锈蚀活动的检测。

(5)氯离子含量检测。

(6)碳化深度。

(7)确定结构混凝土空隙、裂缝和蜂窝的位置。

(8)位移检测,包括裂缝、伸缩缝等。

(9)现场拉拔试验和抗压强度检测(主要针对已修复部位的维修效果)。

(10)如果在对混凝土评价过程中不能准确判断病害成因,可以采用岩相学分析对混凝土进行详细检查,进一步推断出混凝土结构的实际状况。

2. 对混凝土评价的步骤

对混凝土评价至少包含以下几步:

(1)目测检查。

(2)查阅工程资料:竣工图。

(3)状况调查:在图纸上标识各种病害、检测、接缝状况调查、采样和检测、非破坏性检测、结构分析。

(4)最终评价。

(5)调查报告。

### 2.4.5 区间隧道结构检测

(1)对区间主体结构、附属联络通道结构、附属设施防排水设施结构进行检测。检测结果以检测记录表和病害展布图为主要表现形式,病害展布图重点记录病害在空间上的展布信息,并附上病害位置和病害照片编号。

(2)检查应配备检测项目必需的检测仪器设备以及常规的检测工具、锤子、照明工具、照相机等。

(3)检测结果填入检测记录表内,检测数据及病害分布情况宜按照格式绘入隧道病害展布图。

(4)检测完成后,应提交隧道结构检测报告,检测报告应包括下列主要内容:

①检测记录表、隧道病害展示图及检查记录资料。

②对隧道结构病害类型、分布位置、发育程度进行统计分析,并做健康度评定。

③检测项目和内容宜符合相关规定,见表 2-3。

**表 2-3 检测项目和内容**

| 类 型 | 项 目 | 检 查 内 容 |
|---|---|---|
| 盾构法 | 管片 | 管片破损(裂缝、压溃)的位置、范围、长度、宽度、深度和发展趋势 |
| | | 材料劣化(起毛、酥松、起鼓)的范围及深度 |
| | | 剥落剥离的位置(范围)和深度 |
| | | 钢筋外露和锈蚀的程度与发展趋势 |
| | 管片接缝、变形缝 | 渗漏水的位置、湿渍面积、pH 值、水量、浑浊与冻结状况 |
| | | 衬砌强度 |
| | | 混凝土碳化深度 |
| | | 断面轮廓检查 |
| | | 变形、错台、压溃位置(范围)和程度 |
| | 施工缝、变形缝 | 渗漏水的位置、湿渍面积、pH 值、水量、浑浊和冻结状况 |
| | | 填塞物脱落位置(范围) |
| | 螺栓孔、注浆孔 | 渗漏水的位置、湿渍面积、pH 值、水量、浑浊和冻结状况 |
| | 道床 | 裂缝、脱空、下沉、隆起或翻浆冒泥范围和程度 |

# 3 房建维修

## 3.1 定　　义

房建维修是指地铁车站土木结构以外的实体（装饰装修及辅助设备）以及车辆段、停车场及车站附属用房的房建设备（包括天花、地面、门窗、玻璃、扶手、护栏、墙壁、柱子、导向标识等）维修。

## 3.2 范　　围

1. 车站公共区范围装修工程

主要由车站、构筑物及相应区域的附属设施构成，涵盖天花、墙壁、地面、柱子、雨棚、沟（井）、爬梯、地漏、门窗、门锁、五金件、洁具、栏杆、扶手、玻璃、防淹闸、站内导向标识（包括出入口门楣、地徽标识及蓄光型疏散标识）、站外导向标识（车站 500 m 范围内导向标识）、出入口外出墙上的不锈钢 LOGO、地下车站出入口站前广场、高架站站前广场、出入口及商业区卷帘、消防卷帘（电器元件除外）、票亭、不锈钢栏杆及车站附属结构（风亭等的房建设施）等。主要施工内容包含墙面工程（车站主体及出入口墙、柱的搪瓷钢板干挂，广告灯箱和导向信息牌的开孔与预留和安装，以及部分干挂石材的施工）、顶面工程（车站主体及出入口的天花吊顶、导向标识开孔及安装，挡烟垂壁、天花原顶板喷涂）、地面工程（车站主体及出入口的地面、台阶花岗岩铺装，花岗岩盲道的铺设，离壁沟挡水台等）、扶手栏杆工程、防火、钢化玻璃工程，包含公共区卫生间和污水泵房的装修，以及公共区其他附属配合工程等。

2. 车站管理及设备用房范围内的建筑与装修工程

主要施工内容包含管理及设备用房区域内的砌体结构工程（少量设备预留运输通道的砌体、离壁墙等）、地面工程（水泥砂浆地面、砖面层、防静电地板、防静电水磨石地板、站台板下抹面及垫层、设备基础）、抹灰工程（墙面、顶面抹灰）、门窗工程、吊顶工程、饰面板（砖）工程、涂饰工程（墙面、顶面涂料涂饰）、敞口风亭防坠网、细部工程（护栏、扶手、钢梯）及其他一些特殊位置的施工（如卫生间装修工程、轨行区及车站公共区顶面侧墙涂黑等），包括联络通道防火门安装及抹面等。

管理及设备用房包括：车站控制室、站长室、综合监控设备室、值班休息室、票务室、公安值班室、内部洗手间、男女更衣室、清扫工具室、车站备品库、警务室、储藏和备用间、AFC 设备室、通风空调机房、冷冻机房、通风空调电控室、照明配电室、通信机房、通号值班室、信号设备室、通信电源室、民用通信设备室、公安通信设备室、气瓶室、污水泵房、废水泵房、综合监控机房、屏蔽门设备室、防淹门设备室、0.4 kV 开关柜室、变电所控制室、35 kV 开关柜室、电缆间、应急照明电源室、风室、消防泵房、综合布线间、土建风道、管理及设备区走道、内部楼梯间、工务工区用房、检修室、相关委外用房等。

3. 车辆段

围墙、道路(含导向标识等附属设施)、线路专用房间的房建设施、综合维修楼调机/工程车库、综合维修车间、变电所(含气灭用房)的房建设施、综合维修楼的房建设施。

4. 停车场

场内的防护栏、围墙、道路(含导向标识等附属设施)、雨水井盖板、水沟盖板、综合维修楼的墙面粉刷和静电地板维修、变电所等房建设施。

5. 主变电所

包括但不限于变电所的天花、地面、门窗、墙壁、柱子、雨棚、沟(井)、爬梯、地漏、门窗、门锁、五金件、洁具、栏杆、扶手、玻璃等附属建筑设施。

6. 区间风井

包括但不限于区间风井的天花、地面、门窗、墙壁、柱子、雨棚、沟(井)、爬梯、地漏、门窗、门锁、五金件、栏杆、扶手、玻璃等附属建筑设施。

## 3.3 参考文件

(1)《地铁设计规范》(GB 50157—2003)。

(2)《建筑装饰装修质量验收规范》(GB 50210—2001)。

(3)《民用房屋修缮工程施工规程》(CJJ/T 53—1993)。

(4)《建筑内部装修设计防火规范》(GB 50222—95)(2001 年修订版)。

(5)《钢结构设计规范》(GB 50017—2003)。

(6)《钢结构工程施工质量验收标准》(GB 50205—2020)。

(7)《建筑构件耐火试验方法》(GB/T 9978—2008)。

(8)《地下铁道工程施工质量验收标准》(GB/T 50299—2018)。

(9)《浙江省城市轨道交通设计规范》(DB33/T 1146—2017)。

(10)《声屏障声学设计和测量规范》(HJ/T 90—2004)。

## 3.4 技术要求

### 3.4.1 天花吊顶维修

吊顶工程指车站内公共区吊顶、设备区吊顶,吊顶形式包括车站公共区的铝合金吊顶,有圆通、方通、铝挂片、平板等,设备区的穿孔吸音板和铝合金平板吊顶;主要功能是满足建筑声学、清洁卫生、屏蔽管道敷设、美观、体现城市文化以及现代高速发展的新型城市等。

1. 抹灰天花油漆翻新

(1)材料准备:铲子、刷子、腻子粉、白色防霉乳胶漆、刮刀、腻子刮板、手提搅拌机、滚筒刷等。

(2)清理基底,铲除原有的天花油漆至基底面,并进行基底打磨,打磨完成后清理灰尘等杂物。

(3)墙面满批腻子,待自然干燥后进行腻子层打磨,完成后涂刷白色防霉乳胶漆。

(4)涂刷白色防霉乳胶漆两遍。

2. 天花吊顶施工安装

(1)工艺流程:弹线→划吊顶位置→预定铝吊顶龙骨→吊筋安装→龙骨安装→隐蔽验收→铝挂板安装→验收。

(2)放线要根据设计图纸进行。由于龙骨都是与铝质吊顶板配合使用的,所以在设计时应先确定龙骨的标准尺寸,然后再根据吊顶面积,对分格位置进行布置。

(3)由于龙骨与铝质吊顶板配套使用,吊顶本身材料的重力荷载较小,吊杆布置的要点是考虑吊顶平整度的需要。吊杆的间距不宜过大,应控制在 0.8～1.2 m。吊杆的上部都不固定在设备管道上,以免管道变形或局部维修使棚面变形,影响吊顶的平整美观。吊杆在布置时应综合考虑其布局,不得将吊杆穿过风管保温棉、电缆桥架等,吊杆距离需经常检修、维修的其他部件如防烟防火阀、信号蝶阀等不宜太近,需留有一定的检修空间,设备房和管理房区域的吊顶应设置检修孔。

(4)根据墙上吊顶的安装水平标高线,用钢钉将铝边龙骨钉固定于墙体上。钉距以 30～40 cm 为宜。边龙骨应钉平直且固定牢靠。

(5)安装主龙骨时,必须拉“十字”调水平通线。相邻主龙骨的腹部孔槽必须调在一条直线上并应拉通线控制孔位。

(6)隐蔽在吊顶内的管线和其他设施,水、暖、电工应在吊顶安装时校正其位置。

(7)安装次龙骨时,当采用腹部带孔槽的主龙骨,次龙骨则控制主龙骨的间距。第一根次龙骨应两端带钩,将钩插入主龙骨出槽内。第二根次龙骨可用两端不带钩的交错安装。

(8)吊顶安装的方法一般为:先从房间中线部分开始往两边安装,大面积整块安装完毕后,再安装墙边、灯孔、检修边等特殊部位。先将吊顶侧面凹槽对准龙骨的翼缘轻轻插入,然后再安插片和另一块铝吊顶板。在相邻次龙骨吊顶板安装完成后,方能安装第二根次龙骨,并依次进行。

(9)工程实例如图 3-1 所示。

图 3-1　吊顶安装工程实例

3. 格栅吊顶更换(规格 30 mm×70 mm U 形直铝格栅方通)

(1)先松开连接处螺丝,再推出格栅吊顶与龙骨之间的扣片,然后旋转吊顶与龙骨架连接处的卡扣，使卡扣与龙骨方向平行并脱离吊顶卡槽，并取下需更换的格栅吊顶。

(2)安装新格栅吊顶，将格栅吊顶槽面正对龙骨，处于龙骨正下方，旋转吊顶与龙骨架连接处的卡扣，卡扣与龙骨方向垂直，再扣紧格栅吊顶与龙骨之间的扣片，紧固螺丝将格栅吊顶扣紧在龙骨上。

(3)轻微晃动格栅吊顶，检查是否安装牢固、有无脱落隐患。

(4)相邻格栅吊顶之间间距为 80 mm，如图 3-2 所示。

4. 矿棉天花板更换(规格 600 mm×600 mm，厚 10 mm 标准件)

(1)双手向上托举矿棉天花板，脱离龙骨架后取下需更换的矿棉天花板。

(2)取新矿棉天花板，以一定角度将天花板倾斜向上穿过龙骨架，调整天花板位置，对准放至龙骨。

(3)检查天花板是否安装到位，如图 3-3 所示。

图 3-2 格栅吊顶

图 3-3 矿棉天花板

5. 铝合金扣板天花板(规格 1 500 mm×750 mm，厚 1.5 mm)

(1)将天花板从下往上轻推，使天花板企口脱离龙骨。

(2)以一定角度将天花板倾斜穿过龙骨架取下。

(3)将新天花板倾斜向上，使之置于龙骨架上方，调整天花板位置，对准放下。

(4)检查天花板是否安装到位，如图 3-4 所示。

6. 铝合金扣板天花板(规格 600 mm×600 mm，厚 1.5 mm)

(1)用一字螺丝刀横插入天花板四个角的凹槽，下压一字螺丝刀，使天花板脱离龙骨架卡条，并取下。

(2)取新天花板，将天花板一侧先插入龙骨卡条，再将另一侧天花板插入龙骨卡条。

(3)检查天花板是否安装到位，如图 3-5 所示。

7. 龙骨更换

(1)用扳手取下龙骨与吊杆之间固结的螺帽，并取下龙骨。

(2)将吊杆插入新龙骨螺丝孔，并用扳手拧紧螺帽。

(3)检查龙骨是否安装牢固，如图 3-6 所示。

8. 镀锌钢吊杆更换

(1)在结构顶板打孔，将新吊杆带膨胀螺栓的一头植入并拧紧。

图 3-4 铝合金天花板(一)

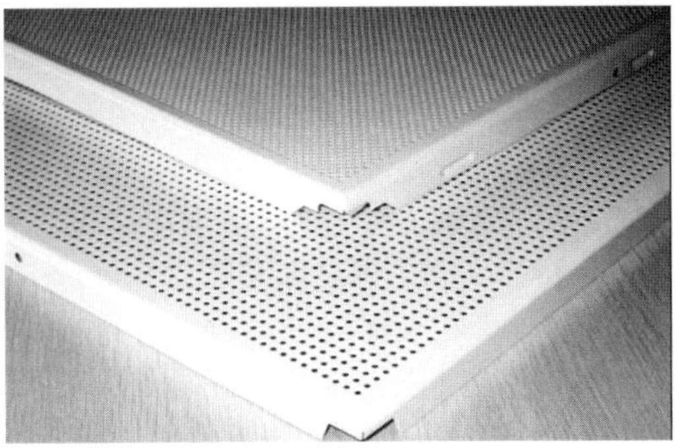

图 3-5 铝合金天花板(二)

(2)将新吊杆与龙骨连接。

(3)如需取下旧吊杆,用手持切割机将吊杆与结构顶板连接位置切割取下,如图 3-7 所示。

图 3-6 天花板龙骨

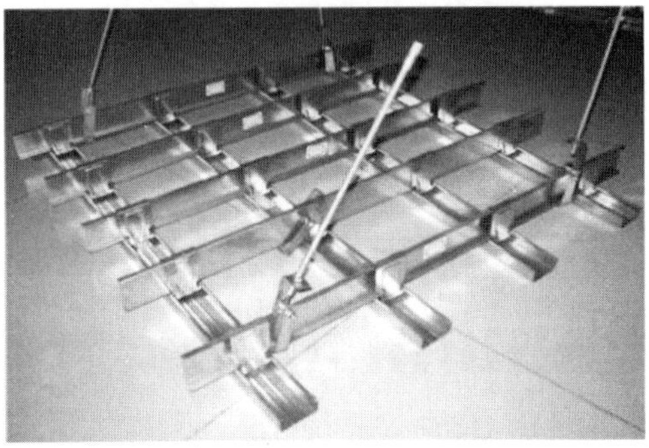

图 3-7 镀锌吊杆

### 3.4.2 消防设施维修

1. 挡烟垂壁安装

(1)工艺流程:放线→开孔→安装角钢基架→安装立筋→调整方向→安装防火板→安装防火玻璃→验收。

(2)根据设计施工图纸进行测量放线工作。

(3)根据安装孔位进行开孔。

(4)安装角钢基架:所有安装附件在现场准确测量加工尺寸,在场外基地进行加工,角钢等金属附件加工完毕后刷防火漆。采用不等边角钢作为基架,角钢间距 1 000 mm,通过 $\phi$10 的膨胀螺栓将角钢固定在顶棚上,安装时在角钢上部打孔,第一个孔中心距角钢顶 40 mm,第二个孔中心距第一个孔中心 40 mm。

(5)安装防火板:挡烟垂壁在吊顶上面部分采用防火板,伸出吊顶部分采用防火玻璃,厚度都为 10 mm,防火板打孔,防火板上端夹于基架角钢和立筋角钢之间,通过螺栓连接。在防火板下端 50 mm 处打孔与立筋角钢固定。

(6)安装防火玻璃:挡烟垂壁伸出吊顶部分采用的是防火玻璃,防火玻璃在吊顶上面部分的长度为 250 mm，伸出吊顶面长度为 500 mm，防火玻璃上端打孔，第一个孔打在距离玻璃上端 60 mm 处，第二个孔中心距离第一个孔中心 60 mm，用螺栓将防火玻璃与立筋角钢连接固定。

（7）挡烟垂壁做法如图 3-8 所示。

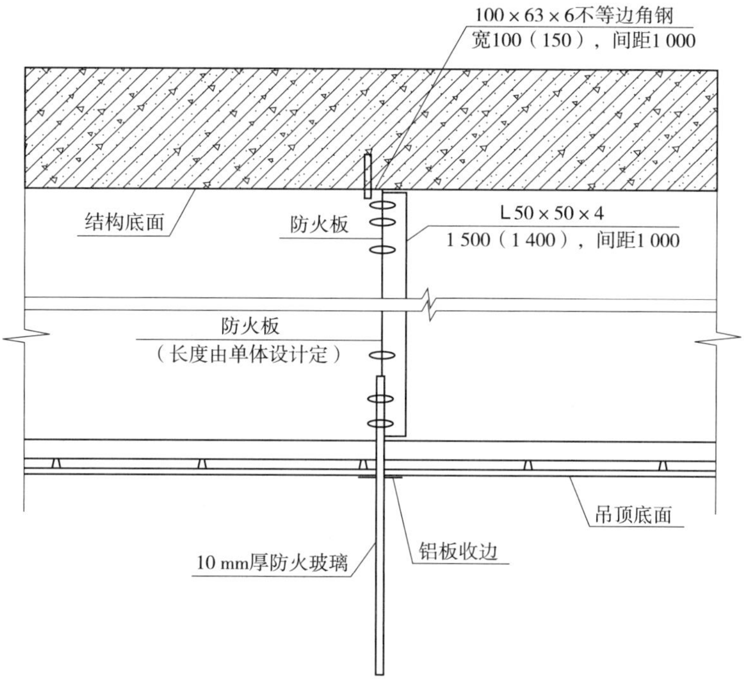


图 3-8 挡烟垂壁做法详图（单位：mm）

2. 防火板更换

（1）架设脚手架或梯子，用活动扳手拧开防火板顶部螺帽，取下防火板。

（2）取新防火板，根据螺栓孔间距，在防火板上打孔。

（3）将新防火板的螺栓孔对准螺栓，拧紧螺帽。

（4）检查防火板是否安装牢固。

3. 挡烟垂壁钢化玻璃更换

（1）架设脚手架，用美工刀切割挡烟垂壁两侧与其他挡烟垂壁连接处的玻璃胶。

（2）用活动扳手拧开挡烟垂壁顶部螺帽，从螺栓中取出挡烟垂壁。

（3）将已量好尺寸和螺栓孔孔距的新挡烟垂壁对准螺栓，拧紧螺帽。

（4）用美纹胶带在玻璃两侧粘贴，使用胶枪将透明玻璃胶填充在挡烟垂壁之间的缝隙内，用塑料木铲刮平，并取下贴在两侧的美纹胶带。

（5）等待玻璃胶自然干燥后，用玻璃水清洗挡烟垂壁玻璃，并粘贴透明防爆膜，防爆膜要与相邻挡烟垂壁重叠。

（6）检查挡烟垂壁是否安装牢固，如图 3-9 所示。

图 3-9 挡烟垂壁

4. 防火卷帘维修

(1)防火卷帘一般是由帘板、卷轴、电动机、导轨、支架、防护罩和控制机构等组成。

(2)防火卷帘不能上升下降

①原因:可能为电源故障(机电)、电机故障(机电)、门帘不正发生倾斜卡住(土建)。

②故障处理:检查主电、控制电源及电机并维修或更换,检查门帘本身并对门帘进行调整。

(3)导轨出轨

①打开防火卷帘门检修口盖板,放下卷帘门手动链条。

②拉升链条,手动将卷帘门底梁拉到导轨顶部。

③调整好底梁导轨位置,对准放入卡槽。

④升降卷帘门,查看卷帘门是否工作正常。

(4)卷帘门底梁断裂

①材料准备:切割机、电焊机、电焊条、角钢、扁钢、线盘、防护眼镜。

②在底梁断裂位置一侧,增加一块角铁,通过电焊将断裂两端连接固定。

③在底梁断裂的另一侧,同样用角铁,通过电焊将断裂两端连接固定。

④角铁焊接完成后,在断裂部位再焊接一层扁钢,用以加固底梁、增加强度。

(5)铰链卡阻

①铰链卡阻一般是铰链的上下两个部位焊接时有焊疤或者焊接时有多余的接头。

②找到铰链卡阻位置,如果发现焊疤,则用手持打磨机将焊疤打磨光滑。

③如有多余接头导致卡阻,则用手持切割机将多余接头切割。

### 3.4.3 地面维修

1. 花岗岩大理石地砖更换(以规格 800 mm×800 mm、20 mm 厚浅/深灰色花岗岩为例)

(1)材料准备:切割机及配套切割片、矿泉水瓶、大理石、水泥、细砂、钢丝刷、毛刷、拍板。

(2)用切割机在大理石四周接缝位置切割大理石,准备一个矿泉水瓶装满水并在盖子上开小孔,切割时边切割边在切割位置洒水,防止切割片过热断裂及阻挡灰尘。

(3)清理基层

①基层表面的泥土、浮浆、灰渣及其他垃圾杂物应清除干净。如有松散颗粒、浮皮,必须凿除或用钢丝刷刷至外露结实面为止,凹洼处应用砂浆补抹平,油污应擦净。

②将基层浇水润湿。

(4)涂刷素水泥一道。

(5)摊铺 1∶3 干硬性水泥砂浆,约铺 30 mm 厚。

(6)面上撒素水泥(洒适量清水)。

(7)铺贴 20 mm 厚、800 mm×800 mm 花岗岩地面大理石。

(8)用拍板拍实,使水泥砂浆进入地砖缝隙。

(9)修理好四周边角,并擦净大理石地砖,如图 3-10 所示。

2. 盲道地砖更换(以规格 300 mm×800 mm、20 mm 厚盲道花岗岩为例)

(1)盲道砖是为盲人安全提供的行路方便道路设施。一般由三类砖铺就,一类是条形方向引路砖,引导盲人放心前行,称为行进盲道砖,或盲道方向引路砖;一类是带有圆点的提示砖,

图 3-10 大理石铺贴

提示盲人前面有障碍,该转弯了,称为提示盲道砖,或盲道方位引路砖;最后一类是盲道危险警告引路砖,圆点较大,警视不要超越,前面危险。

(2)材料准备:切割机及配套切割片、矿泉水瓶、盲道大理石、水泥、细砂、钢丝刷、毛刷、拍板。

(3)用切割机沿着大理石四周接缝位置切割大理石,准备一个矿泉水瓶装满水并在盖子上开小孔,切割时边切割边在切割位置洒水,防止切割片过热断裂及阻挡灰尘。

(4)清理基层

①基层表面的泥土、浮浆、灰渣及其他垃圾杂物应清除干净。如有松散颗粒、浮皮,必须凿除或用钢丝刷刷至外露结实面为止,凹洼处应用砂浆补抹平,油污应擦净。

②浇前,将基层浇水润湿。

(5)涂刷素水泥一道。

(6)摊铺 1∶3 干硬性水泥砂浆,约铺 30 mm 厚。

(7)面上撒素水泥(洒适量清水)。

(8)铺贴 20 mm 厚、300 mm×800 mm 盲道花岗岩大理石。

(9)用拍板拍实,使水泥砂浆进入地砖缝隙。

(10)修理好四周边角,并擦净大理石地砖,如图 3-11 所示。

图 3-11 盲道石

3. 地面瓷砖铺贴

(1)工艺流程:施工准备→基层处理→选砖→铺贴→养护→勾缝。

(2)铺贴玻化砖时首先检查找平层是否符合设计要求,再按地面标高留出玻化砖厚度作标准点。基层必须清扫干净,并浇水湿润不得有积水,以保证垫层与基层结合良好。基层表面涂刷纯水泥浆应均匀。

(3)复核标高尺寸,特别是对于卫生间内的尺寸复核要仔细、认真,真正做到尺寸准确。同时,在卫生间四周弹线,以便控制标高。

(4)所有面砖在正式铺贴前,要全面检查其表面的色差问题,要认真挑选,单独分类堆放,真正做到色泽一致。挑选好的面砖必须要放在水中浸泡 2～3 h 后才使用，以避免其由于干燥吸收砂浆的水分而引起空鼓。

(5)按设计要求进行地面弹线并按设计标高做好灰饼或标筋保证，保证面砖铺贴后表面平整度、缝格平直度等满足规范要求。

(6)用 1∶2 水泥砂浆，20～25 mm 厚，作为黏结找平层，找好中心向两边分开铺贴。铺贴前，在原砂浆找平层上面均匀涂刷一层纯水泥浆为结合层，结合层要全面、周到。

(7)在铺面层时，应浸水湿润，并将玻化砖背面浮灰杂物清除干净，待板块饱和，取出阴干后使用。铺贴时，要让面砖的一边先下放，然后慢慢放下另外三边，以防有气泡产生。面砖放下后，及时用小橡胶锤敲击玻化砖，让其能全面与找平层结合在一起，同时，边敲击边看面砖，用手不停地感觉四角与周边面砖之间的关系，然后用 2 m 长水平垂直测量仪及塞尺进行检查，使贴好的面砖表面平整度、垂直度、接缝高低差及缝格平直度均满足设计及质量检验优良评定要求。

(8)做好养护、保护工作，在养护期间严禁上人或使用。用木板及彩条布等进行全面保护。在其养护期 2 d 过后及时按设计要求进行勾缝处理，即将缝口处理干净，刷水湿润，用 1∶1 水泥砂浆进行勾缝，勾缝应密实、平整、光滑。然后用布将地面擦拭干净，再继续养护 2 d，如图 3-12 所示。

4. 踢脚线维修

(1)材料准备：踢脚线、水泥、木锤。

(2)将踢脚线处的墙柱面湿水，将水泥加入一定的水，搅拌均匀成素水泥。

(3)在墙柱面上抹一层素水泥浆。

(4)在踢脚线背面抹一层素水泥浆，铺贴紧密。

(5)用木锤轻轻敲击，使踢脚线黏结牢固，抹除踢脚线上的余浆，如图 3-13 所示。

图 3-12　地面瓷砖

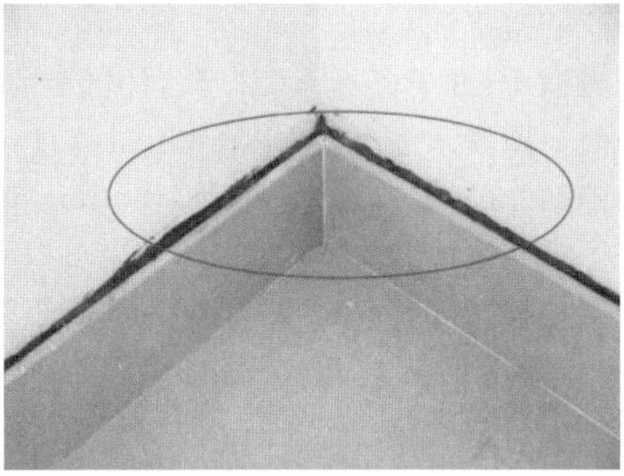

图 3-13　踢脚线

5. 楼梯踏步/台阶铺贴(图 3-14)

(1)材料准备：水泥、中砂、楼梯踏板、楼梯踢板、木锤、灰刀。

(2)放线，先抹踏步立面(踢板)的水泥砂浆结合层，踢板可内倾，但不可外倾。

(3)后抹踏步平面(踏板)，并留出面层板块的厚度，每个踏步尺寸需符合要求。

(4)养护 1～2 d。

(5)养护完成后，在结合层抹素水泥浆作为黏结层，按照先立面后平面的原则，拉斜线铺贴板块。

(6)用木锤轻轻敲击,使踏步板块黏结牢固,抹除踏步板块上的余浆。

(7)踏步铺贴完成,铺设木板保护,7 d 内不准上人。

(8)室外台阶踏步,每级踏步的平面,其板块的纵向和横向应能排水,雨水不得积聚在踏步的平面上。

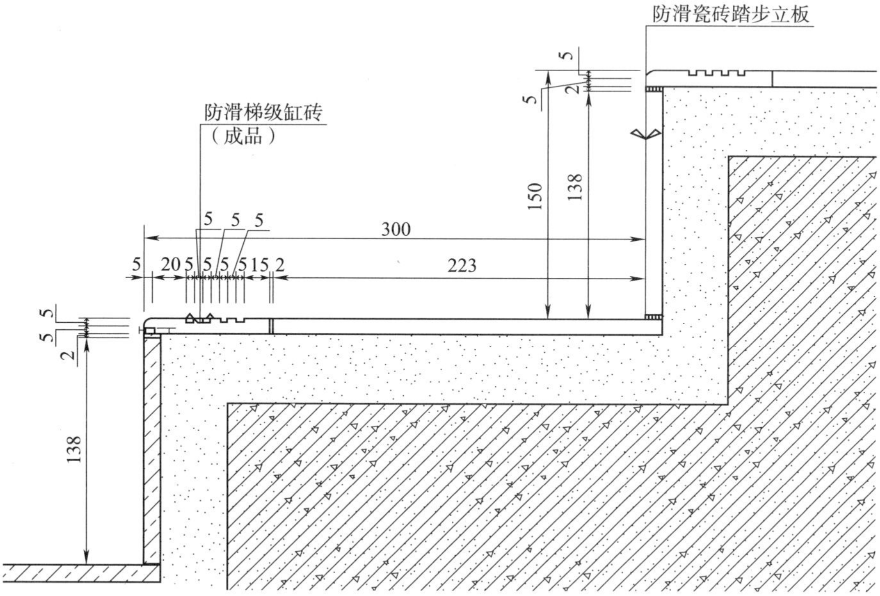


图 3-14　楼梯台阶铺贴(单位:mm)

6. 静电地板更换

(1)材料准备:防尘静电地板、吸盘、支座、镀锌龙骨。

(2)清理静电地板杂物、灰尘等。

(3)将吸盘紧贴静电地板,握紧吸盘把手,吸取出破损静电地板。

(4)检查静电地板支座

①清理支座底部杂物。

②转动支座螺丝,调整支座高度。

③如支座损坏,更换新支座。

(5)检查镀锌龙骨是否完好

①调整支座与镀锌龙骨位置。

②如镀锌龙骨破损,更换新镀锌龙骨。

(6)将吸盘紧贴新的静电地板,握紧吸盘把手,将静电地板对准镀锌龙骨放下。静电地板安装如图 3-15 所示。

7. 环氧树脂砂浆地坪施工

(1)材料准备:地坪打磨机、吸尘器、锯齿镘刀、平底刮板、辊筒与漆刷、砂浆搅拌机、底材表面温度及环境温湿度仪、基材含水率测定仪、称量与搅拌工具、切缝机与打胶枪、清洗工具、环氧底漆、环氧中涂漆、环氧面漆、固化剂、石英粉。

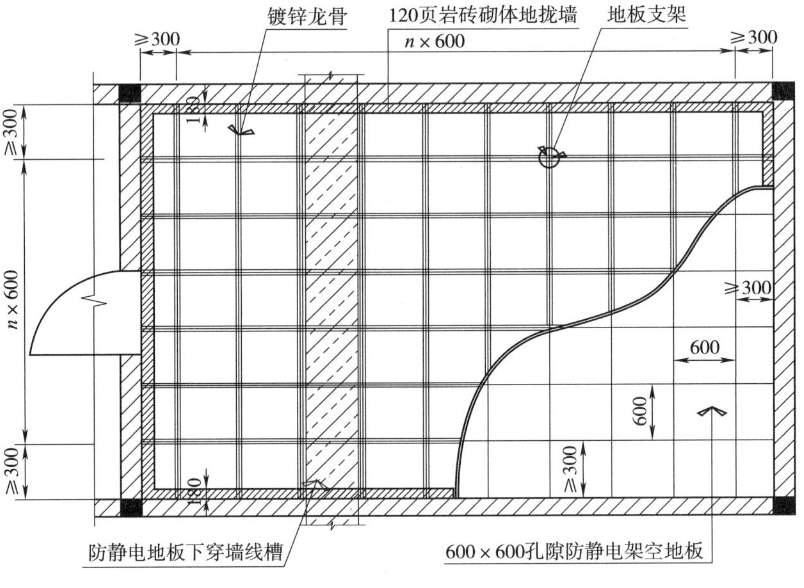


图 3-15　静电地板安装(单位:mm)

(2)环氧底漆(参考用量 0.15 kg/$m^2$)

①基层清理,施工前确保地面干净,如有杂物需清除。

②将环氧底漆和固化剂按正确比例混合搅拌(主漆∶固化剂=1∶2)。

③搅拌均匀后,采用刮刀或滚筒施涂的方法施涂。

④要求浸透,加强附着力。

⑤待一遍干固后再施涂环氧中涂层。

(3)环氧中涂层(参考用量 0.25 kg/$m^2$)

①施工前确保地面干净,如有杂物需清除。

②将环氧中涂漆和固化剂按正确比例(5∶1)混合搅拌,并按配比加上一定的石英。

③砂搅拌均匀后倾倒在地面上,使用镘刀按设计的厚度将材料均匀镘开,以增加强度和耐冲击力,使地面更加结实、抗压。

④中涂层干固后,采用打磨,把表面的流挂物、颗粒打磨平整。

⑤灰尘处理干净。

(4)环氧腻子层(参考用量 0.15 kg/m²)

①将环氧中涂漆和石英粉按正确的配比(5∶1)搅拌均匀后,采用批刀均匀镘刮在地面上,以增加中涂层与面层之间的结合,并进一步调整地面的平整度。

②视实际需要施工遍数,要求达到平整无孔洞、无批刀印及砂磨印为准。

(5)环氧面涂层(参考用量 0.3 kg/m²)

①施工前需保持干净,如有杂物黏附需清除。

②将环氧面涂搅拌均匀,再加入固化剂混合,充分搅拌。

③使用辊筒将材料均匀涂布。

④一遍涂层干固后,再施工第二次面涂层。

⑤注意先后施工交接处的处理;涂层要求均匀,无流挂。

(6)注意事项

①确认涂布的工艺固化后方能进行下一道工序,同时注意成品的保护工作。

②严格控制加水量,垫层自流平加水量不能大于 22%,面层自流平加水量不能大于 20%。

③每次施工后,应立即清洗有关设备和工具。

④从涂刷界面剂开始,每次进入施工现场人员必须穿鞋套,以避免脚下带入泥砂。

⑤基面太过干燥可用清水洗刷地面,一来可增加基面的工作度,二来可清除表面尘土,提供一个清洁的工作面。待其表面干燥后接续底涂施工。不能在干燥地面洒水后直接涂刷界面剂,否则易引起起鼓、开裂等后果。

⑥施工面积过大需分区施工,搅拌好的浆体在搅拌桶内静置时间超过 5 min 需再次搅拌后使用,超过 15 min 以上必须舍弃。

8. 环氧自流平地坪施工

(1)材料准备:地坪打磨机、吸尘器、锯齿镘刀、平底刮板、辊筒与漆刷、砂浆搅拌机、底材表面温度及环境温湿度仪、基材含水率测定仪、称量与搅拌工具、切缝机与打胶枪、清洗工具、无溶剂型环氧底漆、无溶剂型环氧中涂漆、无溶剂型环氧自流平面漆、固化剂。

(2)基底处理

①根据现有基础地面打磨,除尘,找平。

②地面有开裂或者被油污污染,采用相应的方法进行处理,地面要求:无污染、开裂,平整,强度达到 C20 以上。

(3)环氧底漆(参考用量 0.15 kg/m²)

①施工前确保地面干净,如有杂物需清除。

②将环氧底漆和固化剂按正确比例混合搅拌(主漆∶固化剂=1∶2)。

③搅拌均匀后,采用刮刀或滚筒施涂的方法施涂。

④要求浸透,加强附着力。

⑤待一遍干固后再施涂环氧中涂层。

(4)环氧中涂层(参考用量 0.25 kg/m²)

①施工前确保地面干净,如有杂物需清除。

②将环氧中涂漆和固化剂按正确比例(5∶1)混合搅拌,并按配比加上一定的石英。

③砂搅拌均匀后倾倒在地面上,使用镘刀按设计的厚度将材料均匀镘开,以增加强度和耐

冲击力，使地面更加结实、抗压。

④中涂层干固后，采用打磨，把表面的流挂物、颗粒打磨平整。

⑤灰尘处理干净。

(5)环氧腻子层(参考用量 0.15 kg/m$^2$)

①将环氧中涂漆和石英粉按正确的配比(5：1)搅拌均匀后，采用批刀均匀镘刮在地面上，以增加中涂层与面层之间的结合，并进一步调整地面的平整度。

②视实际需要施工遍数，要求达到平整无孔洞、无批刀印及砂磨印为准。

(6)环氧自流平面层(参考用量 0.8～1.0 kg/m$^2$)

①施工前需保持干净，如有杂物黏附需清除。

②将无溶剂型环氧自流平面漆搅拌均匀，再加入固化剂混合，充分搅拌。

③用准备好的镘刀进行自流平镘面或用无气喷涂机喷涂，如图 3-16 所示。

图 3-16　环氧地坪

(7)注意事项

①确认涂布的工艺固化后方能进行下一道工序，同时注意成品的保护工作。

②严格控制加水量，垫层自流平加水量不能大于 22%，面层自流平加水量不能大于 20%。

③每次施工后，应立即清洗有关设备和工具。

④从涂刷界面剂开始，每次进入施工现场人员必须穿鞋套，以避免脚下带入泥砂。

⑤基面太过干燥可用清水洗刷地面，一来可增加基面的工作度，二来可清除表面尘土，提供一个清洁的工作面。待其表面干燥后接续底涂施工。不能在干燥地面洒水后直接涂刷界面剂，否则易引起起鼓、开裂等后果。

⑥施工面积过大需分区施工，搅拌好的浆体在搅拌桶内静置时间超过 5 min 需再次搅拌后使用，超过 15 min 以上必须舍弃。

9. 旧环氧地坪翻新修复

(1)清除旧环氧地坪涂层

①使用专业环氧消磨设备，将旧有的环氧地坪涂层完全清除干净。

②常见的清除旧环氧地坪的方法：机械除漆法(最常用)、火焰除漆法、碱液除漆法、脱漆剂脱漆法。

③将地面的灰尘杂物清除干净。

(2)清除油污

对于地面被油污污染的地方，一定要将油污去除干净。一般使用清洁剂进行清理，达到脱油、脱脂的效果，必须确保表面干净方可进行施工，否则影响环氧工程质量。

(3)修补裂缝

①使用切割机把裂缝切成V形槽。

②清理V形槽。

③灌入环氧砂浆使其平整。

(4)环氧底漆(参考用量0.15 $kg/m^2$)

①施工前确保地面干净，如有杂物需清除。

②将环氧底漆和固化剂按正确比例混合搅拌(主漆∶固化剂=1∶2)。

③搅拌均匀后，采用刮刀或滚筒施涂的方法施涂。

④要求浸透，加强附着力。

⑤待一遍干固后再施涂环氧中涂层。

(5)环氧中涂层(参考用量0.25 $kg/m^2$)

①施工前确保地面干净，如有杂物需清除。

②将环氧中涂漆和固化剂按正确比例(5∶1)混合搅拌，并按配比加上一定的石英。

③砂搅拌均匀后倾倒在地面上，使用镘刀按设计的厚度将材料均匀镘开，以增加强度和耐冲击力，使地面更加结实、抗压。

④中涂层干固后，采用打磨，把表面的流挂物、颗粒打磨平整。

⑤灰尘处理干净。

(6)环氧腻子层(参考用量0.15 $kg/m^2$)

①将环氧中涂漆和石英粉按正确的配比(5∶1)搅拌均匀后，采用批刀均匀镘刮在地面上，以增加中涂层与面层之间的结合，并进一步调整地面的平整度。

②视实际需要施工遍数，要求达到平整无孔洞、无批刀印及砂磨印为准。

(7)环氧自流平面层(参考用量0.8～1.0 $kg/m^2$)

①施工前需保持干净，如有杂物黏附需清除。

②将无溶剂型环氧自流平面漆搅拌均匀，再加入固化剂混合，充分搅拌。

③用准备好的镘刀进行自流平镘面或用无气喷涂机喷涂。

(8)注意事项

①确认涂布的工艺固化后方能进行下一道工序，同时注意成品的保护工作。

②严格控制加水量，垫层自流平加水量不能大于22%，面层自流平加水量不能大于20%。

③每次施工后，应立即清洗有关设备和工具。

④从涂刷界面剂开始，每次进入施工现场人员必须穿鞋套，以避免脚下带入泥砂。

⑤基面太过干燥可用清水洗刷地面，一来可增加基面的工作度，二来可清除表面尘土，提供一个清洁的工作面。待其表面干燥后接续底涂施工。不能在干燥地面洒水后直接涂刷界面剂，否则易引起起鼓、开裂等后果。

⑥施工面积过大需分区施工，搅拌好的浆体在搅拌桶内静置时间超过5 min需再次搅拌后使用，超过15 min以上必须舍弃。

10. 混凝土地面维修

(1)混凝土地面裂缝的修补

①对于较粗的裂缝可以用混凝土修补材料直接修补。

②对于较细的裂缝，需要用电动切割机沿着裂缝切割约 1 cm 宽裂缝，然后用环氧砂浆+玻纤布加强修补。

(2)混凝土地面边角的修补

①清理修补面。

②用底漆封固。

③用聚合物水泥或环氧砂浆修补，并找平。

(3)严重破损地面的修补

①清理修补面，保证干燥，无油污，无松脱物。

②用封固底漆封固。

③用高强度聚合物水泥或环氧砂浆修补，并找平。

(4)墙角的修补

①打磨清洁墙面，保证干燥，无油污，无松脱物。

②用封固底漆封固。

③用高强度聚合物水泥或环氧砂浆抹成圆弧形。

11. 地面荧光导向牌更换

(1)材料准备：尖扁凿、橡胶锤、灰刀、云石胶、固化剂。

(2)用尖扁凿、橡胶锤凿取出旧地面荧光导向牌。

(3)清理基底，保证干燥，无杂物。

(4)用灰刀取适量云石胶和固化剂(10∶1)，搅拌均匀。

(5)将拌和物均匀涂抹在新荧光导向牌底部，对准荧光导向牌槽放入。

(6)用橡胶锤轻敲荧光导向牌，使之紧密贴合。

(7)清除多余云石胶，如图 3-17 所示。

图 3-17　地面荧光标

12. 不锈钢变形缝盖板更换

(1)准备材料：不锈钢变形缝盖板整套、十字螺丝刀、电钻、圆头六角扳手、扁凿。

(2)取出原有变形缝盖板

①用十字螺丝刀将盖板上的十字螺丝取出。

②扁凿沿缝撬开盖板，取出盖板。

③用圆头六角扳手取出固定基座的螺丝。

④取出变形缝盖板基座。

(3)清理变形缝基底。

(4)将新变形缝基座放入基底。

(5)根据基座螺丝孔位置，对着螺丝孔用电钻在两侧混凝土打孔。

(6)将塑料胀锚植入基座螺丝孔，再用螺丝锚固基座。

(7)将铝合金面板用不锈钢滑杆与基座相连，并用螺丝拧紧。

不锈钢变形缝盖板详图如图 3-18 所示。

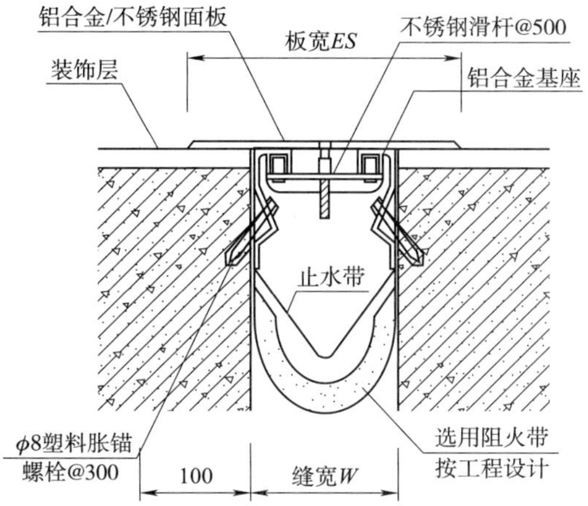

图 3-18 不锈钢变形缝盖板详图(单位:mm)

13. 不锈钢人防门踏板更换

(1)准备材料:不锈钢人防门踏板、十字螺丝刀、刀、结构灰胶、胶枪、手枪钻。

(2)取出旧人防门踏板

①用十字螺丝刀将盖板上的十字螺丝取出。

②用刀将人防门踏板四周的胶切割。

③取出人防门踏板。

④清理基底。

(3)按照旧人防门踏板上螺丝孔间距，用手枪钻在新人防门踏板上钻螺丝孔。

(4)将人防门踏板螺丝孔对准下方扁铁的螺丝孔，放下。

(5)用十字螺丝刀拧紧人防门踏板。

(6)在人防门踏板四周与地面的缝隙处用胶枪填充结构灰胶，如图 3-19 所示。

图 3-19 人防门踏板

14. 地面不锈钢镶嵌条更换

(1)准备材料:不锈钢镶嵌条、凿子、橡胶锤、毛刷、一字螺丝刀、垫片。

(2)取出旧不锈钢镶条

①凿子对着不锈钢镶条与地面连接处的缝隙,用橡胶锤捶凿子。

②沿着整条不锈钢镶条两侧凿,增大镶条与地面之间的间隙,使不锈钢镶条松动。

③用一字螺丝刀将不锈钢镶条的一侧翘起,取出整条不锈钢镶条。

(3)用毛刷清理缝隙内的杂物。

(4)将不锈钢镶条放入缝隙处,取一块垫片垫在不锈钢镶条上方,用橡胶锤轻捶垫片,使不锈钢镶条镶嵌入缝隙。

(5)检查平整度,确认镶条与地面是否齐平,如图 3-20 所示。

15. 检修口盖板更换

(1)准备材料:铝型材边框、镀锌钢板、大理石、焊机。

(2)首先对基座进行检查,对于有问题的基座进行加固或更换预埋件,根据原检修口盖板的尺寸,裁剪切割铝材、镀锌钢板和大理石。

(3)用焊机电焊,将铝型材料做边框,镀锌钢板封底板,制作检修口盖板框架。

(4)将相同尺寸、颜色的大理石放入检修口盖板框架,如图 3-21 所示。

图 3-20　不锈钢嵌缝条

图 3-21　检修口盖板

### 3.4.4　墙柱面维修

1. 墙面裂缝修补粉刷

(1)材料准备

①涂料:乳胶漆面漆、抗碱封闭底漆。其品种、颜色应符合设计要求,并应有产品合格证和检测报告。

②辅料:成品腻子粉、石膏、界面剂、胶水、拉法基,产品应有产品合格证。开水间、厕所、浴室或原设计有要求的必须使用耐水腻子。

③主要机具:涂料搅拌器、喷枪、气泵、胶皮刮板、钢片刮板、腻子托板、排笔、刷子、砂纸、靠尺、线坠。

④对于地面及不可挪移物品进行彩条布覆盖保护。

(2)基层清理

①将涂刷面清理干净,灰尘对涂料的黏附影响大,要用掸子或干净扫把将墙面上的灰尘清

除干净。

②脏污比较严重的部位，特别是油污比较严重的墙面，要用洗涤剂刷洗，经洗涤剂刷洗的墙面再用清水漂洗。

③涂膜起泡、脱皮、脱落的部位要清除干净，确保所有松裂的都被铲掉，刮伤部位的边缘要用砂纸磨平。

(3)基层缺陷修补

清理基层后，对缺陷进行修补，常见的基层缺陷修补方法见表 3-1。

**表 3-1　常见的基层缺陷修补方法**

| 序号 | 基层缺陷 | 修补方法 |
|---|---|---|
| 1 | 混凝土施工缝等造成的表面不平整 | 清扫混凝土表面，用聚合物水泥砂浆分层抹平，每遍厚度不大于 9 mm，总厚度 25 mm，表面用木抹子搓平，养护 |
| 2 | 混凝土尺寸不准或设计变更等原因造成的找平层厚度增加过大 | 在混凝土表面固定焊敷金属网，将找平层砂浆抹在金属网上 |
| 3 | 水泥砂浆基层空鼓分离而不能铲除 | 用电钻钻孔($\phi5\sim\phi10$)，采用不致使砂浆层分离扩大的压力，将低黏度环氧树脂注入分离空隙内，使之固结。表面裂缝用合成树脂或聚合物水泥腻子嵌平并打磨平整 |
| 4 | 基层表面较大裂缝 | 将裂缝切成 V 形填充防水密封材料；表面裂缝用合成树脂或聚合物水泥砂浆腻子嵌平并打磨平整 |
| 5 | 细小裂缝 | 用基底封闭材料或腻子沿裂缝嵌平并打磨平整 |
| 6 | 气泡砂孔 | $\phi3$ 以上的孔眼用树脂砂浆或聚合物水泥砂浆嵌填；$\phi3$ 以下的孔眼可用同种涂料腻子批嵌，表面打磨平整 |
| 7 | 表面凹凸 | 凸出部分用磨光机研磨，凹入部分填充树脂或聚合物水泥砂浆，硬化后再打磨平整 |
| 8 | 表面麻点过大 | 用与饰面涂料相同的涂料腻子分次刮抹平整 |
| 9 | 基层露出钢筋 | 清除铁锈做防锈处理；或将混凝土做少量剔凿，对钢筋做防锈处理后用聚合物水泥砂浆补抹平整 |

(4)基层复查

①在基层检查、清理和必要的修补后，在乳胶漆涂料施工之前，还必须对基层进行认真复查，核查其处理质量是否符合建筑涂料的施工要求，以确保涂料施涂后的涂层质量达到要求。

②检查基层经修补后是否产生新的裂缝，腻子是否塌陷，嵌填或封底材料有否粉化，基层是否有新的沾污，对于检查出的异常部位要及时处理。

(5)乳胶漆的涂刷(图 3-22)

图 3-22　墙面裂缝粉刷

①乳胶漆饰面常用滚涂、刷涂。一般涂料的滚涂，要注意毛辊上的吸浆量，不能太多或太少，使毛辊吸浆量均匀、合适。

②涂刷时一般先从房间面积最大最不易涂刷的部位开始刷起。滚筒的绒毛应稍长一些，以便一次能吸附

更多的涂料。

③由于顶面面积较大，又没有间隔，涂刷宜一次完成，不宜中途搁置，否则容易在连接处产生搭接痕迹。

④在墙面辊涂时，应将毛辊自下往上，向上时用力，向下时轻轻回带，一下一下地辊涂。滚动用力的大小随毛辊中涂料的减少而加大，这样不会造成流淌，当用掉毛辊中 1/3～1/2 的涂料后就应蘸料再进行辊涂，这样有利于长时间操作。

⑤内墙涂料饰面的涂刷要注重涂膜均匀、厚薄适中，并不是涂料用得越多、涂膜涂得越厚就越好，相反，涂层太厚会造成涂膜附着力差，从而引起脱落。

⑥等待上一遍涂刷的乳胶漆干透后，进行第二遍的乳胶漆涂刷，直至满足要求。

⑦作业现场清理：作业完毕后，作业人员需将现场剩余乳胶漆盖密封，清洗工器具，并将现场垃圾清理干净，恢复现场原貌。

2. 砖墙砌筑(加气混凝土砌块)

(1)施工准备工作

①技术准备

a. 砌筑前，应认真熟悉图纸，核实门洞口位置及洞口尺寸，明确预埋、预留位置，算出窗台及过梁顶部标高，熟悉相关构造及材料要求。

b. 已审核完建筑施工图纸，并确保填充墙、门窗洞口的位置、轴线尺寸准确无误，确保圈梁、过梁的标高正确。

c. 使用经过校验合格的监视和测量工具。

d. 施工前，工程技术人员应结合设计图纸及实际情况，编制出专项施工技术交底和作业指导书等技术性文件。

e. 制定该分项工程的质量目标、检查验收制度等保证工程质量的措施。

f. 由试验室出具完整的砌筑砂浆配合比试验报告。

②材料要求

a. 蒸压加气混凝土砌块砌筑时的产品龄期应超过 28 d。

b. 砌筑砂浆用水必须符合国家现行标准《混凝土用水标准》(JGJ 63)的规定。

c. 水泥进场使用前，应分批对强度、安定性进行检验。当在使用中对水泥质量有怀疑或水泥出厂超过 3 个月时，应进行复查试验，并按其结果使用。

d. 钢筋应有出厂合格证和质量证明单及复试报告。

(2)施工工艺流程

清理基层→排列砌块→定位放线→立皮数杆→墙根坎台施工→设置构造柱→选砌块→浇水润湿→满铺砂浆→摆砌块→安装或浇筑门窗过梁、圈梁→砌筑顶砖。

(3)清理基层

将砌筑部位基层灰渣杂物、高出部分清理干净，并浇水使基层湿润。

(4)排列砌块

按墙段实量尺寸和砌块规模尺寸进行排列摆放，不足整块的可锯截成需要的尺寸，但不得小于砌块长度的 1/3。

(5)定位放线

①设置基准控制线：主体施工阶段弹放砌体墙控制线或辅助控制线，且在结构施工、砌体

施工、抹灰施工阶段，同一工程部位需利用同一条控制线，避免因弹控制线误差导致施工误差。

②设置砌筑控制线：由基准控制线，引出砌筑轴线、边线、加气混凝土墙立边线、门口位置线、标高水平线。

(6)立皮数杆

在墙体转角处立好皮数杆或利用混凝土墙柱作皮数杆，杆上标明块层、灰缝、窗台板、门窗洞口、过梁、圈梁、预制件等的高度及位置，并应随时检查其准确性。

(7)墙根坎台施工

在砌块墙底部应用小块实心砌块砌筑(水泥砖)或C20细石混凝土脚坎(厨卫)，其高度宜不小于200 mm。严禁用砂浆或砂浆包碎砖找平，更不允许采用两侧砌砖、中间填芯找平。

(8)设置构造柱

①框架柱、剪力墙侧面等结构部位应预埋$\phi6$的拉墙筋和构造柱、圈梁的插筋，或者结构施工后植上钢筋。

②蒸压加气混凝土砌块填充墙砌体施工过程中，严格按设计要求留设构造柱，当设计无要求时，应按墙长度每5 m设构造柱。构造柱应置于墙的端部、墙角和T形交叉处。构造柱马牙槎应先退后进，进尺寸大于60 m，进退高度宜为砌块1～2层高度，且在300 mm左右。

③加气混凝土砌块填充墙与构造柱之间以$\phi6$拉结筋连接，拉结筋按墙厚每120 m放置一根，120 mm厚墙放置两根拉结筋。拉结筋埋于砌体的水平灰缝中，埋入每边墙的长度不应小于500 mm。对抗震设防烈度6度、7度的地点，不应小于1 000 m，末端应作90°弯钩。

(9)选砌块

①采用标准规格砌块，产品龄期应超过28 d。

②不同干密度和强度等级的加气混凝土砌块不应混砌，加气混凝土砌块也不得与其他砖、砌块混砌。

(10)浇水润湿

①砌筑前一天，将加气混凝土砌块及原结构相接处洒水润湿，以保证砌体良好黏结。

②砌筑前砌块应喷水处理：加气混凝土砌块砌筑时，砌块含水率宜小于15%，如砌块干燥，砌筑前向砌筑面适量浇水。

③砌筑时禁止水管对着砌块淋水，宜用小勺浇水或喷淋，浇水量控制方法：砌块渗水深度小于8 mm；手摸有润泽感。

(11)满铺砂浆

①砌块砌筑宜采用“满铺满挤法”，铺浆长度宜以一块砌块的长度为宜，铺浆均匀，浆面平整，满铺砂浆层每边宜缩进墙边10 mm。

②砌筑时，应向砌筑面适量浇水湿润，砌筑砂浆应有良好的保水性，并且砌筑砂浆铺设长度不应大于2 m，避免因砂浆失水过快引起灰缝开裂。

(12)摆砌块

①铺浆后，立即放置砌块，轻揉挤压一次摆正找平。

②灰缝要横平竖直，上下层十字错缝，转角处相互咬槎，边砌边勾缝，不得出现瞎缝、透亮缝。

③如果铺浆后不能立即放置砌块，砂浆失去塑性，应铲去砂浆重新满铺。

④砌块应十字交错，错缝搭砌，加气混凝土砌块搭接长度不应小于砌块长度的 1/3。

⑤砌体的转角及交接处应同时施工，严禁无可靠措施的内外墙分砌施工。对不能同时砌筑又必须留置的临时间断处，应砌成斜槎。

⑥加气混凝土砌体填充墙每天的砌筑高度不宜超过 1.8 m，并且填充墙上不得留设脚手眼、搭设脚手架。

(13)安装或浇筑门窗过梁

①外门窗洞口(包括临时施工洞口)应设置钢筋混凝土过梁，过梁的截面尺寸、配筋、支座长度应根据洞口宽度按设计要求采用。当采用预制钢筋混凝土过梁时，支座处砌体顶部应找平，安装时应坐砌砂浆。洞口过梁搭接长度不小于 250 mm。

②当外墙为砌体时，需在外门窗洞两侧预埋 C20 混凝土块(有混凝土企口情况除外)，以便固定窗框(或副框)。混凝土块宽度同墙厚，高度应与砌块同高或砌块高度的 1/2 且不小于 100 mm，长度不小于 200 mm，最上部(或最下部)的混凝土块中心距洞口上下边的距离为 150～200 mm，其余部位的中心距不大于 400 mm，且均匀分布。严禁采用预埋木砖固定门窗。

③对于砌体墙，外窗洞下口必须浇筑宽与墙厚相同、高度不小于 120 mm、长度每边伸入墙内不少于 400 mm(不足 400 mm 时通长设置)的混凝土窗台板(针对窗台下砌体八字缝措施)，已设钢筋混凝土凸窗套或窗台板者除外。窗台板为 C20 混凝土，内配 3$\phi$10 主筋和 $\phi$6@250U 型分布筋。

④窗洞节点如图 3-23 所示。

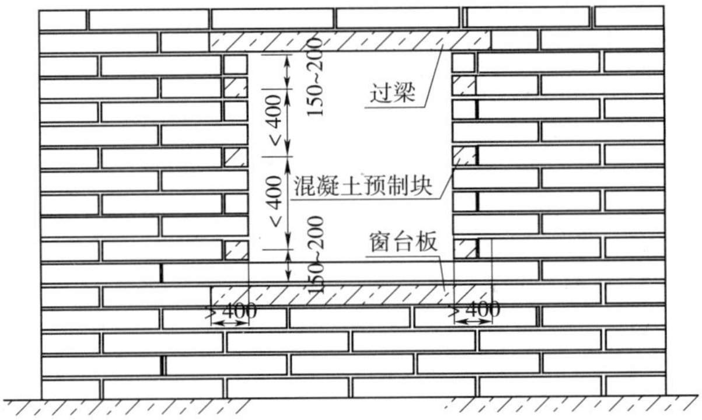


图 3-23　窗洞节点图(单位：mm)

(14)砌筑顶砖

砌到接近上层梁、板底约 200 mm，浮砖压顶待下部砌体沉缩。在抹灰前(间隔时间不少于 14 d)，宜用实心砖斜砌挤紧，砖倾斜度为 60°左右，砂浆应饱满。

工程实例如图 3-24 所示。

(15)主控项目

①蒸压加气混凝土砌块和砌筑砂浆的强度等级应符合设计要求。

②检验方法：检查砌块的产品合格证书、产品性能检测报告和砂浆试验报告。

(16)一般项目

①填充墙砌体一般尺寸的允许偏差宜符合相关规定。

②加气混凝土砌体填充墙横向和竖向灰缝砂浆饱满度应大于等于 80%，用百格网检查。

图 3-24 工程实例图

③圈梁、构造柱及墙体拉结筋的位置、锚固及搭接长度应符合设计及施工规范的要求，并进行隐蔽验收，填写隐蔽验收单。

(17)资料核查项目

①砌块出厂合格证及检测报告。

②水泥出厂合格证及复试报告。

③砂检测报告。

④砂浆配合比试验报告及砂浆试块强度检验报告。

⑤隐蔽工程验收记录。

⑥砌体工程检验批质量验收记录。

(18)观感检查项目

①砌体墙面应整洁，砌体灰缝横平竖直，厚薄均匀。

②砌体组砌方法正确，上下错缝，转角、丁字接头部位搭砌正确。

③砌体顶面与梁板接触面组砌紧密无裂缝。

3. 石膏板更换

(1)材料准备：石膏板(1 200 mm×2 400 mm，厚 12 mm)、石膏粉、电动铆钉枪、自攻螺丝、打磨器、纱布。

(2)用电动铆钉枪取下固定旧石膏板螺丝，并取下石膏板。

(3)调整主龙骨与次龙骨，使龙骨牢固。

(4)固定纸面石膏板与副龙骨的距离：固定纸面石膏板应根据龙骨不同采用平头的自攻螺丝，自攻螺丝距次龙骨边缘不能小于 3 mm。安装一侧的纸面石膏板，从门口处开始，无门洞口的墙体由墙的一端开始，石膏板一般用自攻螺钉固定，板边钉距为 200 mm，板中间距为 300 mm，螺钉距石膏板边缘的距离不得小于 10 mm，也不得大于 16 mm，自攻螺钉固定时，纸面石膏板必须与龙骨紧靠。

(5)安装时用木支撑临时支撑，并使板与骨架压紧，待螺钉固定完，方可撤出支撑。

(6)安装固定板时，应从板中间向四边固定，不得多点同时作业，固定完一张后，再顺序安装固定另一张。

(7)接缝处理

①调制单组分嵌缝石膏腻子：按规定比例将清洁水先倒入容器里，再慢慢向水里投置嵌缝

石膏粉，让其膨润 5 min 后，再用干净搅拌棒搅拌成浆状无结块的稠浆，在已调制好的浆内，不能再加入石膏粉，以免结块。一般适用施工时间为 45 min，超过时间开始凝固，不能使用。

②嵌缝：用小刮刀将嵌缝腻子均匀饱满地嵌入板下部间距的缝内，使腻子挤出背面板边，要形成一凸出的腻子沿口，这样使板边与嵌缝腻子咬接更牢。待腻子完全干透后，用电动或手动打磨器、砂布将嵌缝石膏腻子磨平，如图 3-25 所示。

4. 墙面瓷砖更换(脱落)

(1)材料准备：云石胶、固化剂、橡胶锤或使用瓷砖结构胶、瓷砖。

(2)将瓷砖脱落处的墙面清理干净，并清理瓷砖表面，不清理干净容易使瓷砖再次脱落。

(3)取适量云石胶和固化剂，按比例 10∶1 搅拌均匀，涂抹在瓷砖背面，不用全部涂满，并在瓷砖接缝处涂抹混合胶体。

(4)将瓷砖贴合墙面，用橡胶锤轻敲，使瓷砖与墙面紧密黏结并平整。

(5)清理接缝处残余的混合胶体，如图 3-26 所示。

图 3-25　石膏板

图 3-26　清理接缝处残余的混合胶体

5. 墙面瓷砖更换(大面积空鼓、脱落)

(1)材料准备：水泥、橡胶锤、瓷砖、细砂。

(2)用橡胶锤轻敲墙面瓷砖，检查空鼓情况，并将空鼓瓷砖敲除。

(3)将瓷砖提前泡水浸湿几分钟，后取出，把表面的水晾干。

(4)将瓷砖脱落或空鼓处的旧水泥清理干净。

(5)将水泥用水搅拌至像豆油一样的黏稠度。

(6)取出瓷砖，将水泥均匀涂抹在瓷砖背面，厚度与原水泥浆保持一致。

(7)逐块粘贴，并用橡胶锤敲平，使瓷砖与墙面粘贴紧密。

(8)清理接缝处残留水泥，如图 3-27 所示。

图 3-27　墙面瓷砖

6. 墙面石材饰面板更换(干挂)

(1)材料准备：大理石面板、中性硅酮耐候密封胶、小刀、快固型双组分环氧型胶黏剂、防污胶条。

(2)用小刀将需更换的墙面石材四周的结构胶切割,并取下干挂大理石饰面板。

(3)根据石材调节片的位置,在石材上打眼,打眼根据石材挂件的形式和尺寸确定,安装石材背贴干挂件,并用快固型双组分环氧型胶黏剂黏结。

(4)安装石材应从下往上安装,安装时先根据挂件位置调整石材的垂直度及平整度,将石材挂在次横向龙骨的角钢上。

(5)石材安装完毕,在石材接缝的两侧边缘粘贴防污胶条。

(6)对石材接缝进行勾缝处理,用中性硅酮耐候密封胶对石材缝隙做勾缝处理,胶体填充饱满密实,与墙面齐平,注意美观度,勾缝结束撕掉两侧的防污胶条,如图 3-28 所示。

图 3-28　墙面干挂石材

7. 搪瓷钢板墙面工程安装

(1)工艺流程

复尺→放线、测量定位→材料复核→预埋件安装→龙骨安装→硅酸钙板基层安装→热镀锌钢板安装→橡胶垫安装→调整搪瓷钢板→安装、调整、清洁。

(2)施工复尺、测量放线

按照图纸设计要求及控制线进行定位放线,利用精密仪器(如水准仪、铅垂仪等)对"三线"进行精密复尺,然后放出各工作面的施工线,定出搪瓷钢板平面基准线,确定立柱的前后位置,根据设计和甲方意图进行分格排版,绘制排版图和效果图,经复核后进行下一步施工。

(3)钢架龙骨安装

①龙骨设计采用三维可调系统,龙骨、搪瓷钢板均可进行微调。钢架与主体结构连接的锚固件要牢固、位置准确,预埋件的标高偏差不得大于 10 mm,预埋件位置与设计位置的偏差不得大于 20 mm;钢架与锚固件的连接及钢架镀锌处理需符合设计要求;钢架制作及焊接质量要符合现行《钢结构工程施工质量验收标准》(GB 50205)及《钢结构焊接规范》(GB 50661)的有关规定。

②在建筑物墙体钻螺栓、穿墙螺栓安装孔的位置要满足瓷板安装时角码板调节要求,钻孔用的钻头要与螺栓直径相匹配,钻孔垂直,钻孔深度能保证胀锚螺栓进入混凝土结构层不小于 60 mm,钻孔内的灰粉需清理干净,方可塞进胀锚螺栓,穿墙螺栓的垫板要保证与钢丝网可靠连接,钢丝网搭接应符合设计要求,螺栓紧固力矩应取 40～45 N・m,并保证紧固可靠。

③挂件连接要牢固可靠,不得松动,挂件位置调节适当,并能保证搪瓷钢板连接固定位置

准确，挂件的螺栓紧固力矩应取 40～45 N·m，并保证紧固可靠，挂件连接钢架 L 型钢的深度不得小于 3 mm，副螺栓紧固可靠且距离不宜大于 300 mm，挂件与钢材接触面宜加设橡胶或塑胶隔离。

④钢结构龙骨安装完毕后，进行隐检验收，其平整度、垂直度、接缝交错、坡度焊缝均须符合要求，做好隐蔽检验记录后才能转入下一道工序。

(4)搪瓷钢板的堆放和吊运

①地铁搪瓷钢板除标准平板外，涉及各种 U 形板、阴(阳)角板、开口板、凹凸板等异形板，运输到施工现场地后要按板材的不同品种、规格分类堆放，施工现场的板材必须堆放在室内；当需要在室外堆放时，要采取有效措施防雨防潮，当板材有减震外包装时，平放堆高不宜超过 2 m，竖放堆高不宜超过 2 层，且倾斜角不宜超过 15°。

②当板材无包装时将板的光泽面相向，平放堆高不宜超过 10 块，竖放宜单层堆放且倾斜角不宜超过 15°，吊运时采用专用运输架，吊运及施工过程中，严禁随意碰撞板材，不得划花、污损板材光泽面。

(5)搪瓷钢板的安装

①搪瓷钢板在安装之前，必须根据图纸在现场实测分格排版，绘制排版图和效果图，并确定每块板的尺寸及编号。搪瓷钢板禁止在现场开槽或钻孔，一切孔洞均现场实测后、在搪瓷钢板出厂前预留，加工成半成品现场组合。

②搪瓷钢板的安装顺序宜由下往上，避免交叉作业。

③当设计对建筑物外墙有防水要求时，安装前应修补施工过程中损坏的外墙防水层，除设计特殊要求外，同一幅墙面的搪瓷钢板色彩要一致，板的拼缝宽度符合设计要求，安装质量符合规定，搪瓷钢板的槽(孔)内及挂件表面的灰粉清理干净，扣齿板的长度符合设计要求，当设计未作规定时，不锈钢扣齿板与瓷板支承边等长，铝合金扣齿板比搪瓷钢板支承边短 20～50 mm，扣齿或销钉插入搪瓷钢板深度应符合设计要求，扣齿插入深度允许偏差为±1 mm，销钉插入深度允许偏差为±2 mm，当为不锈钢挂件时，将环氧树脂浆液抹入槽(孔)内，满涂挂件与瓷板的接合部位，然后插入扣齿或销钉。

(6)搪瓷钢板墙面安装工程实例如图 3-29 所示。

图 3-29　搪瓷钢板墙面安装工程实例图

8. 搪瓷钢板拆装

(1)材料准备:同样尺寸、颜色、规格的搪瓷钢板。

(2)拆卸搪瓷钢板:搪瓷钢板拆除顺序为从下往上,拆除搪瓷钢板时,着力点于搪瓷钢板两侧下部位置,垂直用力上提 3～5 cm,再从下部开始往外侧拉,取出搪瓷钢板。

(3)搪瓷钢板安装:安装顺序为从上往下,安装时手扶搪瓷钢板下部两侧,将搪瓷钢板上部略微倾斜对准插入并往上顶,之后将下部贴牢龙骨,使之垂直,下拉搪瓷钢板,使搪瓷钢板卡孔与龙骨卡扣卡牢,如图 3-30 所示。

图 3-30　搪瓷钢板安装

9. 黑色花岗岩踢脚线更换

(1)材料准备:水泥、细砂、花岗岩 L 形踢脚线(10 mm 厚,100 mm×150 mm×25 mm,倒角 $R100$)、踢脚线(标准长度为 800 mm 和 1 000 mm)、橡胶锤、灰刀、水平尺。

(2)用切割机在踢脚线接缝处切开,取出花岗岩踢脚线。

(3)清理原花岗岩所在的基底。

(4)用水泥和细砂按照 1∶2 的比例搅拌均匀,将水泥砂浆涂抹在基底并刮平。

(5)将踢脚线底部抹上素水泥,进行粘贴,用橡胶锤敲击平整,并注意随时用水平尺找平找直。

(6)用素水泥在踢脚线之间的接缝处进行勾缝处理,清理多余水泥,并清理干净踢脚线表面,如图 3-31 所示。

10. 矿棉吸音板更换

(1)材料准备:矿棉吸音板(600 mm×1 200 mm),十字螺丝刀。

(2)用十字螺丝刀取下固定矿棉吸音板的十字螺丝,并取下矿棉吸音板。

(3)取新矿棉吸音板与龙骨贴合,用十字螺丝刀将吸音板与龙骨连接并拧紧,如图 3-32 所示。

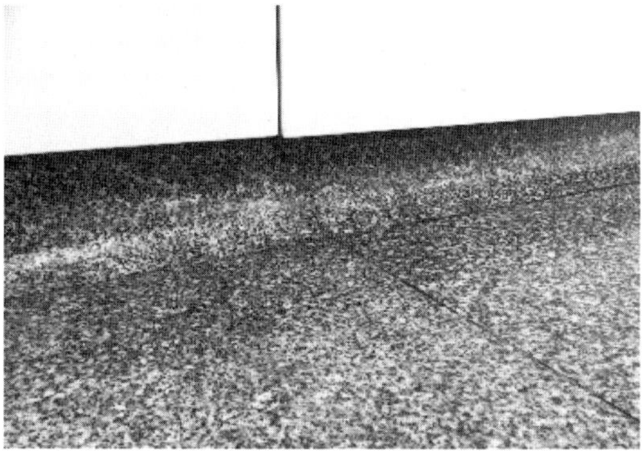

图 3-31　花岗岩曲面踢脚线

图 3-32　矿棉吸音板

### 3.4.5 门体和门锁维修

1. 不锈钢防火门门体更换

(1)安装工艺流程:拆除坏门→划线定位→立框校正→连接固定→堵塞缝隙→安装门扇→安装五金→清理。

(2)材料准备:电钻、钢制防火门整套、弹线、水泥、细砂、十字螺丝刀。

(3)划线定位:在现场实量门洞的位置、大小,依据图纸进行适量地剔除和修补,放出洞口的中线并弹出门口的双边线。

(4)门洞口的处理:安装前检查门洞口的尺寸,偏位、不垂直、不方正的需要剔除或抹灰处理。

(5)门框内灌浆:对于不锈钢质防火门,需在门框内填充 1∶3 水泥砂浆,填充前应先把门关好,将门扇开启面的门框与门扇之间的防漏孔塞上塑料盖后,方可进行填充,填充水泥不能过量,防止门框变形影响开启。

(6)门框的就位和临时固定:先拆除门框下部的固定板,将门框用木楔临时固定在洞口内,经校正合格后,固定木楔。门框埋入±0.00 m 标高以下 20 mm,需保证框口上下尺寸相同,允许误差小于 1.5 mm,对角线允许误差小于 2 mm。

(7)门框固定:采用 1.5 mm 厚镀锌连接件固定,连接件与墙体采用膨胀螺栓固定安装。门框与门洞墙体之间预留的安装空间:胀栓固定预留 20～30 mm,门框每边均不少于 3 个连接点。

(8)门框与墙体间隙间的处理:门框周边缝隙用 1∶2 水泥砂浆嵌缝牢固,应保证与墙体结成整体,经养护凝固后再粉刷洞口及墙体,门框与墙体连接处打建筑密封胶。

(9)门扇安装:先用十字螺丝刀把合页固定在门扇上,把门扇挂在门框上,挂门时,先把门扇竖放在门框合页边框旁,与门框呈 90°夹角,为安装方便,门扇底部可用木块垫着。对准合页位置,将门扇通过合页固定在门框上。

(10)安装五金:安装门锁、合金和不锈钢把手及其他装置等,按照使用说明安装五金配件及有关防火装置。门扇关闭后,门缝应均匀平整,开启自由轻松,不得有过紧、过松和反弹现象。

(11)清理:安装结束后应将门框、门扇和洞口周围的污垢等清擦干净。

(12)门框与门扇的正常间隙:中(双开门)、右(3±1)mm,上部(2±1)mm,下部(4±1)mm,调整框与扇的间隙,做到门扇在门框里平整、密合、无翘起、无明显反弹。

(13)尺寸允许偏差值见表 3-2。

表 3-2　尺寸允许偏差

| 部位名称 | 极限偏差(mm) | 部位名称 | 极限偏差(mm) |
|---|---|---|---|
| 门扇高度 | $^{+2}_{-1}$ | 门框槽高度 | ±3 |
| 门扇宽度 | $^{+1}_{-3}$ | 门框侧壁高度 | ±2 |
| 门扇厚度 | $^{+2}_{-1}$ | 门框槽口高度 | ±1 |

(14)安装允许偏差值见表 3-3。

**表 3-3 安装允许偏差**

| 名 称 | 测 量 项 目 | 公差(mm) |
| --- | --- | --- |
| 门框 | 槽口两对角线长度差 | 3 |
| 门扇 | 两对角线长度差 | 3 |
| | 扭曲度 | 5 |
| | 高度方向弯曲度 | 2 |
| 门框、门扇 | 门框与门扇(前表面)高低差 | 3 |

(15)防火门安装示意如图 3-33 所示。

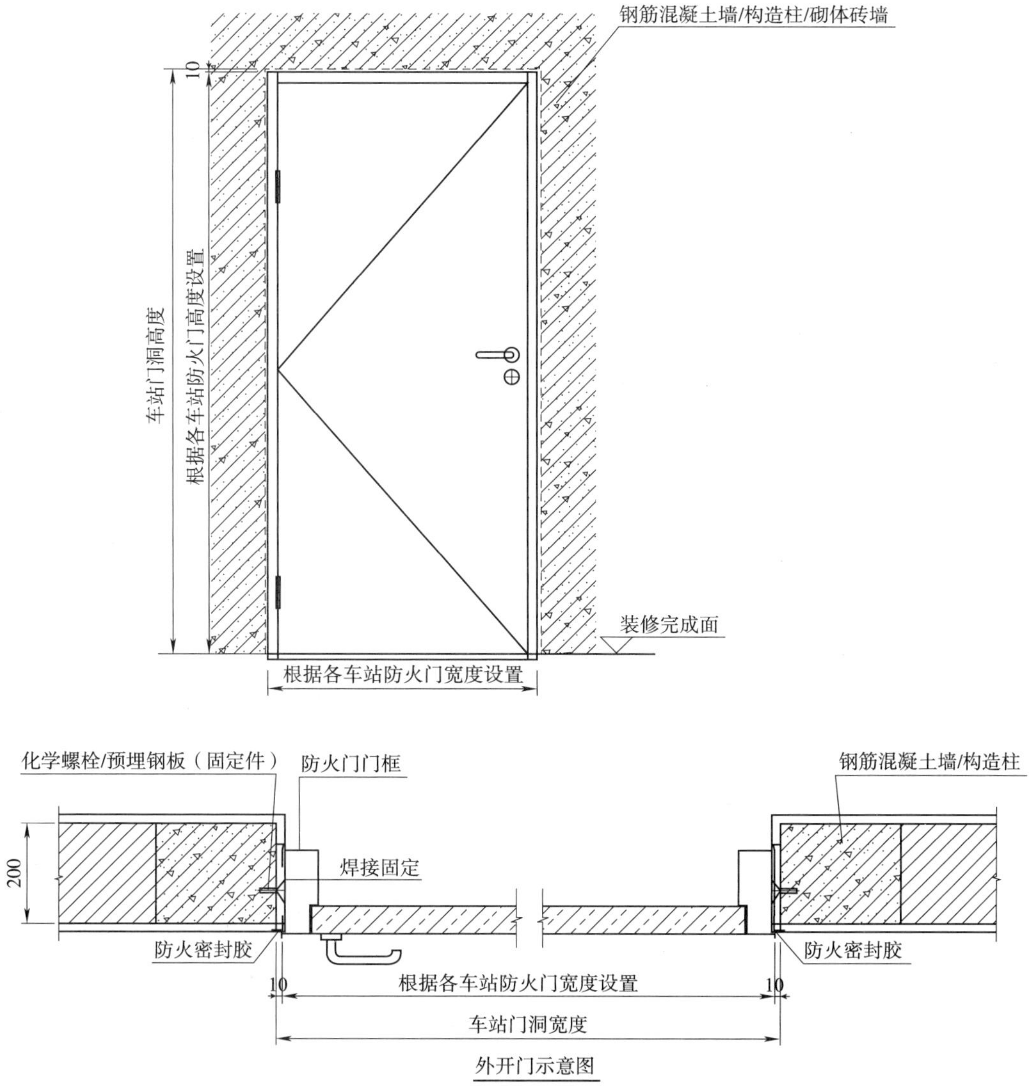


图 3-33 防火门安装示意图(单位:mm)

2. 不锈钢质防火门锁盘更换(西勒奇)

(1)打开门扇,在门扇侧边锁盘位置用十字螺丝刀取下固定门锁的螺丝,取下侧面板。

(2)选用合适尺寸的内六角松开门把手旋转组件,旋转门把手底部的旋转组件,直至取下两侧门把手。

(3)用十字螺丝刀松动固定锁芯与锁盘的螺丝,并拿出置于门扇表面的锁芯。

(4)取出锁芯后,将锁盘取出。

(5)将新的锁盘植入锁槽,锁芯穿过门扇表面的锁孔对准锁盘。

(6)调整好锁芯开锁位置,调好后用十字螺丝刀旋转锁盘中部的螺丝,使锁芯与锁盘固定在一起,但不可拧得太紧。

(7)用钥匙插入锁芯并左右转动,检查是否可以操作锁舌,并且顺畅无卡滞现象。

(8)将方钢转轴一头插入锁盘一侧,再将弹簧放入另一头的转轴内;同理,用另一根方钢转轴一头插入锁盘另一侧。

(9)将对穿套筒通过门扇表面套筒孔对穿锁盘相应孔位直至套筒穿过另一侧。

(10)将门把手对准套筒,用配套螺丝通过门把手穿入套筒内并拧紧,另一侧用同样的方法,通过套筒来固定门把手。

(11)转动门把手,确定门把手可以带动锁舌,并且顺畅无卡滞现象。

(12)旋转门把手底部的旋转组件,并用内六角将门把手紧固。

(13)用侧面板螺丝将侧面板固定在锁体上。

(14)调试门锁,检查门锁钥匙开关及门把手开关是否正常,如图 3-34 所示。

3. 不锈钢质防火门锁锁芯更换(西勒奇)

(1)打开门扇,在门扇侧边锁盘位置用十字螺丝刀取下固定门锁的螺丝,取下侧面板。

(2)用十字螺丝刀松动固定锁芯与锁盘的螺丝,并取出置于门扇表面的锁芯。

(3)取出锁芯后,将新的锁芯穿过门扇表面的锁孔对准锁盘放入原位置。

(4)调整好锁芯开锁位置,调好后用十字螺丝刀旋转锁盘中部的螺丝,使锁芯与锁盘固定在一起,但不可拧得太紧。

(5)将钥匙插入锁芯并左右转动,检查是否可以操作锁舌,并且顺畅无卡滞现象。

(6)用侧面板螺丝将侧面板固定在锁体上。

(7)调试门锁,检查门锁钥匙开关及门把手开关是否正常,如图 3-35 所示。

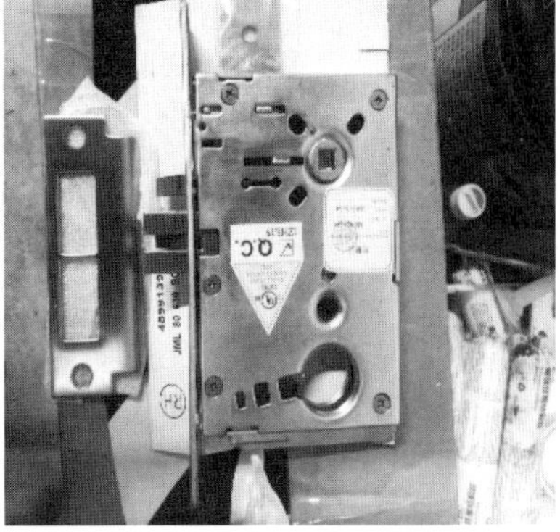

图 3-34　西勒奇门锁锁盘

图 3-35　西勒奇锁芯

4. 不锈钢质防火门锁锁盘维修(西勒奇)

(1)打开门扇,在门扇侧边锁盘位置用十字螺丝刀取下固定门锁的螺丝,取下侧面板。

(2)选用合适尺寸的内六角松开门把手旋转组件,旋转门把手底部的旋转组件,直至取下两侧门把手。

(3)用十字螺丝刀松动固定锁芯与锁盘的螺丝,并取出置于门扇表面的锁芯。

(4)取出锁芯后,将锁盘取出。

(5)用十字螺丝刀打开锁盘,将锁盘盖取出。

(6)查看锁盘,如不熟悉锁盘内各组件构造,则建议拍照留底,以防恢复过程装错组件。

(7)用清灰球清理锁盘内的灰尘,用除锈剂喷涂锁盘内部组件,来回拨动,使各组件顺畅无卡滞,并擦拭干净。

(8)查看是否有组件脱离位置,如有则调整锁盘内组件,使其复原。

(9)查看是否有组件破损,如有破损,则更换破损部位组件。

(10)将锁盘盖盖上并用螺丝固定,将锁芯插入锁盘并左右转动、拨动锁舌,检查是否可以操作。

(11)将锁盘植入锁槽,锁芯穿过门扇表面的锁孔对准锁盘。

(12)调整好锁芯开锁位置,调好后用十字螺丝刀旋转锁盘中部的螺丝,使锁芯与锁盘固定在一起,但不可拧得太紧。

(13)将钥匙插入锁芯并左右转动,检查是否可以操作锁舌,并且顺畅无卡滞现象。

(14)将方钢转轴一头插入锁盘一侧,再将弹簧放入另一头的转轴内;同理,用另一根方钢转轴一头插入锁盘另一侧。

(15)将对穿套筒通过门扇表面套筒孔对穿锁盘相应孔位直至套筒穿过另一侧。

(16)将门把手对准套筒,用配套螺丝通过门把手穿入套筒内并拧紧,另一侧用同样的方法,通过套筒来固定门把手。

(17)转动门把手,确定门把手可以带动锁舌,并且顺畅无卡滞现象。

(18)旋转门把手的旋转组件,并用内六角将门把手紧固。

(19)用侧面板螺丝将侧面板固定在锁体上。

(20)调试门锁,检查门锁钥匙开关及门把手开关是否正常。

5. 电动阴极锁维修

(1)拨动阴极锁锁舌,查看在门禁关闭状态下是否可以拨动锁舌,如锁舌无法拨动,则门禁通电;如锁舌可以拨动,则门禁线路存在失电可能。

(2)用十字螺丝刀及内六角取下阴极锁,调整阴极锁位置,装回阴极锁,拧固螺丝,测试。

(3)上述无效,用内六角拆除阴极锁,取下跳芯,用除锈剂除锈、清灰球清灰,放回跳芯,测试。

(4)上述无效,检查阴极锁连接线路问题,检查是否通电,如不通电,更换线路连接,测试。

(5)上述无效,更换阴极锁,如图 3-36 所示。

6. 电动阴极锁更换

(1)用十字螺丝刀及内六角取出固定阴极锁的螺丝。

(2)将阴极锁从锁槽取出,用螺丝刀松开阴极锁上的门禁线。

(3)将门禁线路与新电动阴极锁连接,测试阴极锁安装和使用是否正常。

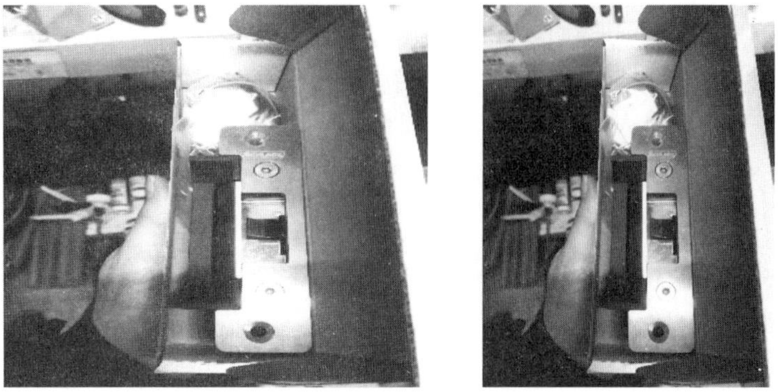

图 3-36　电动阴极锁

(4)将阴极锁用螺丝固定在锁扣板上。

(5)通过开关门来测试安装和使用是否正常。

7. 锁舌维修

(1)锁舌卡阻,先用除尘球进行清灰,再用除锈剂除锈,来回拨动锁舌。

(2)如锁舌仍然无法缩回或弹出,需拆开锁盘维修。

(3)用十字螺丝刀取下固定门锁的螺丝,取下侧面板。

(4)选用合适尺寸的内六角松开门把手旋转组件,旋转门把手底部的旋转组件,直至取下两侧门把手。

(5)用十字螺丝刀松动固定锁芯与锁盘的螺丝,并取出置于门扇外侧的锁芯。

(6)取出锁芯后,将锁盘取出。

(7)用十字螺丝刀打开锁盘,将锁盘盖取出。

(8)查看锁盘,如不熟悉锁盘内各组件构造,则建议拍照留底,以防恢复过程装错组件。

(9)用清灰球清理锁盘内的灰尘,用除锈剂喷涂锁盘内部组件,来回拨动,使各组件顺畅无卡滞,并擦拭干净。

(10)检查锁盘内部组件是否生锈、断裂或缺失,弹簧是否失去弹性,生锈需清洗打磨,断裂和失去弹性需更换新部件。

(11)查看是否有组件脱离位置,如有则调整锁盘内组件,使其复原。

(12)查看是否有组件破损,如有破损,则更换破损部位组件。

(13)将锁盘盖盖上并用螺丝固定,将锁芯插入锁盘并左右转动、拨动锁舌,检查是否可以操作。

(14)将锁盘植入锁槽,锁芯穿过门扇表面的锁孔对准锁盘。

(15)调整好锁芯开锁位置,调好后用十字螺丝刀旋转锁盘中部的螺丝,使锁芯与锁盘固定在一起,但不可拧得太紧。

(16)将钥匙插入锁芯并左右转动,检查是否可以操作锁舌,并且顺畅无卡滞现象。

(17)将方钢转轴一头插入锁盘一侧,再将弹簧放入另一头的转轴内;同理,用另一根方钢转轴一头插入锁盘另一侧。

(18)将对穿套筒通过门扇表面套筒孔对穿锁盘相应孔位直至套筒穿过另一侧。

(19)将门把手对准套筒,用配套螺丝通过门把手穿入套筒内并拧紧,另一侧用同样的方法，通过套筒来固定门把手。

(20)转动门把手，确定门把手可以带动锁舌，并且顺畅无卡滞现象。

(21)旋转门把手的旋转组件，并用内六角将门把手紧固。

(22)用侧面板螺丝将侧面板固定在锁体上。

(23)调试门锁，检查门锁钥匙开关及门把手开关是否正常，如图 3-37 所示。

图 3-37 锁舌

8. 电动逃生装置门锁维修

(1)用十字螺丝刀从侧面取下门锁的锁盖，再取下推杆位置的盖子。

(2)用十字螺丝刀取下推杆尾端与门体固定的螺丝。

(3)用十字螺丝刀取下固定门锁的四个角螺丝，取出电动逃生装置门锁锁盘。

(4)用清灰球对锁槽内的灰进行清理吹净，清灰球清理锁盘表面的灰尘，并用除锈剂对锁盘除锈。

(5)将锁盘装回门把手内，上下拉动门把手，查看是否可以正常使用。

(6)如门把手下拉后无法弹回，取出门把手进行清灰除锈处理后，调整门把手与锁盘的连接杆件，查看把手是否操作正常、顺畅无卡滞现象。

(7)拿出锁盘，刷门禁卡，查看电磁吸合器在门禁正常使用状况下是否会正常弹起和回落，如电磁吸合器无法弹起或回落，调整电磁吸合器。

(8)通过调整电磁吸合器弹簧及卡扣，刷门禁，查看电磁吸合器是否会正常弹起和回落。

(9)通过触手电磁吸合器表面温度查看带电状态及线路是否有问题，如电磁吸合器冰冷，则电磁吸合器可能不带电，需检查线路连接问题，反之，则带电。

(10)如电磁吸合器正常使用，检查锁盘，用十字螺丝刀拆开锁盘两边的固定螺丝，取下锁盘盖，检查锁盘内部组件是否生锈、断裂或缺失，弹簧是否失去弹性，生锈需清洗除锈，断裂和失去弹性需更换新部件。

(11)查看是否有组件脱离位置，如有则调整锁盘内组件，使其复原；查看是否有组件破损，如有破损，则更换破损部位组件。

(12)锁盘盖装回，将电动逃生装置锁盘装回但不用螺丝固定，在门禁使用正常情况下，下拉门把手，查看门锁是否可以正常使用。

(13)装回锁盘的保护盖和推杆的保护盖，清理现场，如图 3-38 所示。

9. 闭门器(图 3-39)维修

(1)门体无法自动关闭：判断为闭门器力度小。首先拆开闭门器套盒，闭门器顶部中心位置有两个旋转调节构件，用一字螺丝刀调节力度构件，加大闭门器力度，测试关门力度，微调角度构件。

(2)门体关闭力度太大：调节闭门器力度旋转构件，调小力度，测试关门力度，微调角度构件。

10. 搪瓷钢板锁更换

(1)按下搪瓷钢板锁下部按钮弹出把手，打开搪瓷钢板门。

图 3-38　推杆锁

图 3-39　闭门器

(2)用十字螺丝刀和活动扳手取下搪瓷钢板锁。

(3)将新的搪瓷钢板锁放入锁槽,把压条安装在搪瓷钢板内部那一面,与把手连接固定。

(4)开关门锁,测试搪瓷钢板锁是否使用正常,如图 3-40 所示。

11. 卫生间门板合页更换

(1)用十字螺丝刀取下合页上的螺丝,并取下合页。

(2)将新的合页对准螺丝孔,用螺丝将合页与门体固定,如图 3-41 所示。

图 3-40　搪瓷钢板锁

图 3-41　卫生间合页

12. 卫生间门板门锁更换

(1)用十字螺丝刀取下门板背面一侧门锁的螺丝,并取下门板门锁。

(2)将新门板门锁对准锁孔位置,用螺丝刀将螺丝拧紧。

(3)开关门锁,检查是否操作正常,如图 3-42 所示。

13. 康倍特蜂窝铝板门体更换(卫生间门体)

(1)用十字螺丝刀取下合页上的螺丝,并取下合页。

(2)取下合页后,拆下康倍特蜂窝铝板门体。

(3)试摆新的康倍特蜂窝铝板门体,根据合页、门锁的螺丝孔位置,对新的康倍特蜂窝铝板门体钻螺丝孔。

(4)合页对准门体螺丝孔,用螺丝刀将螺丝拧紧,固定门体。

(5)将新的门锁对准门板螺丝孔,用螺丝刀将螺丝拧紧。

(6)开关门锁，检查是否操作正常，如图 3-43 所示。

图 3-42　卫生间门锁

图 3-43　蜂窝铝板门板

14. 卫生间隔板连接杆底座更换

(1)用十字螺丝刀取下隔板上方的轻钢龙骨。

(2)用十字螺丝刀取下卫生间门体和隔板。

(3)取出底座保护盖。

(4)用十字螺丝刀取出底座连接螺丝。

(5)将新的底座对准地面螺丝孔，植入螺丝，将底座固定在地面上。

(6)门板插入底座的卡槽，用 L 形合页将门板与隔板螺丝固定。

(7)装回卫生间门板与轻钢龙骨，用螺丝固定牢固。

(8)轻摇门体，检查底座是否安装牢固，如图 3-44 所示。

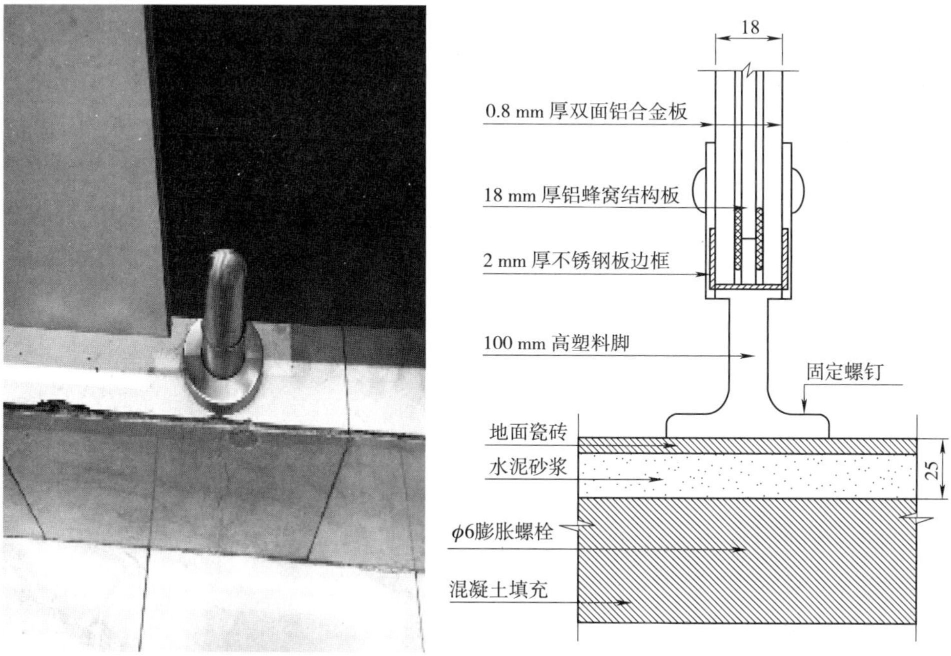

图 3-44　卫生间隔板支座(单位:mm)

15. 不锈钢卷帘门(图 3-45)维修

(1)卷帘门导轨出轨

①打开卷帘门检修口盖板,放下卷帘门手动链条。

②拉升链条,手动将卷帘门底梁拉到导轨顶部。

③调整好底梁导轨位置,对准放入卡槽。

④手动及自动升降卷帘门,查看卷帘门是否工作正常。

(2)卷帘门底梁断裂

①材料准备:切割机、电焊机、电焊条、角钢、扁钢、线盘、防护眼镜。

图 3-45　不锈钢卷帘门

②在底梁断裂位置一侧,增加一块角铁,通过电焊将断裂两端连接固定。

③在底梁断裂的另一侧,同样用角铁,通过电焊将断裂两端连接固定。

④角铁焊接完成后,在断裂部位再焊接一层扁钢,用以加固底梁、增加强度。

(3)门帘杆断裂、腐蚀

①用十字螺丝刀将门帘杆固定螺丝取下,取下断裂和腐蚀的门帘杆。

②换上新的门帘杆,门帘杆套上套管,两端用套管把新门帘杆与门帘连接,用对穿螺丝固定。

(4)铰链卡阻

①铰链卡阻一般是铰链的上下两个部位焊接时有焊疤或者焊接时有多余的接头。

②找到铰链卡阻位置,如果发现焊疤,则用手持打磨机将焊疤打磨光滑。

③如有多余接头导致卡阻,则用手持切割机将多余接头切割。

16. 票亭门锁更换

(1)用内六角取下门锁把手。

(2)用十字螺丝刀打开票亭门锁面板并取下门锁。

(3)取新门锁植入锁槽,将门锁把手与方钢转轴连接。

(4)使用钥匙转动门把手,确定门把手可以带动锁舌,并且顺畅无卡滞现象。

(5)取下门把手,将门锁面板用螺丝装回。

(6)面板安装完成后,将门锁把手装回并用内六角拧紧。

(7)再次转动门把手,确定门把手可以带动锁舌,并且顺畅无卡滞现象,如图 3-46 所示。

图 3-46　BOM 岗亭门锁

### 3.4.6　窗户与玻璃设施维修

1. 塑钢窗玻璃(图 3-47)更换

(1)破碎玻璃

①使用腻刀或薄刀片拆下玻璃窗户上的压条,先拆长压条,再拆两个短压条,在压条与窗框之间插入腻刀并撬动,位置主要选在中间部分(容易撬动)。

②撬出缝隙后再小心拆开两端,尽量保证压条的完好。

③取出压条后,拿下玻璃,清理碎片。

(2)安装新玻璃

①擦干净新玻璃,同时擦干净原有的那层玻璃内面。

②清理密封条的接触面,放好玻璃,确认立面没有杂物和灰尘,用玻璃胶密封。

③更换完毕恢复压条。

2. 窗户窗框(图 3-48)更换

(1)用电动螺丝枪取出固定窗框与墙体的螺丝。

(2)凿除窗框与墙体接缝处的粉刷及填充物。

(3)用橡胶锤轻敲门框,将门框敲除取下。

(4)清理墙体,将杂物清理干净。

图 3-47　塑钢窗玻璃

图 3-48　玻璃窗框

(5)将需更换的窗框试摆,调整窗框的位置。

(6)用电动螺丝枪将窗框四周与墙体均匀分布固定。

(7)在缝隙处做勾缝处理。

(8)等自然干透后对窗框周围墙面进行腻子粉刷。

3. 铝合金窗锁更换

(1)用十字螺丝刀取下窗户门锁。

(2)将新窗锁锁孔对准窗户锁孔,用螺丝刀将螺丝拧紧。

(3)开关窗户锁,检查安装是否可以正常使用,如图 3-49 所示。

4. 玻璃幕墙窗户把手(图 3-50)更换

图 3-49　铝合金锁

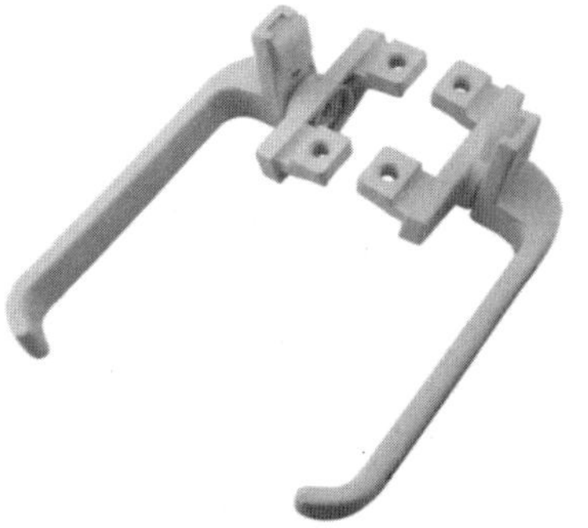

图 3-50　幕墙玻璃把手

(1)用十字螺丝刀取下固定窗户把手的螺丝,并取下把手。

(2)将新的窗户把手螺丝孔对准窗户上的螺丝孔,用螺丝刀将螺丝拧紧。

(3)来回开关窗户,检查安装是否可以正常使用。

5. 双面夹胶玻璃(图 3-51)更换

(1)量取破损玻璃的尺寸、开孔安装尺寸与位置,并定制夹胶玻璃。

(2)用管钳拧松固定钢化玻璃四个角的螺丝,并取下破损钢化玻璃。

(3)新钢化玻璃的螺丝孔对准空心底座,将螺丝穿过钢化玻璃固定在空心底座上,拧紧平头螺丝,固定钢化玻璃。

(4)检查螺丝是否拧紧。

图 3-51　夹胶玻璃

6. 木门窗玻璃更换

(1)应根据原先破损部位的材料、颜色、规格型号更换相同规格型号的窗玻璃。

(2)更换玻璃前,应将企口内的污垢清除干净,沿着企口的全长均匀涂抹 1～3 mm 厚底灰,并推压平板玻璃至油灰溢出为止。

(3)木框、扇玻璃安好后,用钉子或木压条固定,钉距不得大于 300 mm,且每边不少于两颗钉子。

(4)如用油灰固定,应再批上油灰,且沿着企口填实抹光,与原来铺的油灰成为一体。油灰面沿玻璃企口切平,并用刮刀抹光油灰面。油灰面通常要经过 3 周以上干燥,才能涂装。如用木压条固定,木压条应先涂干性油。压条安装前,把先铺的油灰充分抹进去,使其下无缝隙,再用针或木螺丝、小螺丝将压条固定,注意不要将玻璃压得过紧。

(5)拼装彩色玻璃、压花玻璃时,应符合设计要求且拼缝要吻合,不得错位。

(6)冬季施工,从寒冷处运到暖和处的玻璃应在其变暖后方可安装。

7. 钢门窗玻璃更换

(1)更换钢门窗玻璃前,先检查钢门窗扇是否平整,预留安钢丝卡的孔眼是否齐全、准确。钢门窗扇如有扭曲变形,安钢丝卡的孔眼如不符合要求,则应校正和补充孔眼以保证安装质量,钢丝卡的露头应剪去。

(2)安装钢框、扇玻璃,应用钢丝卡固定,间距不得大于 300 mm,且每边不少于两个。也可以在钢丝卡上再抹油灰面层,以增加密封性。

(3)如用油灰固定,则油灰应填实抹光。如用橡皮垫,应先将橡皮垫嵌入,并用压条和螺钉固定。

(4)如采用压条固定,通常在四边或两边加压条。密封材料主要为密封胶。

(5)拼装彩色玻璃、压花玻璃时,应与设计图案吻合,不得错位、斜曲和松动。玻璃的朝向应符合设计要求。

(6)做好安装后的清洁工作。

8. 斜天窗框、扇玻璃更换

(1)斜天窗框、扇通常采用夹丝玻璃。

(2)斜天窗玻璃应顺流水方向盖叠安装,其盖叠长度:斜天窗坡度大于 25%,不小于 30 mm;

坡度小于25%,不小于50 mm。

(3)盖叠处应用钢丝卡固定,并在盖叠缝隙中垫油绳,用防锈油灰嵌塞密实。

(4)当焊接、切割、喷砂等作业可能损伤玻璃时,要注意防护,严禁火花、砂子等溅到玻璃上。

9. 天窗玻璃更换

(1)更换前先检查天窗镶嵌玻璃的骨架与结构的连接是否牢固,隔断的上框顶面与结构(楼盖)间是否留有适量缝隙,以免结构稍有沉降或变形而压碎玻璃砖。

(2)玻璃安装时应排列均匀整齐,表面平整;嵌缝的油灰或胶泥应饱满密实。

(3)安装磨砂玻璃和压花玻璃时,磨砂玻璃的磨破面应朝向室内,压花玻璃的花纹宜朝向室外。

(4)楼梯间和阳台等的围护结构安装钢化玻璃时,应用卡紧螺丝或压条镶嵌固定,玻璃与围护结构的金属框格相接处,应衬垫橡胶垫或塑料垫。

### 3.4.7 排水设施维修

1. 金属井盖更换

(1)用钩子勾住井盖上的孔洞,上拉并取出井盖。

(2)清理井框上的杂物、灰尘。

(3)放置相同尺寸、材质的金属井盖,如图3-52所示。

2. 复合材料井盖更换

(1)用钩子勾住井盖上的孔洞,上拉并取出井盖。

(2)清理井框上的杂物、灰尘。

(3)放置相同尺寸、材质的复合材料井盖,如图3-53所示。

图3-52 金属井盖

图3-53 复合材料井盖

3. 雨水井施工

(1)测量放线:根据施工图纸及现场实际情况在雨水井位置和雨水管位置撒上白灰。

(2)基坑开挖

①以井中心为圆心画圆,在雨水井位置使用切割机将沥青路面切缝,使用风镐破除道路混凝土基层,破除尺寸根据雨水井尺寸确定,并比雨水井大50 mm以固定雨水井,开挖至设计标高位置,并做好支撑防护。

②根据管道放线位置使用人工开挖方式进行管道沟槽开挖,开挖至设计标高,用于雨水管

道埋设，开挖时注意放坡，避免管道内积水。

(3)井壁浇筑：用砖砌成符合雨水井尺寸的圆形或搭设符合雨水井设计尺寸的模板，采用混凝土浇筑的方式制作井壁，当浇筑至雨水管道设计底标高时，铺设管道，管道与井壁浇筑密实，要求无渗漏水现象，井壁浇筑至设计标高。

(4)安装雨水管道：在已开挖好的沟槽底部铺设砾石砂或碎石，厚度为 150 mm，再用黄砂找平，管道铺设好后，用中粗砂回填至管顶，并用种植土回填至绿化带。

(5)基底及井周部分采用混凝土填实、找平，井壁做好混凝土抹面处理，自然干透后再用素水泥抹面处理，做好防渗防漏处理。

(6)井口位置安装钢筋骨架，并安装井框。

(7)在井框四周浇筑混凝土至沥青底部标高位置。

(8)混凝土终凝后，应将表面浮浆清除或拉毛，浇筑沥青。

4. 不锈钢排水沟盖板维修

(1)取下排水沟不锈钢盖板。

(2)检查盖板支架

①支架脱焊松动：清理支架锈渍、杂物及灰尘，调整支架位置，通过电焊把支架与锚固电焊固定，将表面焊疤(如有)清除。

②支架断裂：清理支架锈渍、杂物及灰尘，调整支架位置，在支架底部断裂位置增加角钢，通过焊接把支架与锚固点固定。

(3)不锈钢盖板焊接：检查不锈钢盖板面板是否水平，如有凹陷或凸起情况，用橡胶锤将盖板面板敲平，在不锈钢盖板脱焊位置进行电焊并焊接牢固。

(4)盖板盖回支架，检查是否安装牢固，如图 3-54 所示。

5. 混凝土排水沟盖板更换

(1)用撬棍将混凝土排水沟盖板一端翘起，并取出混凝土排水沟盖板。

(2)整实底部基面，保持平整度，清理基座，将杂物、灰尘等异物清理干净。

(3)检查混凝土排水沟盖板是否完好无损无缺角，放置新混凝土排水沟盖板，如图 3-55 所示。

图 3-54　不锈钢排水沟盖板

图 3-55　混凝土排水沟盖板

6. 排水沟整修(图 3-56)

(1)排水沟截留：既有排水沟凿除前，采用快干速凝水泥对离壁沟两端进行临时封堵，以截断出入口向施工区域的水流，为后续防水施工创造条件。

(2)排水沟凿除前，采用棉布封堵地漏，防止地漏堵塞。

(3)凿除排水沟基层：用风镐破除基层，清理合成高分子防水卷材。

(4)凿除两侧挡水槛，并凿毛处理。凿毛后的地面需清理干净，并在浇筑前一小时浇水湿润地面。

(5)清理基层：基层凿除后，混凝土等垃圾需清理干净。

(6)根据排水沟设计尺寸，在排水沟两侧搭设模板，模板采用质量轻、拆装方便的木模板，方便后续重复使用。支模前先进行放线定位，确认模板安装顺直，拼缝密贴。模板两侧采用 40 mm×60 mm 方木进行支撑固定。

(7)浇筑前采用扫浆法在基面涂刷界面剂，混凝土浇筑一次成型，不允许存在施工缝。浇筑 C30 素混凝土挡水坎至排水沟盖板支座底标高位置。

(8)基层铺设砂浆垫层，顺着地漏方向找坡，坡度按 3‰进行设计。

(9)铺设合成高分子防水卷材，铺设时顺排水坡度，坡度按 3‰进行设计。

(10)在合成高分子防水卷材上涂刷一层 2 mm 厚聚氨酯防水涂层，表面压光处理。

(11)铺设 1∶2 防水水泥砂浆，铺设时顺排水坡度，坡度按 3‰进行设计。

(12)两侧边挡水槛用 10 mm 厚聚合物水泥砂浆抹面。

(13)侧边水泥砂浆抹面自然干透后，涂刷水泥基渗透结晶型防水涂料一道。

(14)调整不锈钢排水沟盖板支架位置。

(15)排水沟挡水坎终凝后，将排水沟盖板盖回。

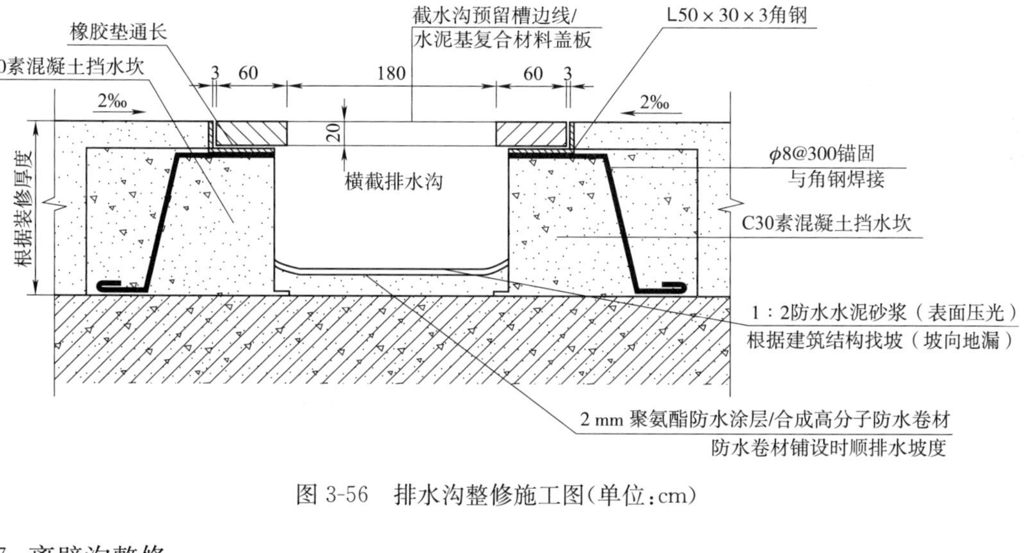


图 3-56　排水沟整修施工图(单位：cm)

7. 离壁沟整修

(1)施工流程

施工准备(物理隔离)→拆除搪瓷钢板、广告牌→离壁沟截流→既有离壁沟凿除→支模浇筑离壁沟→沟底找坡、地漏疏通→防水施工→蓄水试验→恢复。

①物理隔离

a. 初步确定现场围挡采用胶合板＋木龙骨进行隔离，彩钢板面向客流侧外挂广告布进行美化，围挡高度 3 m，围挡两端设置临时门，供作业人员、材料进出，宽度 1 m，高度不少于 2 m。围挡沿侧墙纵向布置，距离侧墙 1.25 m，其中离壁沟宽度 0.25 m。

b. 单排架与车站安检系统之间设置车站 A、B 端双向混行通道，宽度不少于 1.2 m，以满足人员疏散要求。闸机侧围挡过程中，需加强对闸机的保护工作，现场可用硬质纸板包裹。

②拆除搪瓷钢板、广告牌

a. 既有搪瓷钢板及广告牌拆除应在围挡设施施工完成后进行，施工前通知相关责任人员对区域内的广告灯箱、疏散指示、导向等设施设备进行断电与确认工作。

b. 拆除过程中，需做好对原有设施、材料的保护工作，拆除的设备、材料要及时进行标记，确保后期能按原样恢复，拆除的设备就近存放于车站认可的房间内。损坏的设备要及时提报需求进行采购。

③离壁沟截流

a. 既有离壁沟凿除前，采用快干速凝水泥对离壁沟两端进行临时封堵，以截断出入口向施工区域的水流，为后续防水施工创造条件。

b. 顶板原引流管排入施工区域内的水源改引至围挡两端头，形成无水作业环境。

④离壁沟凿除与垃圾清运

a. 离壁沟凿除前，采用棉布封堵地漏，防止地漏堵塞。凿除过程中，因石材踢脚线与离壁沟挡水坎铺装在一起，故需采用小钻头进行凿除施工，加强对既有石材踢脚线的保护。凿除部位包含挡水坎、防水涂层、垫层等部位，直至露出中板顶。

b. 凿除的垃圾及时采用编织袋装袋，待凿除工作结束后，用双轮手推车通过垂梯统一运出车站。

⑤支模浇筑离壁沟

a. 挡水坎尺寸为 10 cm×30 cm，模板采用质量轻、拆装方便的木模板，方便后续重复使用。支模前先进行放线定位，确认模板安装顺直，拼缝密贴。模板两侧采用 40 mm×60 mm 方木进行支撑固定，每隔 2 m 设置一道支撑，每一道支撑用 2 根短方木进行固定。

b. 采用 C35、P8 商品混凝土，由商品混凝土灌车运输，采用两辆双轮手推车进行运料，通过垂梯运至现场，运输过程中需注意现场卫生情况并对设备加以保护。

c. 混凝土浇筑前，必须对挡水坎部位进行凿毛，凿毛后的地面需清理干净，并在浇筑前一小时浇水湿润地面。浇筑前采用扫浆法在基面涂刷界面剂，混凝土浇筑一次成型，不允许存在施工缝。

d. 混凝土浇筑后立即用振捣棒进行振捣，并应做到“快插慢拔”，每一振点的振捣延续时间以混凝土不再沉落、表面呈现浮浆为度，防止过振、漏振。

e. 离壁沟混凝土按要求进行洒水养护，养护时间不少于 14 d，前一周带模养护，以保持离壁沟湿润为宜。

⑥沟底找坡与排水管疏通

a. 沟底采用 1∶2 防水水泥砂浆构筑双向人字坡进行排水与找平，最低处厚度为 20 mm，汇流至地漏部位，坡度按 3‰进行设计。

b. 排水坡施工完成后，需对既有漏水进行疏通，已损坏或堵塞的地漏需及时更换。施工阶段未按设计要求每 30 m 布置一处地漏的离壁沟，需采用混凝土取芯机进行钻孔取芯，增加落水管。

⑦防水施工

a. 离壁沟涂刷聚氨酯防水涂料进行防水。防水施工前，基层要求坚固、干燥、平整，无杂物。凹凸不平处及裂缝必须用水泥砂浆抹平。使用适量稀释剂(汽油或二甲苯)稀释调配好的涂料，薄涂一层(0.2～0.3 mm 厚)对基层进行预处理。

b. 分三层涂刮，待第一道涂膜实干(一般 24 h)后再刷第二道。每层之间按垂直方向涂覆，总厚度不少于 2 mm。防水层范围必须布满整个离壁沟导墙外露面及沟内位置。

c. 地漏及中板环向施工缝部位需进行防水补强，可在原基础上再增加两遍防水涂料。

⑧蓄水试验

a. 待防水材料硬化后进行蓄水试验，蓄水深度应不小于 20 mm，蓄水高度一般为 30～40 mm，蓄水时间不得低于 24 h。

b. 蓄水期间应每隔 2 h 到站台观察是否漏水，若发现漏水情况，应立即停止蓄水试验，重新进行防水层完善处理，处理合格后再进行蓄水试验。

⑨现场恢复

a. 蓄水试验合格后，进行搪瓷钢板恢复施工，按原先的定位标记逐块恢复，更换破损件。

b. 最后拆除离壁沟两端截流封堵、恢复顶板引流管，拆除围挡，恢复正常运营。

(2)施工示意图

离壁沟施工示意如图 3-57 所示。

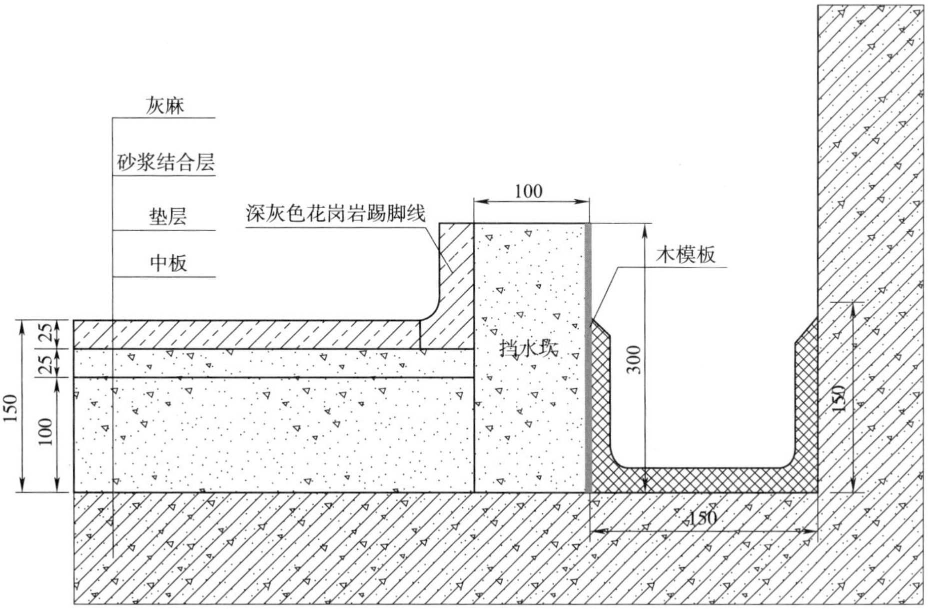


图 3-57 离壁沟施工图(单位:mm)

### 3.4.8 洁具维修

1. 嵌入式陶瓷洗手盆(图 3-58)更换

(1)关闭感应式水龙头出水阀门，阀门位于洗手台盆下方，防止洗手盆更换过程中水龙头出水。

(2)拧开洗手盆排水管与下水管的接头。

(3)用小刀切除洗手台盆与台面之间填充缝隙的玻璃胶。

(4)取出洗手台盆与角钢支架之间的垫片。

(5)从下方托着洗手台盆,移动位置,取下洗手台盆。

(6)清理角钢支架与台面板。

(7)将新的洗手台盆从台面板下部安装在角钢支架上,并垫上垫片。

(8)将洗手盆的下水管与排水管连接,管子之间用防水胶水粘连。

(9)洗手盆与台面底部之间的缝隙用玻璃胶打胶进行封缝处理。

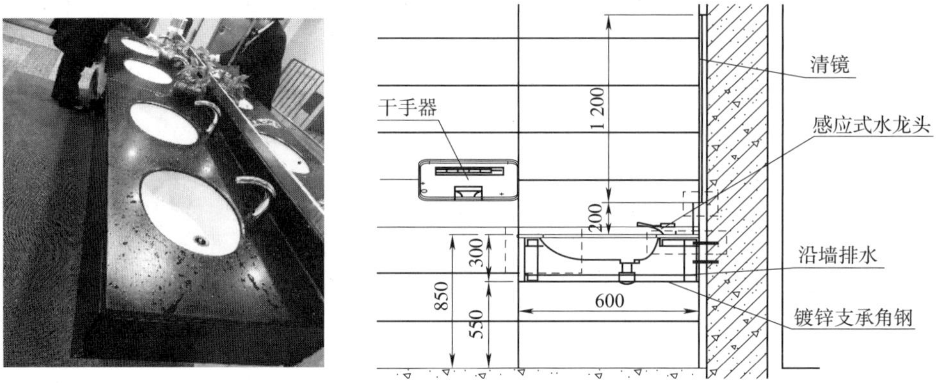


图 3-58　洗手台盆(单位:mm)

2. 陶瓷蹲便器(图 3-59)更换

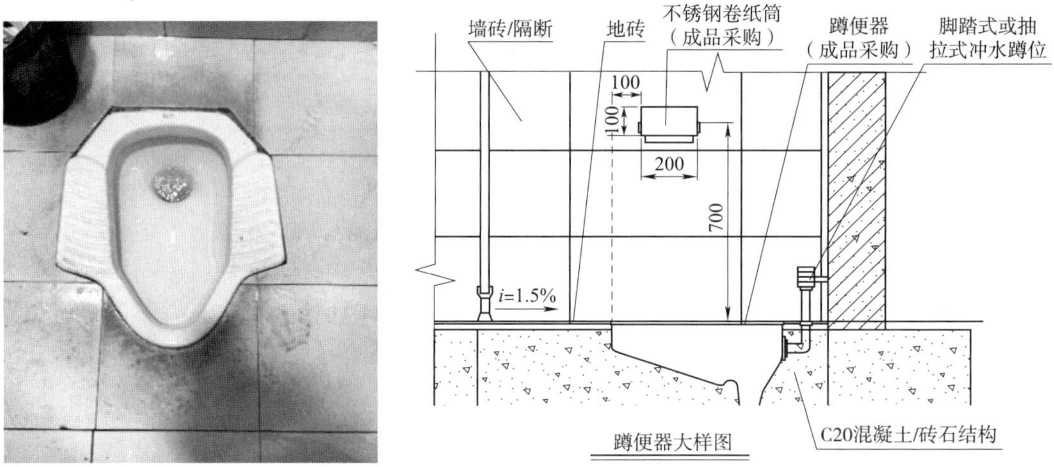


图 3-59　蹲便器(单位:mm)

(1)关闭蹲便器感应出水。

(2)用切割机在蹲便器四周的地面瓷砖接缝处进行切割,用电镐凿除瓷砖及混凝土。

(3)凿除完成后,拧下蹲便器排污管和出水管,并清理管道内杂物。

(4)清理基层,将混凝土杂物清理干净并凿毛处理。

(5)安装新的蹲便器。将蹲便器试安装在水封存水弯管上,用红砖在蹲便器四周临时垫好，核对蹲便器的安装位置，坐标、标高符合质量要求后，用水泥砂浆砌好蹲便器四周经润湿的垫砖，在蹲便器下和水封存水弯管周围添入白灰膏拌制的炉渣。再核对蹲便器的位置与标高，无误后将蹲便器取下，用油灰腻子做成首尾相连的圆圈放入水封存水弯管或蹲便器排水短管的承口内，重新把蹲便器安在水封存水弯管上，稳正找平，将蹲便器的排出口均匀压入水封存水弯管的承口内，再将挤出承口的腻子抹实刮平。最后在蹲便器两侧用楔形砖挤住，用水泥砂浆把蹲便器与砖接触的两侧抹成“八”字形，留出安装胶皮碗的进水口。

(6)浇筑水泥砂浆前，基层和侧面涂刷界面剂一道，用 1∶2 防水水泥砂浆浇筑填充，水泥砂浆终凝后，再铺设表层地面瓷砖，与地面齐平。

(7)清理现场，需养护 7 d，养护完成后恢复感应冲水装置。

3. 陶瓷坐便器(图 3-60)更换

(1)关闭抽水马桶供水管，排出水箱和桶缸中所有的水，用海绵吸干水箱内的水。

(2)用活动扳手拆除与水箱连接的供水管接头。

(3)用工具刀将坐便器与地面连接缝隙处的密封胶切除，轻轻摇晃马桶，两个人将马桶抬起，取出马桶。

(4)清理地面，用油灰刀把凸缘和地板上的旧密封胶刮掉，将杂物等清理干净。

(5)安装一个新的密封圈在新马桶的出水口，将新的马桶对准排污口，用力向下压。

(6)在马桶底部与地面的接缝处，填充密封胶，用以固定马桶。

图 3-60 马桶

4. 陶瓷小便器(图 3-61)更换

(1)用十字螺丝刀打开小便器出水感应装置面板，关闭感应器出水装置。

(2)用小刀将小便器与墙面之间的密封胶切除。

(3)拧开小便器的排水管接头。

(4)从小便器两侧将小便器往上提，使小便器脱离挂钩，并取出小便器。

(5)清理排水管的下水口位置，将污渍、杂物等清理干净，用油灰刀将墙面的残留密封胶刮掉。

(6)用密封圈将排水管与小便器通过密封胶密封，小便器的排水管连接好后，将小便器上部挂在墙上挂钩上。

(7)恢复感应出水装置，测试小便器及排水管道是否完好无漏水情况。

(8)在小便器与墙面接缝处，用密封胶填充缝隙。

5. 小便器隔板更换

(1)用美工刀切割隔板与墙面之间的玻璃胶，用十字螺丝刀将隔板的固定螺丝取下。

(2)清理墙面，将残留的玻璃胶铲掉。

(3)试放新的隔板，调整隔板位置，根据合页位置将隔板开孔。

(4)选取合适尺寸膨胀管，植入墙面螺丝孔。

(5)将合页一端用螺丝植入墙面螺丝孔的膨胀管内并拧紧。

(6)合页另一端与隔板用螺丝固定，隔板每侧上下各固定一个合页。

(7)将隔板与墙面之间的缝隙用玻璃胶打胶进行封缝处理,如图 3-62 所示。

图 3-61　小便池

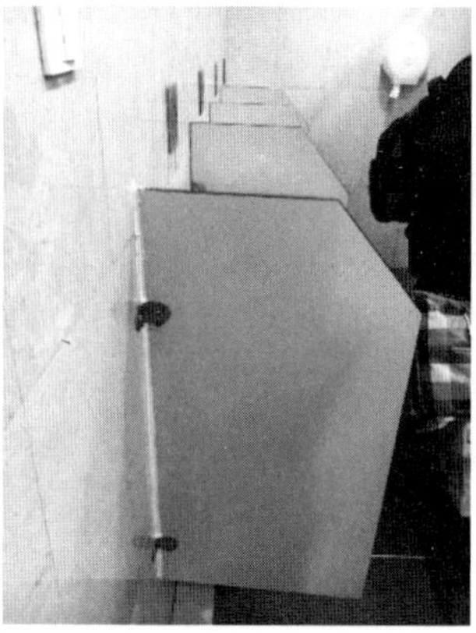

图 3-62　小便池隔板

### 3.4.9　导向标识维修

1. 站外导向柱除锈

(1)在站外导向柱生锈部位喷涂除锈剂,并用砂布进行打磨。

(2)用干净棉布等擦净除锈部位。

(3)喷涂与导向柱同样颜色的油漆,如图 3-63 所示。

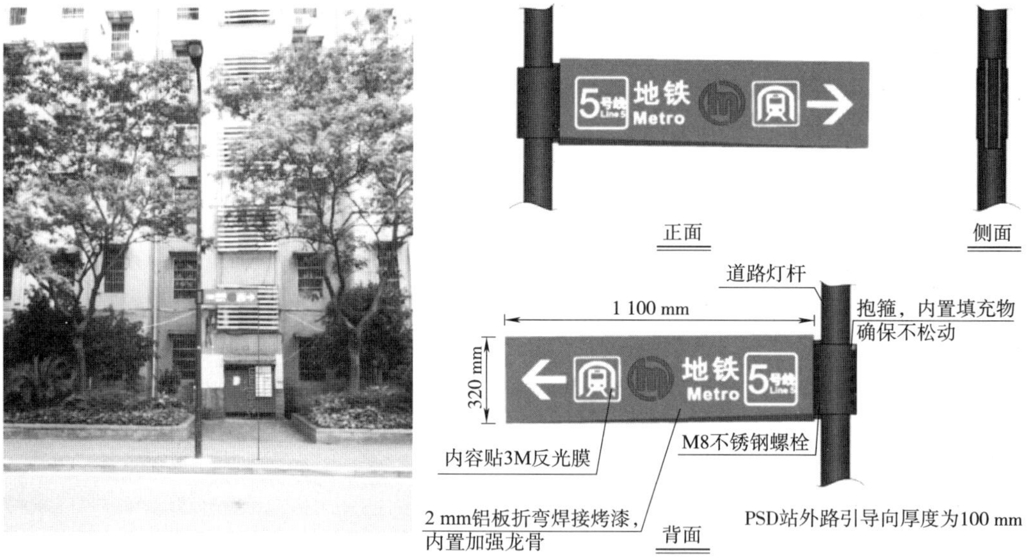


图 3-63　站外导向

2. 站外地徽更换

(1)应根据原先导向柱的材料、颜色、地徽字体、规格型号更换相同规格型号的站外导向柱,如图 3-64 所示。

(2)在车站切断地徽照明供电,用十字螺丝刀打开站外导向柱背面的面板,将导向柱照明线路连接切断。

图 3-64 站外地徽现场图

(3)用电锤钻头将导向柱基座螺栓的混凝土保护层凿除，用活动扳手拧出固定螺栓的螺帽。

(4)从站外导向柱两侧提起，使导向柱脱离螺栓并取出导向柱。

(5)基础拆除：基础根据现场实际情况采用人工开挖，拆除原有地徽及基础。

(6)地徽基础开挖：开挖至设计基础面层并平整，完成后用模板临时遮盖，并做好临时围挡及警示标识，防止人员坠入；基础开挖根据现场位置适当移位，开挖前城管及市政绿化部门需办理相关手续。

(7)开始做基础预埋，预埋完成浇筑基础，等待混凝土固化安装地徽。预制 1 200 mm×1 200 mm×1 200 mm 的混凝土(C20 等级)，钢筋为 4$\phi$16 钢筋，并高出基础 5 cm，混凝土顶部放置 1 200 mm×1 000 mm×15 mm 镀锌钢板，穿线孔根据现场左右方向定开孔位置。站外地徽平面及剖面如图 3-65 所示。

(8)安装新站外导向柱，将照明线路电线穿进导向柱。

(9)将站外地徽固定支架螺栓孔对准基座螺栓并插入，用螺帽固定。

(10)将 1∶2 水泥砂浆浇筑在基座上，保护螺栓并加固基座。

(11)将照明线路接通，恢复通电。

(12)养护混凝土基座保护层。

3. 车站吊挂式导向牌(图 3-66)移位

施工流程：吊顶拆除→原有吊挂导向拆除→孔位定位→新孔位钻孔→新吊杆安装→线路移位→原有吊挂导向安装→吊挂导向调试→吊顶恢复。

具体步骤如下：

(1)天花吊顶拆除。

(2)原有吊挂导向拆除。

(3)定位测量仪在设计安装位置进行孔洞定位。

(4)孔位钻孔：使用手持冲击钻在楼板下方钻孔，孔洞直径 12 mm。

(5)膨胀螺丝安装：膨胀螺丝规格 M10×110，将 ∟70×6 的角铁固定于膨胀螺丝上(两颗膨胀螺丝)，用于固定吊挂导向的吊杆。

(6)如吊挂位置需穿过天花板，则将天花板开孔，使导向框杆能穿过天花吊顶。

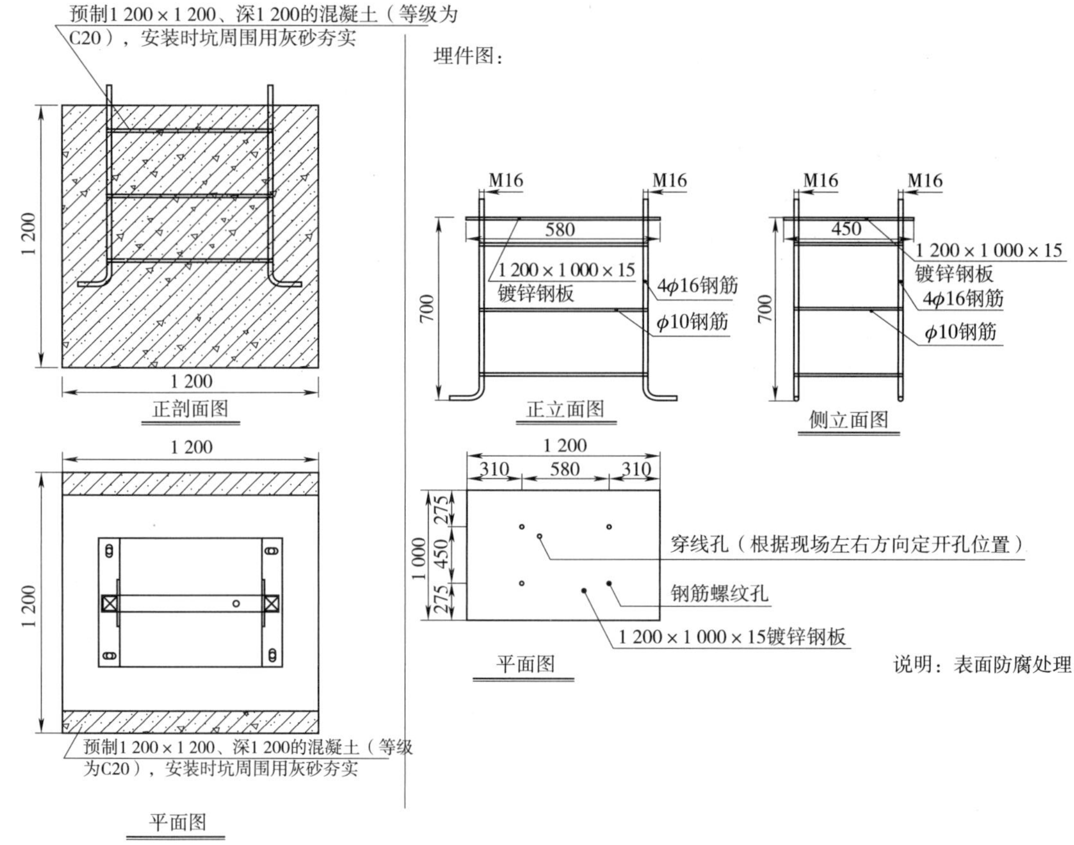


图 3-65　站外地徽平面图和剖面图(单位:mm)

图 3-66　吊挂式导向牌(一)

(7)导向箱体安装:使用调节螺母、角铁,将箱子安装于吊杆上。根据现场踏勘情况,移位导向原有线缆长度能够满足安装要求,只需将线盒位置进行移位,并用镀锌管包裹延长的线缆。

(8)吊挂导向调试。

(9)天花吊顶恢复。

4. 车站吊挂式导向牌新增安装(图 3-67)

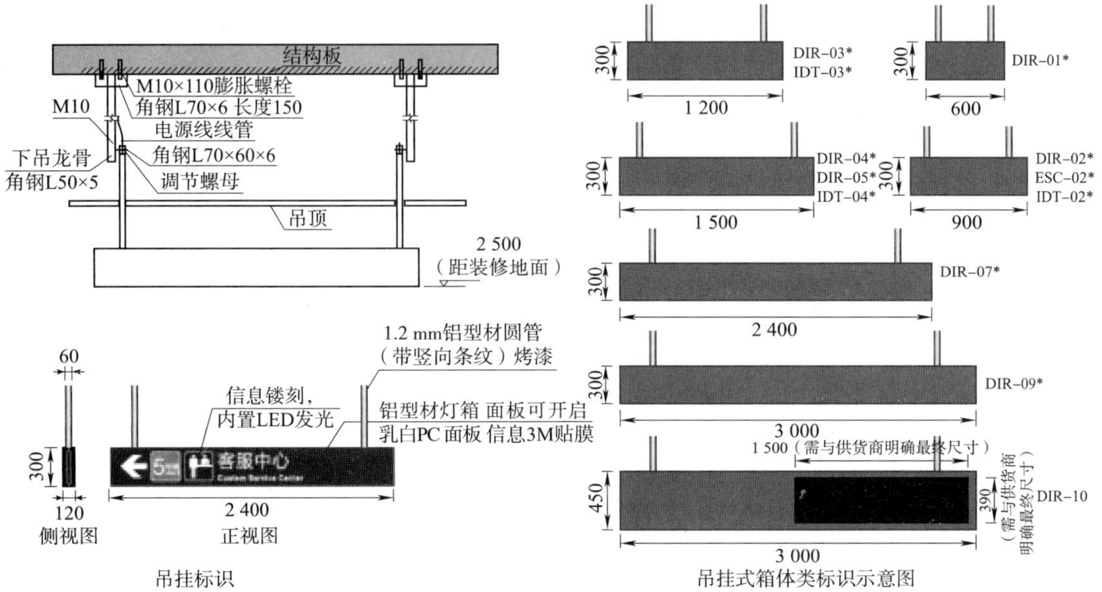


图 3-67　吊挂式导向牌(二)(单位:mm)

施工流程:吊顶拆除→原有吊挂导向拆除→孔位定位→孔位钻孔→吊杆安装→线路铺设→新增吊挂导向安装→吊挂导向调试→吊顶恢复。

具体步骤如下:

(1)天花吊顶拆除。

(2)原有吊挂导向拆除。

(3)定位测量仪在设计安装位置进行孔洞定位。

(4)孔位钻孔:使用手持冲击钻在楼板下方钻孔,孔洞直径 12 mm。

(5)膨胀螺丝安装:膨胀螺丝规格 M10×110,将 ∟70×6 的角铁固定于膨胀螺丝上(两颗膨胀螺丝),用于固定吊挂导向的吊杆。

(6)导向箱体安装:使用调节螺母、角铁,将箱子安装于吊杆上。根据现场踏勘情况,如附近有可利用的电源,用镀锌管包裹延长的线缆,如无电源,铺设后续电缆线,采用镀锌管敷设电缆,至导向位置设置线盒,导向从线盒处取电。

(7)吊挂导向调试。

(8)天花吊顶恢复。

5. 站内立式导向牌(图 3-68)安装

(1)测量定位,调整安装位置和测量螺栓孔间距并在地面做好标记。

(2)在地面打孔,孔洞直径 12 mm,将角钢通过膨胀螺栓固定。

(3)将立式导向牌套筒的螺栓孔对准角钢的螺栓孔,并用螺栓拧紧。

图 3-68　立式导向牌

(4)将立式导向牌插入套筒内，调整位置，使导向牌立柱的对穿螺栓孔与套筒的螺栓孔齐平。

(5)用对穿螺栓将导向牌与基座套筒连接，用螺帽紧固。

### 3.4.10 附属设施维修

1. 围蔽网维修更换

(1)围蔽网更换

①用活动扳手拧下破损围蔽网的固定螺丝。

②取下围蔽网。

③检查立柱的完好性与稳定性。

④更换同等型号尺寸的围蔽网，将立柱与围蔽网边框通过固定螺丝固定。

(2)围蔽网立柱更换

①用扳手拧下围蔽网立柱两侧固定围蔽网的螺丝。

②清理立柱底部覆土层至立柱底座面层。

③用凿破机或电锤钻凿破立柱混凝土基座，取出破损立柱，并清理干净。

④清理基坑底部，放置新的围蔽网立柱，使其与其余立柱处于同一直线且高度相同。

⑤立柱定位放置好后，基坑浇筑混凝土，形成基座，浇筑完成后进行养护。

⑥将围蔽网与立柱用螺丝固定。

⑦待基座养护完成，强度达到设计值的75%，对基座进行覆土回填，如图3-69所示。

2. 风亭钢格栅(图3-70)更换

(1)打开锁住风亭钢格栅的挂锁。

(2)取两根钢筋或木棍架设在风亭上，用绳子穿过钢格栅挂在钢筋上，防止更换过程中钢格栅掉落。

(3)用活动扳手拧开植入结构的固定钢格栅的螺丝，取下螺母。

(4)从两侧抬起钢格栅，将钢格栅放在一旁。

(5)将新钢格栅的螺栓孔对准风亭结构的螺栓，对准放下，并用螺母拧紧。

图3-69 围蔽网

图3-70 风亭钢格栅

3. 钢直爬梯安装(图3-71)

(1)根据需安装位置的建筑高度，设计制作钢爬梯

①钢爬梯第一踏步距离地面高度不高于450 mm，最上面一踏步与屋面行走面齐平，踏步

间距 225～300 mm，均匀分布。

②护笼底部的起点高度不小于 2 100 mm，不大于 3 000 mm，也就是说，3 m 以上的钢爬梯都需要设置护笼，护笼顶部高度应超过屋面行走面高度，不小于 1 050 mm。

③将护笼与直梯焊接成整体钢直爬梯。

(2)搭设脚手架，脚手架需搭设平稳，各紧固件紧固。

(3)墙体安装预埋件，将角钢通过膨胀螺栓固定在墙体结构上，并与钢爬梯进行电焊焊接，焊缝需饱满。

(4)将钢爬梯与爬梯支座电焊焊接，焊缝饱满，钢爬梯最后一踏步要与屋面行走面齐平且护笼顶部高度超过屋面行走面高度。

(5)在钢爬梯顶部出口位置，在两侧加装扶手护栏。

(6)测量定位，在屋面打孔植入膨胀螺栓，安装预埋件。

(7)安装围栏和扶手，通过电焊焊接，焊接要满焊，焊缝饱满。

(8)对不锈钢管焊缝处打磨抛光。

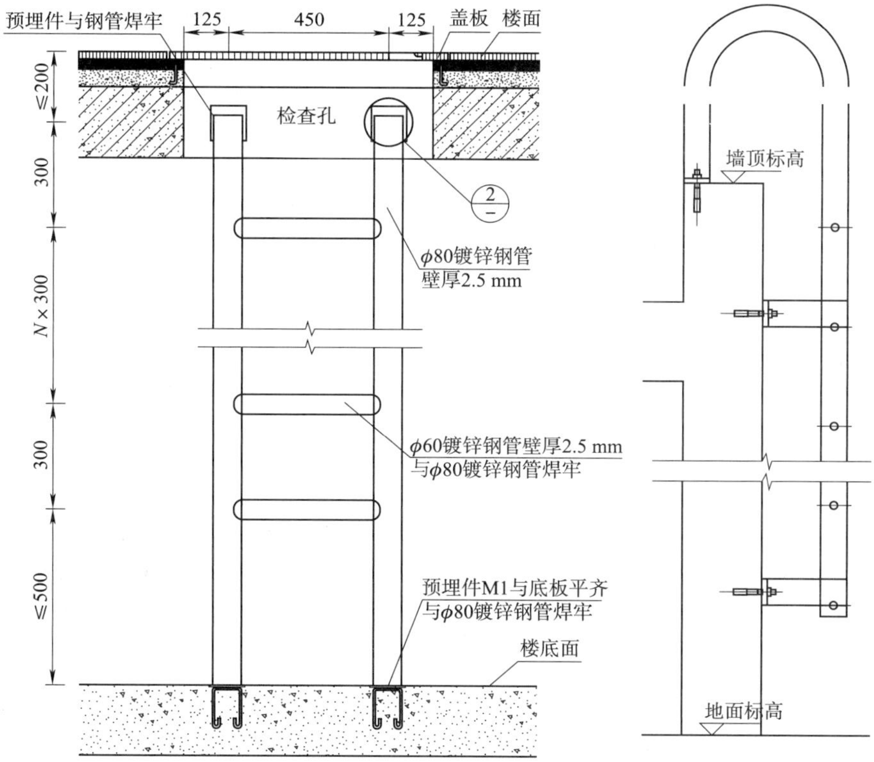


图 3-71 钢爬梯(单位：mm)

4. 扶手护栏安装(图 3-72)

(1)工艺流程：测量放线→安装预埋件→安装立柱→扶手、栏杆安装→焊接固定→表面抛光→验收。

(2)测量放线：现场实测放线。土建施工会有一定差距，装饰设计图纸深度不够，所以必须根据现场放线实测的数据，根据设计的要求绘制施工放样详图。尤其要对楼梯栏杆扶手的拐

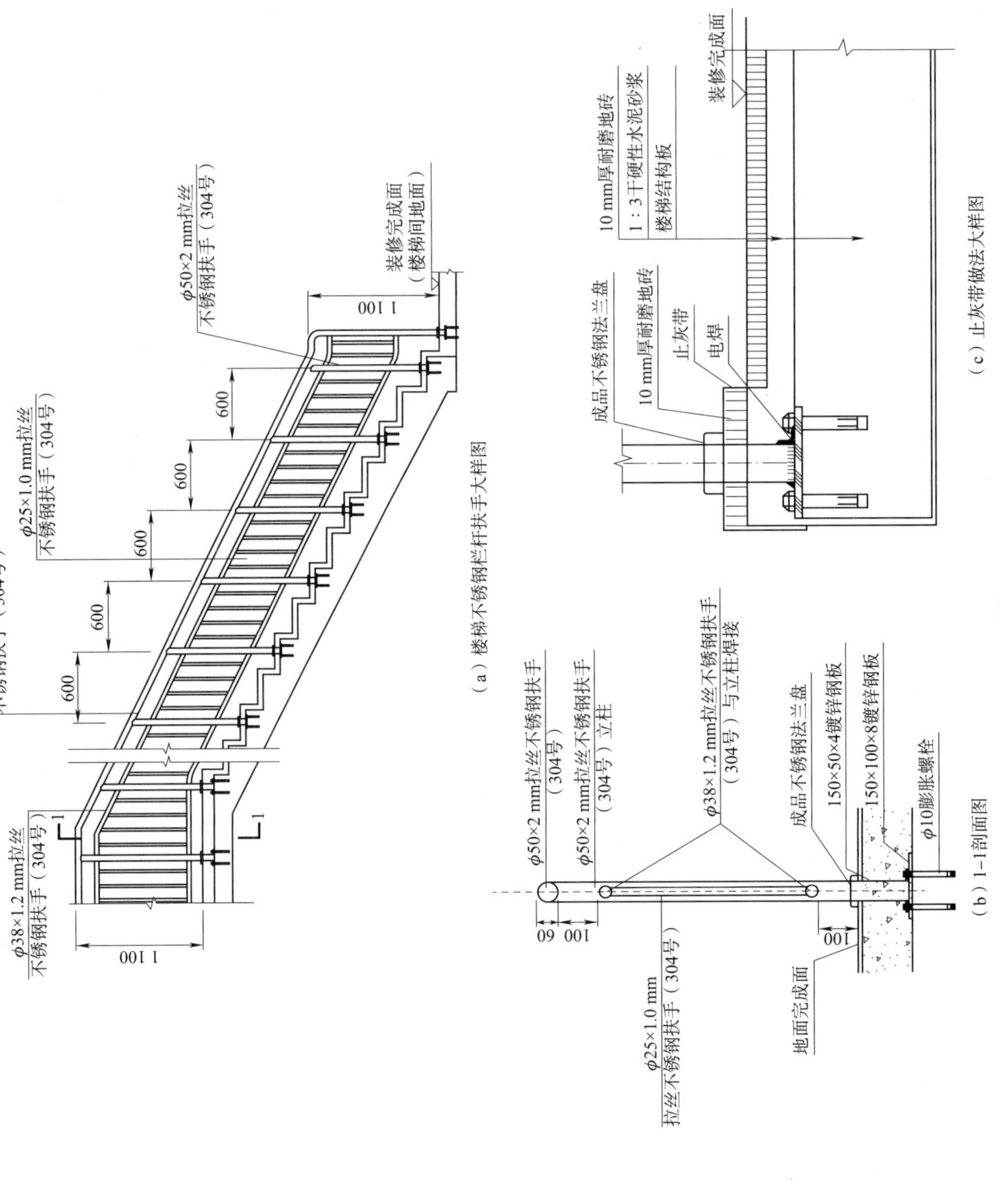


（a）楼梯不锈钢栏杆扶手大样图

（b）1-1剖面图

（c）止灰带做法大样图

图 3-72

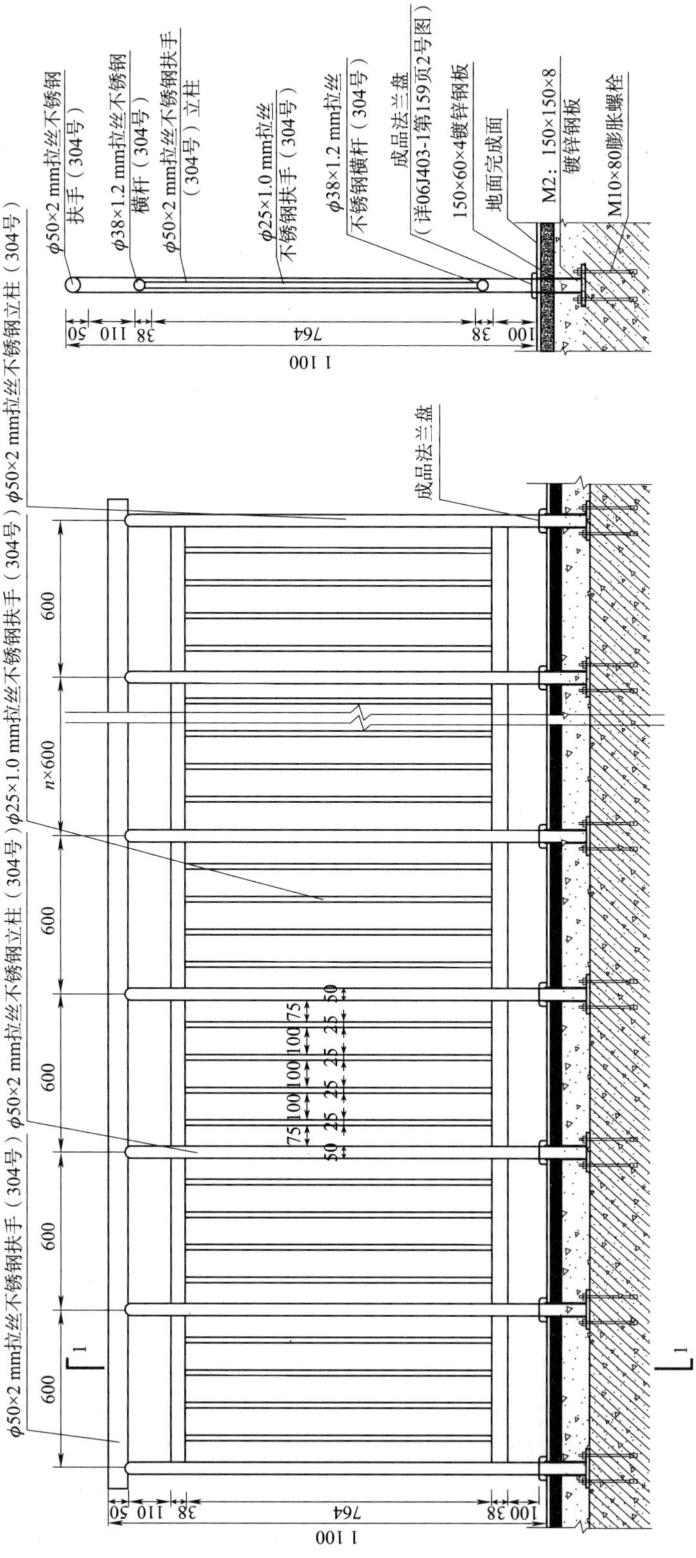


（d）走道不锈钢大样图

图 3-72 扶手栏杆安装（单位:mm）

点位置和弧形栏杆的立柱定位尺寸格外注意，只有经过现场放线核实后放样详图，才能作为栏杆和扶手构配件的加工图。

(3)安装预埋件：在地面进行切割，开凿至混凝土结构面层，在设计位置安装 150 mm×100 mm×8 mm 镀锌钢板，用 $\phi$10 膨胀螺栓将镀锌钢板固定在混凝土结构上。植入 150 mm×50 mm×4 mm 的镀锌钢板套筒，通过电焊将套筒与底部预埋件焊接在一起，焊缝饱满。

(4)选择合格的原材料。立柱和扶手的管壁厚度不宜小于 1.2 mm。扶手的弯头配件选用正规的产品。如果扶手的管壁太薄，会使扶手和立柱的刚度削弱，使用时会有颤动感。另外，壁厚太薄的管材在卷弯时容易发生变形和凹瘪，使弯头的圆度不圆，在与直管焊接时会发生凹陷，难以磨平抛光完美。注意加工成型工序。尽量采用工厂成品配件和杆件。对有造型曲线要求的栏杆、扶手，则先制好统一的样板构件，生产产品要逐件对照检查，才能确保成品构件的尺寸统一。

(5)试安装再固定。现场氩弧焊焊接会破坏镀钛膜层，安装点焊位置需设置在不明显处，或采用其他连接方法。

(6)安装立柱：先竖立直线段两端的 $\phi$50×2 mm 拉丝不锈钢扶手(304 号)立柱，检查就位正确和校对正垂直度，然后用拉通线方法逐个安装中间立柱，顺序焊接其他立柱。施工时要注意管材间焊接要满焊，不能仅点焊几点，以免磨平后露出管材间的缝隙。

(7)扶手、栏杆安装：将中部、下部的横向 $\phi$38×1.2 mm 拉丝不锈钢扶手与立柱焊接；将 $\phi$50×2 mm 拉丝不锈钢扶手与立柱焊接；将纵向 $\phi$25×1.0 mm 拉丝不锈钢扶手与横向扶手焊接；施工时要注意管材间焊接要满焊，不能仅点焊几点，以免磨平后露出管材间的缝隙。

(8)打磨和抛光。这是最后一道施工工序，打磨和抛光的质量严格按照施工规范执行。不锈钢管焊缝处的打磨和抛光，必须严格按照有关规范操作，由粗砂轮片到超细砂轮片逐步打磨，最后用抛光轮抛光。

5. 可插拔不锈钢围栏安装(地下车站)

(1)施工机械设备见表 3-4。

**表 3-4　施工机械设备**

| 序　号 | 机械设备名称 | 规　格　型　号 | 数　量 |
|---|---|---|---|
| 1 | 水钻机 | Z1Z-QC-5-130 | 1 台 |
| 2 | 手持冲击钻 | Z1C-SZ06-26 | 2 台 |
| 3 | 氩弧焊机 | WS-250A | 1 台 |
| 4 | 磨光机 | S1M-OSQ-100 | 1 台 |
| 5 | 切割机 | | 1 台 |
| 6 | 开孔器 | | 1 台 |

(2)工艺流程：底座位置放样，划出底座位置→水钻开槽→基础处理→底座安装→主体结构安装、固定→其他零星工程→饰面处理。

(3)放样：使用钢卷尺、墨斗等测量放样工具，放出栏杆底座位置，并用记号笔绘制出底座开槽图样。

(4)水钻开槽、基础处理：在大理石地面上使用取芯钻打孔，孔深不小于 150 mm，开孔过程中进行洒水，避免扬尘。开孔过程中注意不得破坏结构层，底部清理平整。

(5)底座套筒安装：开孔工作完成后，对孔洞进行清理，并进行套筒安装。在孔内置入壁厚 3 mm 的 304 不锈钢套筒，套筒底部采用厚度不小于 6 mm 的 Q235B 钢板，套筒内径与护栏外径相匹配，套筒底部采用不少于 3 颗 M6×100 mm 的不锈钢膨胀螺栓固定，确保固定牢固；套筒需定做与之匹配的基座盖板，基座盖板盖上后与地面平齐。

(6)护栏立柱安装：可插拔护栏立柱采用外径 75 mm、壁厚 3 mm 的 304 拉丝不锈钢无缝管，护栏地面高度 1 000 mm，入土深度不小于 150 mm，护栏样式与车站既有保持一致。护栏安装完成后，相邻两根立柱之间采用 2 个抱箍进行连接固定，抱箍使用蝶形螺栓对穿安装。立柱主体选择成品加工完成后运至现场安装的方法进行操作。待底座安装完成后，栏杆整体进行试安装，待确认牢固度、尺寸等无问题后进行成品安装固定。

(7)其他零星工程

①套筒定做与之匹配的基座盖板，基座盖板盖上后与地面平齐。

②立柱安装完成后，在相邻两个护栏间采用抱箍固定，以加强护栏整体受力，抱箍材质为镀锌钢，厚度不小于 2 mm，护栏底座采用 304 不锈钢装饰圈；抱箍样式与车站既有使用的保持一致。

(8)护栏基座示意如图 3-73 所示。

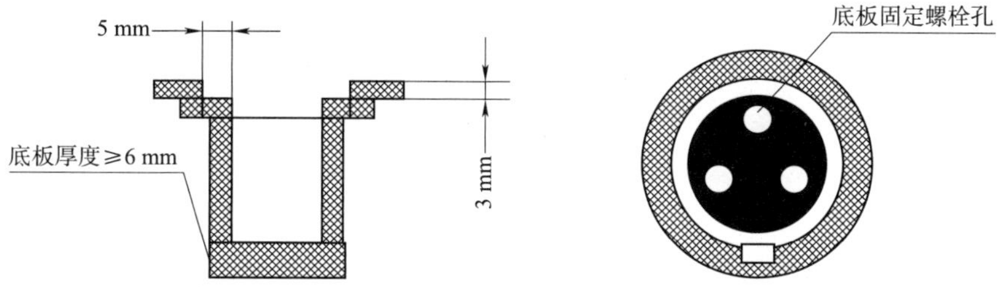


(a) 护栏基座剖面图　　(b) 护栏基座俯视图

图 3-73　护栏基座

6. 可插拔不锈钢围栏安装(高架站站前广场)

(1)施工机械设备见表 3-4。

(2)工艺流程：底座位置放样，划出底座位置→水钻开槽→基础处理→底座安装→主体结构安装、固定→其他零星工程→饰面处理。

(3)放样：使用钢卷尺、墨斗等测量放样工具，放出栏杆底座位置，并用记号笔绘制出底座开槽图样。

(4)水钻开槽、基础处理：在水泥地面使用取芯钻在地面打孔，深度不小于 200 mm，孔径尺寸与护栏外径相匹配，孔洞底部清理平整并清除孔洞内多余碎渣及其他杂质。

(5)可插拔式立柱底座套筒安装：开孔工作完成后，对孔洞进行清理，并进行套筒安装。基座采用壁厚不小于 3 mm 的 304 拉丝不锈钢材质，深度不小于 200 mm，套筒底部采用厚度不小于 6 mm 的 Q235B 钢板，套筒内径与护栏外径相匹配(样式与车站既有保持一致)，套筒与地面孔洞间填充高强水泥，且套筒底部采用不少于 3 颗 M6×100 mm 的不锈钢膨胀螺栓固定，同时确保固定牢固，且套筒基座顶面与地面齐平。

(6)立柱安装

①插拔式护栏立柱采用外径 90 mm、壁厚 3 mm 的无缝钢管，无缝钢管上下均封口，栏杆

地面高度 1 240 mm，两立柱间距不大于 420 mm，入土深度不小于 200 mm。立柱通体喷涂防锈底漆及黄黑相间的荧光面漆。可插拔护栏底部需安装地锁，地锁采用 304 不锈钢防水明锁，地面及护栏立柱上均预留圆环，以便于进行锁闭。

②固定式护栏主体采用外径 90 mm、壁厚 3 mm 的无缝钢管，无缝钢管上下均封口，护栏地面高度 1 240 mm，两立柱间距不大于 420 mm，入土深度不小于 200 mm，护栏立柱与孔洞之间缝隙填充高强度水泥浆，同时底部与地砖之间采用不少于 3 颗 M4×20 mm 内六角不锈钢膨胀螺栓固定，安装完成后确保护栏牢固可靠、表面光滑、整体美观，无锋利及凸出外表面；立柱通体喷涂防锈底漆及黄黑相间的荧光面漆。栏杆选择成品加工完成后运至现场安装的方法进行操作。待底座安装完成后，栏杆整体进行试安装，待确认牢固度、尺寸等无问题后进行焊接固定。

(7)其他零星工程

①立柱通体喷涂防锈底漆及黄黑相间的荧光面漆，样式与车站下行广场既有的保持一致(仅取消护栏立柱两侧圆环)。

②可插拔护栏底部需安装地锁，地锁采用 304 不锈钢防水明锁。

③对既有护栏圆环进行切除，切除后需将切除位置打磨平整，如图 3-74 所示。

图 3-74　站外可插拔底座

7. 声屏障材料及安装要求

(1)吸声隔声板

声屏障均采用吸声隔声板，分为波浪吸声板和平板吸声板。

①波浪吸声板

护栏上部的声屏障吸声部分为 80 mm 厚波浪吸声板，内部吸声材料采用 0.15 mm 厚的无碱憎水玻璃布包裹厚 50 mm 的离心玻璃棉，离心玻璃棉密度为 48 kg/m$^3$，纤维直径小于 6 μm，不含渣球，防潮、不吸水。吸声板面板与背板均采用 1.5 mm 厚铝板。面板需穿孔，孔径≤2.5 mm，20%≤穿孔率≤25%；吸声板防腐采用氟碳喷涂，涂层厚度≥40 μm。吸声板规格为 2 000 mm×500 mm×80 mm，具体规格根据现场实际情况确定。

②平板吸声板

护栏内的吸声板采用 50 mm 厚的离心玻璃棉，内部吸声材料采用 0.15 mm 厚的无碱憎水玻璃布包裹厚 50 mm 的离心玻璃棉,离心玻璃棉密度为 48 kg/m$^3$,纤维直径小于 6 μm,不含渣球,防潮、不吸水。吸声板面板与背板均采用 1.2 mm 厚铝板。面板及背板均穿孔(孔径≤2.5 mm,20%≤穿孔率≤25%);吸声板防腐采用氟碳喷涂,涂层厚度≥40 μm。吸声板规格为 1 000 mm×800 mm×50 mm,具体规格根据现场实际情况确定。

③氟碳粉末喷涂颜色根据周围环境和业主协商后确定,具体色号在设计联络时确定。

④吸声板在 1 500 N/m$^2$ 均布荷载作用下,最大挠度为 $L/600$。

(2)消声通风百叶

消声百叶采用铝金属板,厚度不小于 1.2 mm,面板穿孔(孔径≤2.5 mm,20%≤穿孔率≤25%),氟碳喷涂,背板采用氟碳喷涂,涂层厚度≥40 μm。消声百叶规格为 2 000 mm×1 200 mm×125 mm,具体规格根据现场实际情况确定。内部吸声材料采用 0.15 mm 厚的无碱憎水玻璃布包裹厚 125 mm 的离心玻璃棉,离心玻璃棉密度为 48 kg/m$^3$,纤维直径小于 6 μm,不含渣球,防潮、不吸水。

(3)夹层玻璃

采用 5 mm 普通玻璃+0.76 mm(杜邦公司或同档次产品)胶膜+5 mm 普通玻璃结构,黄变指数(透光率降低,8 000 h 人工老化后,相当于 15 年)不大于 7%。

(4)聚碳酸酯板

聚碳酸酯板采用 SABIC(原 GE)LEXAN 或台尼 DURMAX 实心双面抗紫外线耐力板,厚度不小于 6.0 mm,黄变指数(透光率降低,8 000 h 人工老化后,相当于 15 年)不大于 7%。

(5)立柱

声屏障立柱采用 H 型钢,需进行热浸镀锌,镀膜厚度≥40 μm。镀锌后,进行耐候(抗紫外线)面漆或耐候粉末喷涂,干膜厚度≥60 μm,漆膜总厚度≥100 μm。

(6)焊条及焊缝等级要求

Q345 与 Q345 钢之间焊接应采用 E50 型焊条,Q235 与 Q345 和 Q235 钢之间焊接采用 E43 型焊条。自动或半自动焊接时,焊丝和焊剂应与主体金属强度相应,符合《熔化焊用钢丝》(GB/T 14957—94)的规定。

焊缝质量等级:端板与柱的连接焊缝为全熔透坡口焊,焊缝质量等级为一级;梁翼缘和腹板连接为角焊,焊缝质量等级为二级。所有非施工图所示构件拼接用对接焊,焊缝质量应达到二级。

8. 声屏障破损玻璃更换

(1)破损玻璃取下

①确认破碎玻璃位置。

②用扳手拆除钢柱。

③拆除玻璃定位螺栓。

④在破损玻璃上安装三角吸盘。

⑤拆除玻璃四周压条,并清理干净。

⑥平稳取下玻璃,并取下玻璃四周胶条备用。

⑦丈量玻璃整体尺寸,损坏玻璃运离现场。

(2)安装新声屏障玻璃

①选定配套的玻璃,将需要安装的玻璃运至现场。

②在玻璃四周装上胶条,在玻璃上安装三角吸盘。

③试拉三角吸盘,检查吸盘是否吸紧,将玻璃提举到立柱旁,平稳地将玻璃安放到位。

④在玻璃四周安装压条,安装玻璃定位螺栓。

⑤安装固定钢柱,如图 3-75 所示。

图 3-75　声屏障

9. 防淹挡板盖板、套筒更换

(1)用符合尺寸的内六角扳手拧开防淹挡板盖板,如内六角螺栓锈蚀,则喷除锈剂后用扳手拧开。

(2)用活动扳手拧开固定套筒的预埋件螺帽,取出套筒。

(3)将新的套筒对准预埋件螺栓放入,用活动扳手拧紧螺帽。

(4)将防淹挡板盖板置入套筒内,并用内六角扳手拧紧。

10. 联络通道门安装、维修

(1)联络通道门安装

①安装工艺流程:拆除坏门→拆除框体→划线定位→立框校正→连接固定→堵塞缝隙→安装门扇→安装五金→清理。

②材料准备:电钻、钢制防火门整套、弹线、水泥、细砂、十字螺丝刀。

③划线定位:在现场确认门洞的位置、实量门洞大小,依据图纸进行适量地剔除和修补,放出洞口的中线并弹出门口的双边线。

④门洞口的处理:安装前检查门洞口的尺寸,偏位、不垂直、不方正的需要剔除或进行抹灰处理。

⑤门框的就位和临时固定:先拆除门框下部的固定板,将门框用木楔临时固定在洞口内,经校正合格后,固定木楔。门框埋入±0.00 m 标高以下 20 mm,需保证框口上下尺寸相同,允许误差小于 1.5 mm,对角线允许误差小于 2 mm。

⑥门框固定:采用 1.5 mm 厚镀锌连接件固定,连接件与墙体采用膨胀螺栓固定安装。门框与门洞墙体之间预留的安装空间:胀栓固定预留 20～30 mm,门框每边均不少于 3 个连接点。

⑦门框内灌浆:对于不锈钢质防火门,需在门框内填充 1∶3 水泥砂浆,填充前应先把门关好,将门扇开启面的门框与门扇之间的防漏孔塞上塑料盖后,方可进行填充,填充水泥不能过量,防止门框变形影响开启。

⑧门框与墙体间隙间的处理:门框周边缝隙用钢筋混凝土嵌缝加固,在墙体内嵌设预埋件,预埋件与结构钢筋焊接,预埋件两侧和上侧设角钢,且间距不大于 400 mm,应保证与墙体结成整体,经养护凝固后再粉刷洞口及墙体,门框与墙体连接处打建筑密封胶。

⑨门扇安装:门框与门体连接采用美标五金件的做法,天地轴的形式承重(图 3-76)。同时,天地轴和门框及门体连接处在螺丝定位后,再采用焊接法使其与门保持一整体不脱落。门框全封闭式“口”字形结构,底部门槛封口,门框竖框内衬 12 号槽钢加强刚度。先用十字螺丝刀把合页固定在门扇上,把门扇挂在门框上,挂门时,先把门扇竖放在门框合页边框旁,与门框呈 90°夹角,为安装方便,门扇底部可用木块垫着。对准合页位置,将门扇通过合页固定在门框上。

⑩安装五金:五金件门锁采用欧式明装四点锁定明装下压式推杆逃生锁,配备整体式焊接在锁舌同侧门框的不锈钢锁扣板。安装门锁、合金和不锈钢把手及其他装置等,按照使用说明安装五金配件及有关防火装置。门扇关闭后,门缝应均匀平整,开启自由轻松,不得有过紧、过松和反弹现象。

⑪门扇双侧粘贴荧光条。

⑫清理:安装结束后应将门框、门扇和洞口周围的污垢等清擦干净。

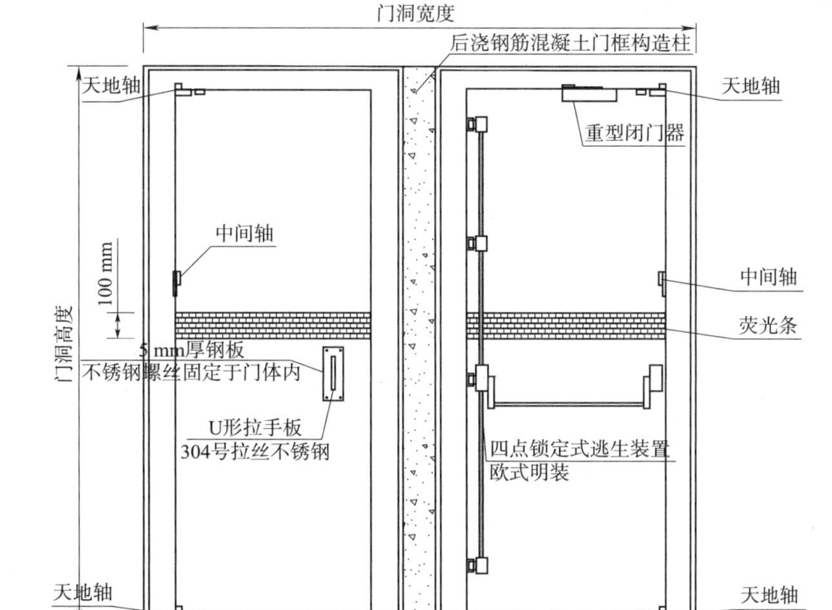


图 3-76 门框与门体连接及五金立面做法图

(2)联络通道门推杆维修、更换

①维修:确认推杆及其配件的固定情况,用十字螺丝刀紧固松动的螺丝和配件;对联动部件除灰并涂上黄油,保证联动部件顺滑。

②用十字螺丝刀取下门锁正面左右两侧的推杆盖板,并拧开固定推杆的螺丝,取下推杆。安装新的推杆,并将螺丝拧紧。

# 4 钢结构维修

## 4.1 定　　义

钢结构主要由型钢和钢板等制成的梁钢、钢柱、钢桁架等构件组成，并采用硅烷化、纯锰磷化、水洗烘干、镀锌等除锈防锈工艺。各构件或部件之间通常采用焊缝、螺栓或铆钉连接。

## 4.2 范　　围

地下车站及其附属结构（疏散通道等）、高架车站及其附属结构（疏散通道等）、区间风井、车辆段、停车场等的钢结构网架、钢制雨棚、玻璃、铝板钢构件等钢结构专业设施。

## 4.3 参考文件

(1)《建筑结构荷载规范》(GB 50009—2012)。
(2)《钢结构设计标准》(GB 50017—2017)。
(3)《地铁设计规范》(GB 50157—2013)。
(4)《钢结构工程施工质量验收标准》(GB 50205—2020)。
(5)《建筑工程施工质量验收统一标准》(GB 50300—2013)。
(6)《半钢化玻璃》(GB/T 17841—2008)。
(7)《建筑设计防火规范》(GB 50016—2014)。
(8)《钢结构防火涂料》(GB 14907—2018)。
(9)《民用建筑设计统一标准》(GB 50352—2019)。
(10)《钢结构焊接规范》(GB 50661—2011)。
(11)《建筑结构用钢板》(GB/T 19879—2015)。

## 4.4 技术要求

### 4.4.1 车站出入口及其附属钢结构概况

1. 出入口钢结构概况

出入口钢梁、柱、柱间支撑及屋面横向水平支撑均采用方钢管（图 4-1、图 4-2），材质为 Q235B，拉条采用圆钢，所有结构加劲板、连接板采用 Q235B 钢材，厚度均为 6 mm。

方钢管截面规格为 100 mm×100 mm×5 mm、100 mm×100 mm×6 mm、200 mm×100 mm×6 mm。

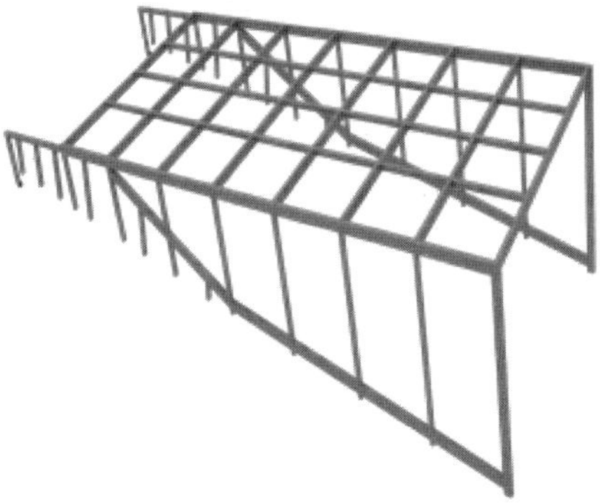

图 4-1 斜出入口钢结构轴测图

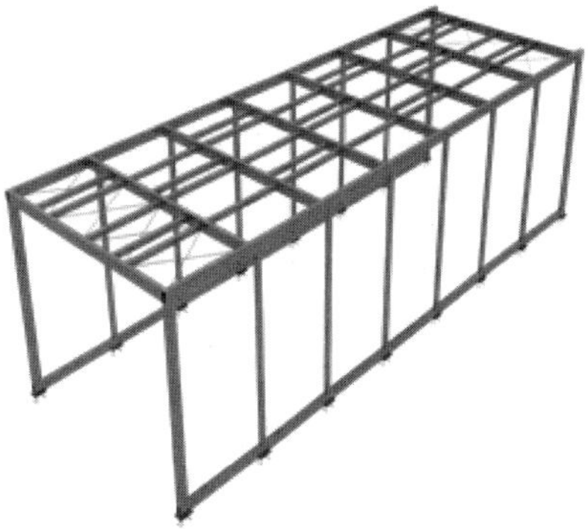

图 4-2 直出入口钢结构轴测图

2. 风亭钢结构概况

(1)风亭结构轴测图如图 4-3 所示,所用方钢管截面规格为 50 mm×50 mm×5 mm、80 mm×80 mm×5 mm、120 mm×80 mm×5 mm,材质为 Q235B。

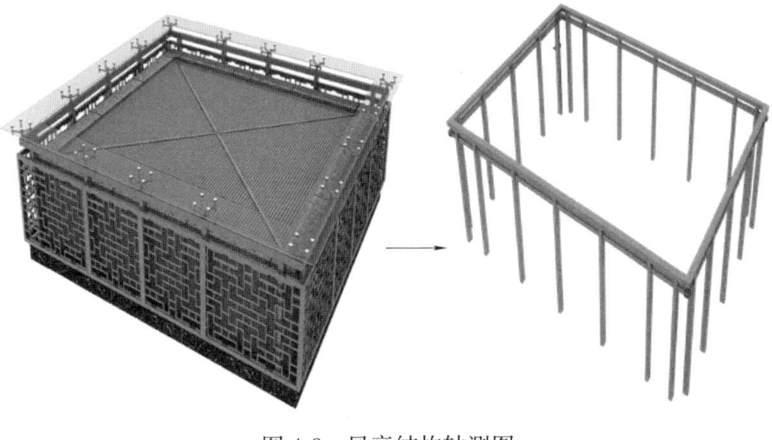

图 4-3 风亭结构轴测图

(2)低风亭及紧急出入口结构轴测图如图 4-4 所示,所用方钢管截面规格为 200 mm×100 mm×6 mm、100 mm×100 mm×6 mm,材质为 Q235B。

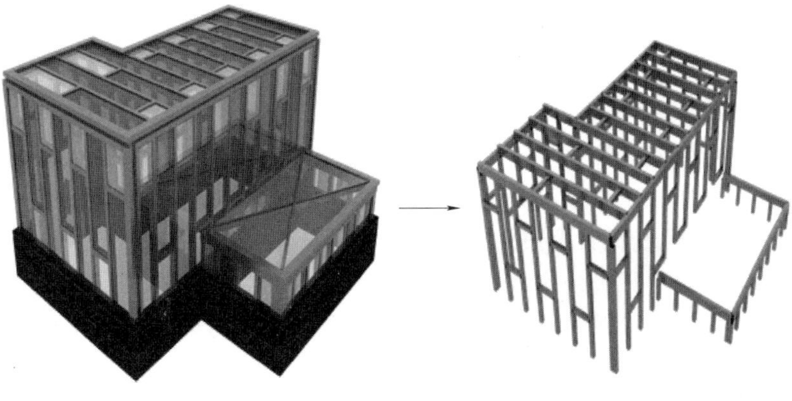

图 4-4 低风亭及紧急出入口结构轴测图

### 4.4.2 出入口幕墙工程材料及安装要求

1. 出入口明框式玻璃幕墙系统

(1)龙骨均采用钢龙骨，竖向龙骨选用 100 mm×100 mm×6 mm 钢方通，转角龙骨采用 200 mm×100 mm×6 mm 钢方通，如图 4-5 所示。

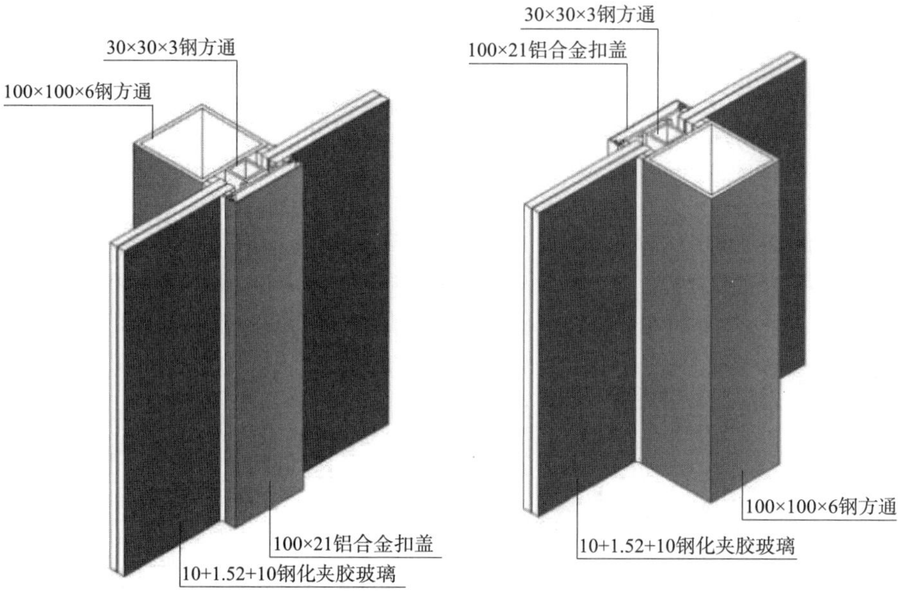


图 4-5 出入口明框式竖向龙骨节点

(2)需符合建筑设计有关节能、防噪、防冲击的要求，选用(10＋1.52PVB＋10)mm 钢化夹胶玻璃作为幕墙的外围护材料，玻璃面板采用明框式竖向大板块，主出入口分格尺寸最大为 2 010 mm×3 715 mm，紧急出入口分格尺寸为 550 mm×2 100 mm。

(3)幕墙龙骨与玻璃面板之间采用压板连接方式，保证浮动式连接，满足幕墙各种变位要求，避免因结构变位造成的板面破损；压板与龙骨之间采用螺钉的连接方式，保证强度及安全性，玻璃面板与幕墙龙骨之间设置胶条、弹性连接，提高幕墙的抗震性能，如图 4-6、图 4-7 所示。

(4)所有硬性接触处均采用弹性连接，提高密封性能及帷幕的隔音效果，不同金属的接触面需使用尼龙垫片以防电化腐蚀。

(5)玻璃面板外侧设置 100 mm×21 mm 宽装饰口盖，凸出玻璃面 21 mm；装饰条利用明框压块作为基座扣接固定。

2. 玻璃采光顶

(1)主出入口隐框式玻璃采光顶

①主出入口位置为隐框式结构，面板采用大板块。外层为玻璃面板装饰，内层为穿孔铝板装饰，玻璃面板选用(8＋1.52PVB＋8)mm 钢化夹胶玻璃作为幕墙的外围护材料。主出入口位置采光顶玻璃面板分格尺寸最大为 2 010 mm×1 575 mm。

②穿孔铝板选用 2.5 mm 铝单板，穿孔铝板孔径为 20 mm，孔距为 80 mm，铝板面层深灰

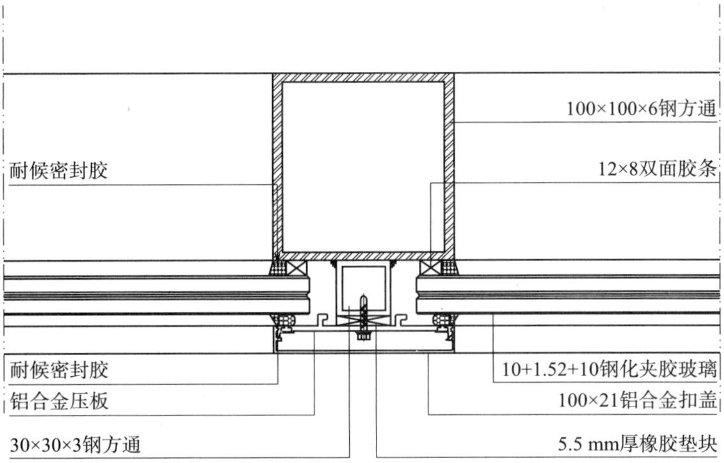


图 4-6 明框式玻璃幕墙横向剖节点图

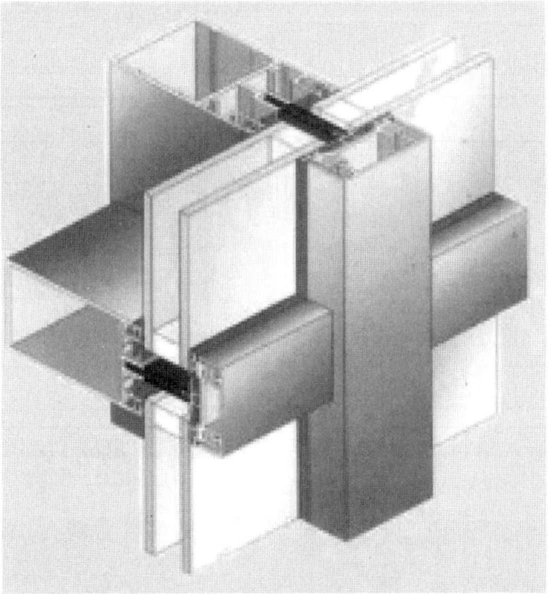

图 4-7 明框式玻璃幕墙

色氟碳喷涂(三涂二烤)处理,背面烙化保护处理,面板分格尺寸最大为 2 010 mm×1 575 mm。

③采光顶外层玻璃面板与龙骨之间采用铝合金压板连接方式,保证浮动式连接,满足幕墙各种变位要求,避免因结构变位造成的板面破损;铝合金压板与龙骨之间采用螺钉的连接方式,同时铝合金副框与幕墙龙骨之间设置橡胶垫片,采用弹性连接设计。

④采光顶内层穿孔铝板与主龙骨之间为了预留照明及其他电子设备线管位置,在主龙骨上面另外焊接一道 60 mm×40 mm×4 mm 的 U 形钢槽副龙骨,采光顶内层穿孔铝板与副龙骨之间采用机械连接,铝板四边采用 50 mm 宽的铝角码作为连接件,并通过 $\phi5\times16$ 铆钉连接,铝角码通过 M5×25 自攻自钻螺钉与钢龙骨固定,铝角码与钢龙骨之间设置橡胶垫片,防止不同金属之间的电解腐蚀,铝角码底部开腰形长孔,使铝板可随长孔伸缩,满足铝板温度变

形的要求。铝板之间填充耐候密封胶进行密封处理，防止雨水渗漏，如图 4-8、图 4-9 所示。

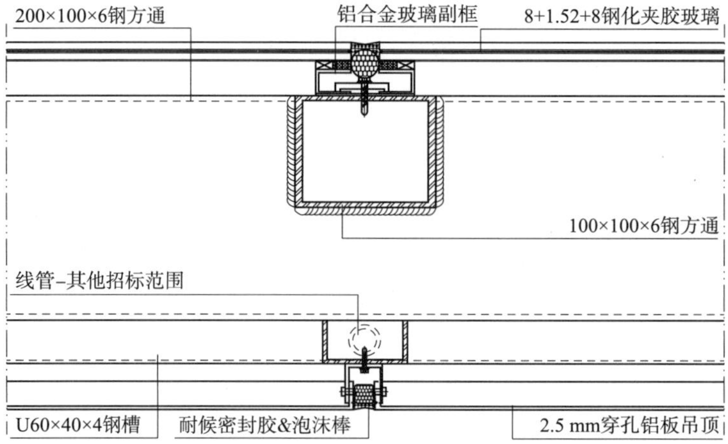


图 4-8　隐框式玻璃采光顶横向剖节点图

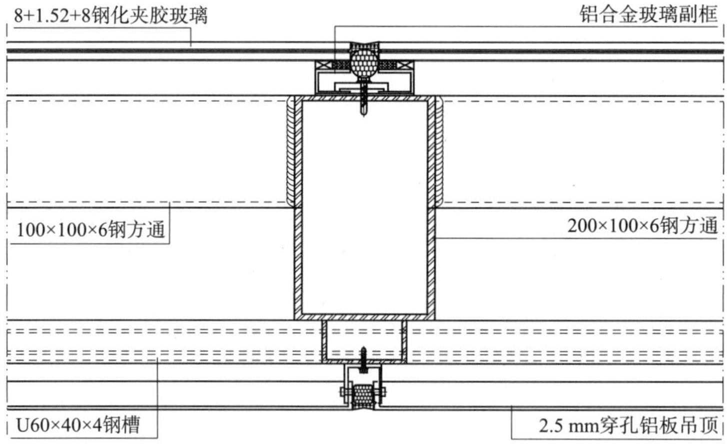


图 4-9　隐框式玻璃采光顶纵向剖节点图

(2)紧急出入口明框式玻璃采光顶

①紧急出入口位置为明框式结构，面板采用大板块。外层为玻璃面板装饰，内层为穿孔铝板装饰，玻璃面板选用(10＋1.52PVB＋10)mm 钢化夹胶玻璃作为幕墙的外围护材料，紧急出入口位置采光顶玻璃面板分格尺寸最大为 550 mm×3 580 mm、550 mm×2 380 mm。

②穿孔铝板选用 2.5 mm 铝单板，穿孔铝板孔径为 20 mm，孔距为 80 mm，铝板面层深灰色氟碳喷涂(三涂二烤)处理，背面烙化保护处理，面板分格尺寸最大为 2 010 mm×1 575 mm。

③采光顶外层玻璃面板与龙骨之间采用铝合金压板连接方式，保证浮动式连接，满足幕墙各种变位要求，避免因结构变位造成的板面破损；铝合金压板与龙骨之间采用螺钉的连接方式，同时铝合金副框与幕墙龙骨之间设置橡胶垫片，采用弹性连接设计。

④采光顶内层穿孔铝板与主龙骨之间为了预留照明及其他电子设备线管位置，在主龙骨上面另外焊接一道 60 mm×40 mm×4 mm 的 U 形钢槽副龙骨，采光顶内层穿孔铝板与副龙骨之间采用机械连接，铝板四边采用 50 mm 宽的铝角码作为连接件，并通过 $\phi5\times16$ 铆

钉连接，铝角码通过 M5×25 自攻自钻螺钉与钢龙骨固定，铝角码与钢龙骨之间设置橡胶垫片，防止不同金属之间的电解腐蚀，铝角码底部开腰形长孔，使铝板可随长孔伸缩，满足铝板温度变形的要求。铝板之间填充耐候密封胶进行密封处理，防止雨水渗漏，如图 4-10、图 4-11 所示。

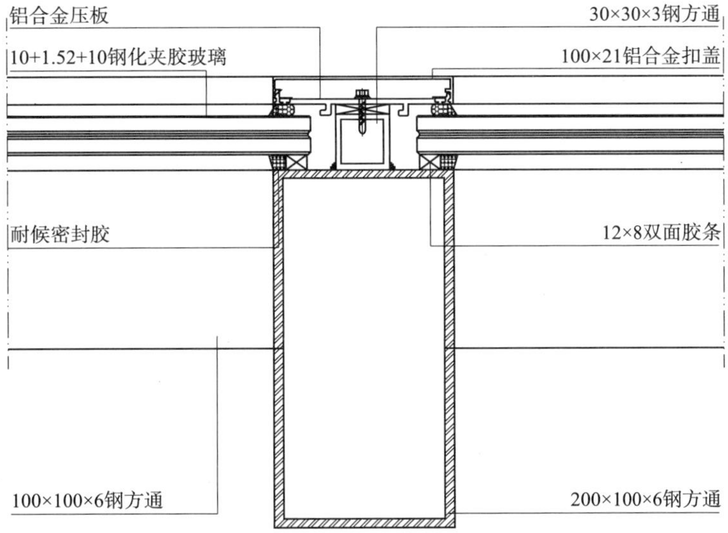


图 4-10 明框式玻璃采光顶横向剖节点图

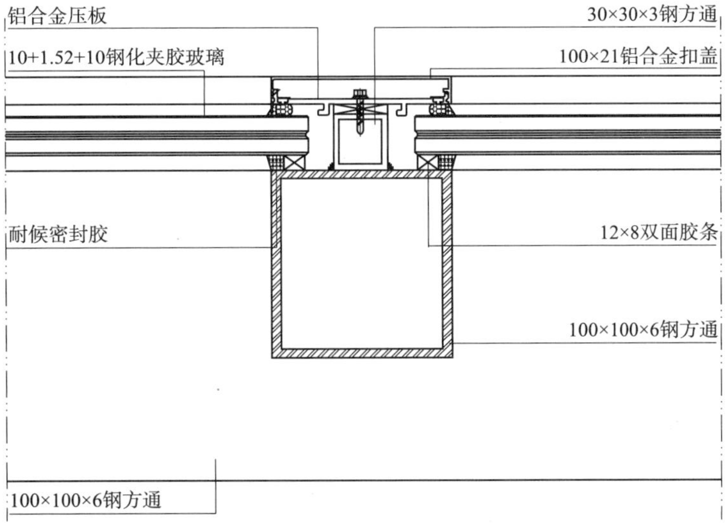


图 4-11 明框式玻璃采光顶纵向剖节点图

### 4.4.3 高架站钢网架材料及安装要求

1. 材料要求

(1)屋面选用 0.9 mm 厚铝镁锰合金屋面板及 3 mm 厚铝单板。

(2)在建设地点的正常环境条件下(温度、湿度、日照、雨、雪等)，暴露的漆面不产生裂痕、松脱、起泡、剥落、粉化等现象。

(3)电焊条选用 E43。

(4)屋面保温采用 50 mm 厚玻璃棉。

(5)屋面吸音采用 30 mm 厚玻璃吸音棉，下铺无纺布。

(6)屋面底板采用 0.5 mm 厚 HV200 穿孔底板，穿孔率 23%。

(7)泛水收边板：材质与屋面板相同。

(8)天窗：采用 8+9A+8+1.14PVB+8 中空钢化夹胶玻璃。

(9)檩条及骨架采用钢方通，材质为 Q235B。

2. 构造要求

(1)钢架与檩条的连接采用焊接。

(2)屋面面板与固定座咬合，固定座与次檩用自攻钉连接，底板与次檩用自攻钉连接。

3. 安装要求

(1)檩条安装前必须满足钢架结构要求。

(2)檩条安装，支托与主檩需满焊，檩条与竖杆需双面满焊，且檩条尺寸偏差需满足规范要求。

(3)屋面面板大面积更换时考虑采用现场加工，加工一块，安装一块；定位出面板固定座的位置，并分别铺设座边的两边板。

(4)屋面系统的收边安装：屋面系统的收边件采用工厂加工、现场安装的方法。

(5)与屋面板材接触的钢材均应做防腐处理，铅铜制品不可与之混用。

(6)所有外层板泛水和天沟端部搭接长度不小于 200 mm，防水铆钉和密封胶密封，铆钉需穿过密封胶均匀排列，中心距不大于 50 mm。内收边端部搭接不小于 60 mm，用单排铆钉按间距 400 mm 连接。

(7)施敷密封前应使板材搭接部分清洁干燥，泛水搭接部分保护膜应予去除。

(8)每一工作日均应彻底清除泛水保护膜和屋面杂物。

(9)屋面洞口必须采取可靠的防水构造措施，洞口尺寸较小时可采用得泰防雨盖片。屋面上板构配件之间的搭接，宜采用丁基橡胶密封黏结带，除咬口或暗扣搭接缝(横向搭接板缝)外，其余所有搭接缝均采用自攻钉或拉铆钉紧固。

### 4.4.4 玻璃更换

1. 高架站玻璃更换

(1)路面防护措施

①路面位置设置封锁区域，封锁吊车停放区域车道以及拆装过程中玻璃可能掉落区域车道，封锁红色填充区域，如图 4-12 所示。

②封锁区域从作业点出发，向来车方向外扩 20 m。如图 4-13 所示，封锁采用反光橡胶路锥，反光橡胶路锥之间间距不大于 1 m。

(2)设立站台防护区域

①采用伸缩隔离带对施工区域进行封锁，防止无关人员进入，具体封锁区域的大小由现场作业决定，封锁区域大小必须大于玻璃掉落区域大小。

图 4-12 封锁示意图

图 4-13 反光橡胶路锥示意图

②封锁区域对应安全门、屏蔽门区域使用海绵垫(图 4-14)进行围挡保护,海绵垫高度不应低于安全门、屏蔽门高度 1 550 mm。海绵垫与安全门、屏蔽门之间采用大胶带进行临时固定,防止海绵垫倾倒。

(3)室内侧玻璃更换

作业人员通过吊机登高至破损玻璃位置进行查看,确认破损玻璃破损位置,如为室内侧玻璃破损,需按以下要求进行操作:

①吊机把作业人员吊至施工区域,如图 4-15 所示,先用 4 个三爪吸盘固定于玻璃四角,人工试拉确认吸盘固定牢固,并用挂绳固定在吊机的小钩上,防止切割胶时玻璃掉落。

图 4-14 海绵垫

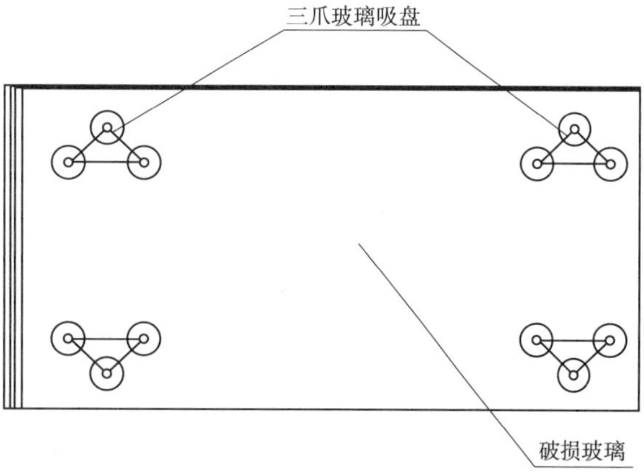


图 4-15 三抓吸盘固定示意图

②作业人员对原有结构胶进行割除,割除完毕后准备进行拆除吊装。

③开始进行拆除吊装,外侧吊机抬臂,缓慢上升,吊篮内维修人员密切关注绳子状态,至绳子绷紧状态后命令吊机停止上升,站台区域人员使用钢管将需拆除的玻璃向外推,直至玻璃松动,吊机开始缓慢提升小钩。整个过程上下施工负责人,以及吊篮内维修人员、吊车司机需时刻保持对讲通话,确保沟通畅通。

④吊机将拆除的玻璃吊至地面，由地面人员对玻璃进行搬运清理，吊机主臂将吊篮内维修人员重新送至作业区域对框体进行清理。

⑤完成清理工作后，站台区域维修人员将需更换的有机玻璃板安装到位，外侧吊篮维修人员对其进行自攻钉固定，确认固定牢固后进行打胶防水处理。

(4)室外侧玻璃更换

作业人员通过吊机登高至破损玻璃位置进行查看，确认破损玻璃破损位置，如为室外侧玻璃破损，需按以下要求进行操作：

①在站台区域搭设门式移动脚手架，操作人员在搭设的脚手架平台上进行作业，搭设高度根据实际施工需求设定，操作平台四周应有围护，防止操作人员临边作业发生跌落事件。

②站台区域人员从内侧对钢化玻璃进行开孔，开孔孔径在 12～22 mm 之间，开孔位置在对角线四分之三处，如图 4-16 所示，开孔使用手持电钻；开孔完成后外侧吊篮内维修人员将吊装绳穿入孔内；站台区域维修人员将绳子穿过特制吊装内衬板(内衬板采用 PC 耐力板，耐力板几何尺寸为 1 760 mm×200 mm×4 mm)，如图 4-17 所示，然后将绳子捆绑于与内衬板同长的钢管上，捆绑完成后，外侧吊篮内人员进行试拉，确认捆绑牢固后方可进行下道工序。

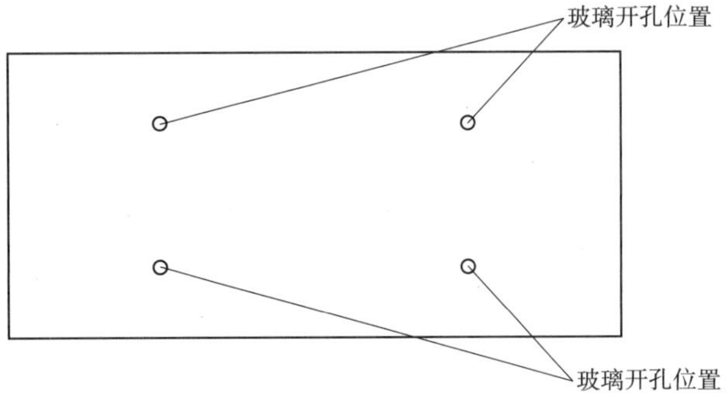


图 4-16　玻璃开孔位置示意图

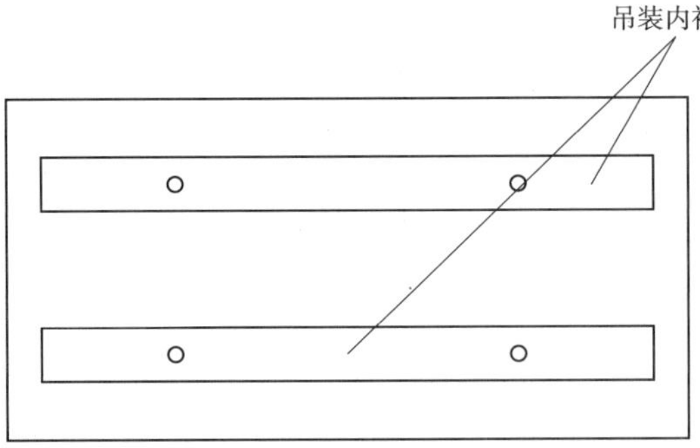


图 4-17　吊装内衬板示意图

③捆绑完成后，外侧施工人员将绳子均匀捆绑后固定于吊机小钩上，确保小钩吊点至 4 个固定点位置绳子等长。

④用 4 个三爪吸盘固定于外侧玻璃的四角，如图 4-18 所示，人工试拉确认吸盘固定牢固，并用挂绳固定在吊机的小钩上。

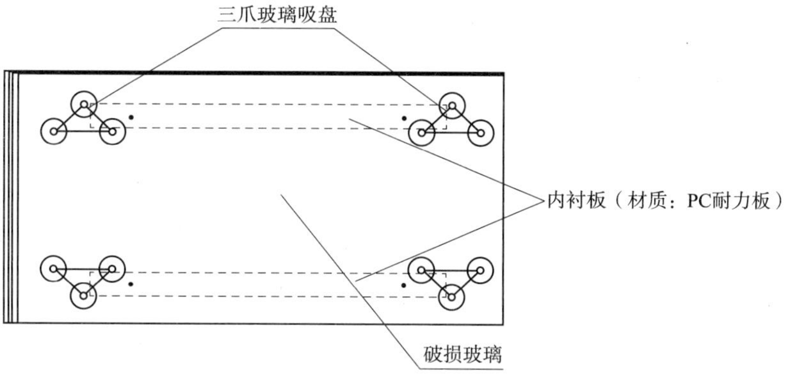


图 4-18　外侧三爪吸盘固定示意图

⑤作业人员对原有结构胶进行割除，割除完毕后准备进行拆除吊装。

⑥开始进行拆除吊装，外侧吊机抬臂，缓慢上升，吊篮内维修人员密切关注绳子状态，至绳子绷紧状态后命令吊机停止上升，站台区域人员使用钢管将需拆除的玻璃向外推，直至玻璃松动，吊机开始缓慢提升小钩。整个过程上下施工负责人，以及吊篮内维修人员、吊车司机需时刻保持对讲通话，确保沟通畅通。

⑦吊机将拆除的玻璃吊至地面，由地面人员对玻璃进行搬运清理，吊机主臂将吊篮内维修人员重新送至作业区域对框体进行清理。

⑧完成清理工作后，站台区域维修人员将需更换的有机玻璃板安装到位，外侧吊篮维修人员对其进行自攻钉固定，确认固定牢固后进行打胶防水处理。

2. 车站出入口顶棚玻璃更换

(1)铲除切割破损顶棚玻璃的铝合金压板玻璃胶并取下盖板，铲除玻璃之间空隙处的玻璃胶。

(2)用 4 个三爪吸盘固定于外侧玻璃的四角，人工试拉确认吸盘固定牢固，拉取出破损玻璃。

(3)清理钢结构表面。

(4)选用(8＋1.52PVB＋8)mm 钢化夹胶玻璃，用 4 个三爪吸盘固定于新玻璃的四角，人工试拉确认吸盘固定牢固，将新玻璃放于钢结构龙骨上，调整玻璃位置。

(5)在玻璃接缝缝隙处打玻璃胶，并压实紧密。

(6)将铝合金压板放于钢化夹胶玻璃之间上方，用玻璃胶将压板与玻璃固定黏结，并压实紧密。

3. 车站出入口侧面玻璃破损更换

侧面玻璃结构示意如图 4-19 所示。

(1)铲除切割玻璃面板外侧设置的装饰口盖玻璃胶，取出装饰板。

(2)铲除切割钢化玻璃四周的玻璃胶。

(3)用螺丝刀取下幕墙龙骨与玻璃面板之间的压板。

(4)取下侧面破损玻璃。

(5)安装(10＋1.52PVB＋10)mm 钢化夹胶玻璃，幕墙龙骨与玻璃面板之间采用压板连接方式，压板与龙骨之间采用螺钉的连接方式，保证强度及安全性。

(6)玻璃面板与幕墙龙骨之间设置胶条、弹性连接，提高幕墙的抗震性能。

(7)所有硬性接触处均采用弹性连接，提高密封性能及帷幕的隔音效果，不同金属的接触面需使用尼龙垫片以防电化腐蚀。

(8)玻璃面板外侧设置 100 mm×21 mm 宽装饰口盖，突出玻璃面 21 mm；装饰条利用明框压块作为基座扣接固定。

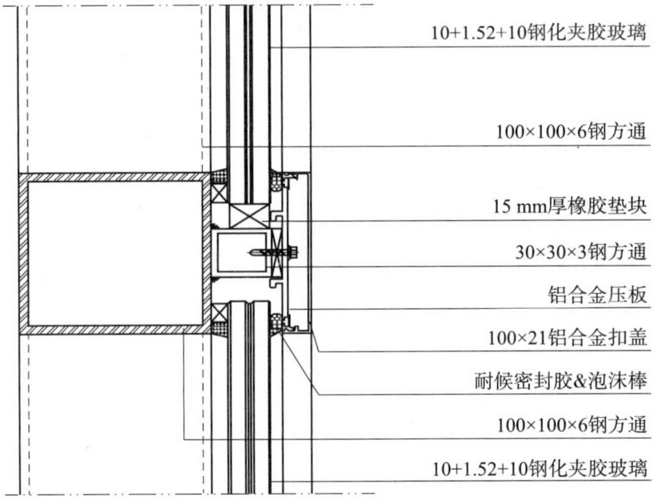


图 4-19　侧面玻璃结构示意图

4. 出入口玻璃破碎临时处理

(1)出入口顶棚钢化夹胶玻璃内侧破碎

①判断车站顶棚玻璃破损类型(内侧或外侧破损)。

②如现场判断玻璃破损为内侧破损，选择采用 16 mm 厚的亚克力板对破损玻璃进行临时更换处理。

③更换完成后在亚克力板上粘贴“请勿踩踏”标识以及黄黑警示胶带，防止人员踩踏。

④待钢环夹胶玻璃定制完成后再将亚克力板拆除，更换新的钢化夹胶玻璃。

(2)出入口顶棚钢化夹胶玻璃外侧破损

①采用专用夹具在破损玻璃下方次檩条位置进行固定。

②固定牢固后，以夹具为固定点，采用直径 8 mm 钢丝绳对角张拉，防止玻璃坠落。

(3)出入口侧面玻璃破损

出入口侧边玻璃破损，采用白色不干胶对破损玻璃进行粘贴，使乘客无法看见破损玻璃，起到降低乘客恐慌心理的目的。

### 4.4.5　高架站屋面防水处理

(1)根据彩钢板板型或接合部位的缝隙，按工程设计要求，选用合适规格的防水胶带。

(2)粘贴前必须完全清除彩钢板表面的灰尘、水、油、污垢等杂质，保持粘贴表面的干净。

(3)从彩钢板的一端开始，打开防水双面胶带，沿接缝处呈直线将胶带粘于下层板的搭接处，然后用手由轻到重按压胶带，使其与彩钢板粘结牢固。

(4)撕掉胶带上层隔离纸，将接口上层彩钢板压入结合处，压好后顺序挤压接缝处，使接缝粘结牢固，密封严实，如图 4-20 所示。

图 4-20 施工现场

### 4.4.6 出入口顶棚玻璃漏水处理

(1)查找渗漏点，检查顶棚玻璃接缝处玻璃胶开裂情况。

(2)将渗漏水范围内的玻璃胶铲除切割干净，并清理基座，保证施工部位无水、无尘、无杂物等。

(3)在施工部位两侧粘贴美纹纸，防止玻璃胶打胶过程中粘在玻璃其他位置，影响美观。

(4)在玻璃接缝处打玻璃胶做防水处理。

(5)打胶施工时要做到压贴紧密，无缝隙、无露空，表面平整、均匀、光滑。

(6)撕下两侧美纹纸，用油漆笔/记号笔等做好工程量记录，并清理现场。

### 4.4.7 出入口钢结构涂刷油漆

(1)铲除原有腻子层至钢构件，清理钢构件。

(2)用磨光机打磨金属构件，直至露出金属本色。

(3)涂刷一遍环氧富锌底漆，等待底漆自然风干。

(4)涂抹腻子层，待腻子层自然风干，用砂纸打磨腻子层，清理干净腻子层。

(5)涂刷氟碳面漆三道，待面漆自然风干，油漆表面要求平整、均匀、无干喷现象，涂层应无气孔、裂纹、无严重流挂、脱落、漏涂等缺陷。

### 4.4.8 高架车站应急通道钢楼梯涂刷油漆

应急通道铁楼梯由于完全裸露且构件受风雨侵蚀，所以出现钢构件表面油漆起皮、脱落，严重的出现内部构件锈蚀。

(1)铲除已经起皮的油漆及铁锈。

(2)用磨光机打磨金属构件，直至露出金属本色。

(3)涂刷防火氟碳面漆三道，待面漆自然风干，油漆表面要求平整、均匀、无干喷现象，涂层应无气孔、裂纹、无严重流挂、脱落、漏涂等缺陷。

### 4.4.9 高架车站屋面安全生命线使用及养护

防坠落水平安全线(简称安全线)是一种锚固装置，由锚点支架和水平缆绳(以钢缆为主)组成。这一装置一般永久地固定在一个结构上，旨在确保单人或多人在有可能发生坠落的高空能够安全的工作，为他们提供一个更加自由的活动空间。

安全线采用 304 不锈钢材质、直径 8 mm 的钢丝绳，间距 4 200 mm，节点采用不少于 8 颗 M8 不锈钢螺丝将不锈钢构件与原结构檩条固定，单个节点抗拉强度不得低于 1 000 N，且钢丝绳离屋面高度不得小于 100 mm。钢丝绳节点固定装置如图 4-21、图 4-22 所示。

屋面所加装的钢丝绳为一整根，钢丝绳每个固定点均用卡扣卡死，不允许出现搭接，相互之间为独立的安全保障区域，如图 4-23 所示。

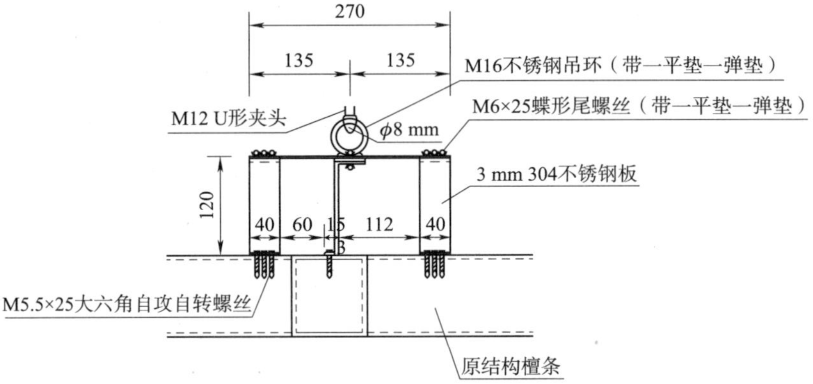


图 4-21　钢丝绳节点固定装置侧视图（单位：mm）

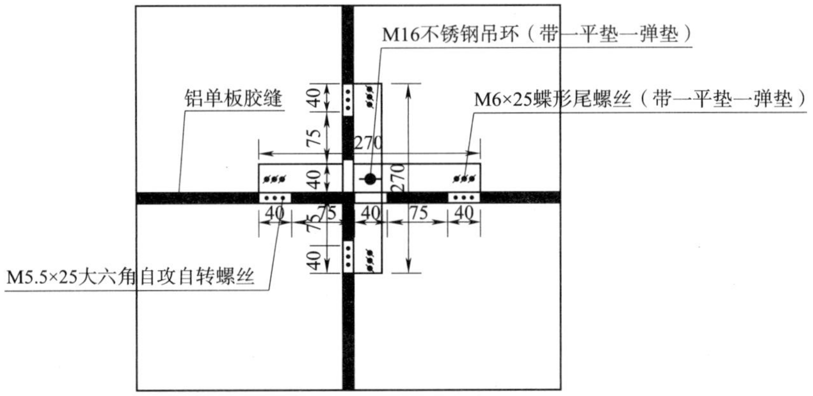

图 4-22　钢丝绳节点固定装置俯视图（单位：mm）

1. 防坠落水平安全线检查

(1)使用防坠落水平安全线前采用目视检查。

(2)每次使用前，对起步的首跨钢丝绳和首跨两端的固定节点进行检查，作业过程确保有

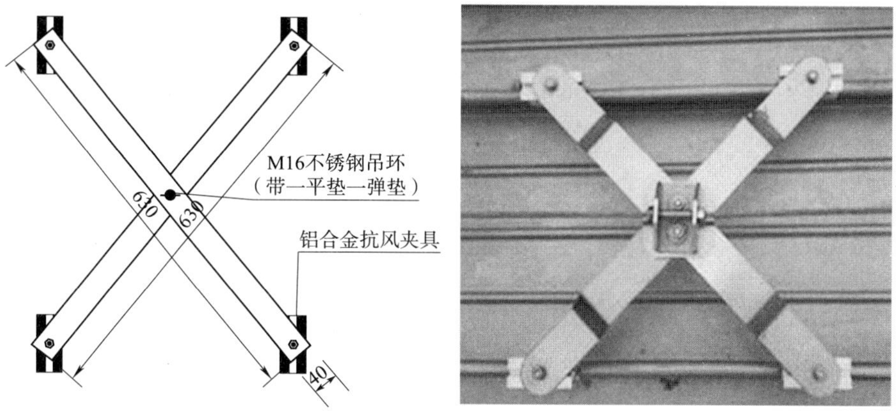


图 4-23　铝镁锰板屋面钢丝绳节点固定装置俯视图(单位:mm)

安全带挂在安全可靠的固定结构物上。

(3)确认安全后,安全扣移至首跨钢丝绳上,进行该跨检修工作,并对下一跨的钢丝绳和固定节点进行检查,确认安全后,安全带挂点再转移至下一跨进行检修工作。安全带采用双扣式安全带,安全带在下一跨扣好后,才能解除上一跨扣点。

(4)按照如上步骤依次进行钢丝绳及固定节点检查及金属屋面补漏工作。

2. 防坠落水平安全线设施检查

在使用安全线之前采用目视的方式对钢丝绳、节点固定装置等进行检查,主要检查项目包括但不限于:

• 固定装置或安全线卡扣是否与主体之间有松动、变形、脱开等现象。

• 钢缆绳是否出现毛刺、断丝、磨损、腐蚀、弯曲、变形情况。

• 节点固定装置或生命线固定卡扣内螺帽、吊环、卡扣是否出现松脱、掉落情况。

• 固定节点是否移位、固定节点的不锈钢螺丝四周是否有胶体开裂。

• 铝镁锰板屋面钢丝绳节点固定装置夹具与铝镁锰板波峰之间是否有松脱、掉落;铝镁锰板自身是否有松脱、拱起。

• 铝镁锰板屋面钢丝绳节点固定装置内部螺帽、吊环、卡扣等是否有松脱、掉落。

• 钢爬梯预埋板与墙体之间是否有开裂、松动、掉落。

• 钢爬梯焊缝是否有脱开、裂纹。

安全线设施使用前进行日常防腐防水检修,主要检修项目包括但不限于:

• 钢丝绳节点固定装置处耐候密封胶胶缝是否有裂纹、老化、破损。

• 铝镁锰板屋面钢丝绳节点固定装置处铝镁锰板是否有变形、翘曲、脱开。

• 钢丝绳节点固定装置、铝镁锰板屋面钢丝绳节点固定装置、安全线固定卡扣、安全线、钢爬梯等金属制品表面是否起锈、防腐层脱落。

# 5 结构维修

## 5.1 定　　义

结构维修是指混凝土结构、区间隧道结构、高架桥结构以及附属设施等土木工程实体的故障与缺陷处理。

## 5.2 范　　围

结构主要包括隧道结构(含加固隧道的钢环)、桥梁结构、U形槽结构、车站及其附属结构(包括商业区)、区间风井、主变电所、车辆段、停车场、人防门、防淹门、区间联络通道、疏散平台、道路等。其中隧道的结构形式有盾构圆形、明挖矩形、暗挖马蹄形。高架桥上部结构为预应力混凝土箱梁和钢筋混凝土钢构桥(与U形槽相接),下部结构为Y形墩,基础为桩基础加承台,主要内容有以下部分:

(1)隧道:主要由正线、联络线、出入段(场)线盾构隧道、明挖隧道、U形槽结构、部分隧道的加固钢环等组成。

(2)桥梁:主要由预应力混凝土箱梁、钢筋混凝土钢构桥、上下部结构及支座等组成。

(3)整体道床:主要由正线整体道床,出入段线、出入场线及库内线整体道床组成。

(4)车站:包括正线车站主体结构及车站出入口等附属设施。

(5)车辆段:工程车库、检修库、变电所(含气灭用房)等的墙、柱、板、梁等混凝土结构及道路设施。

(6)停车场:列车检修库房、综合维修楼变电所(含气灭用房)建筑物墙、柱、板、梁等混凝土结构及道路设施。

(7)主变电所的墙、柱、板、梁等混凝土结构。

(8)区间风井的墙、柱、板、梁等混凝土结构。

## 5.3 参考文件

(1)《民用建筑修缮工程施工标准》(JGJ/T 112—2019)。

(2)《房屋渗漏修缮技术规程》(JGJ/T 53—2011)。

(3)《地铁设计规范》(GB 50157—2013)。

(4)《地下工程防水技术规范》(GB 50108—2008)。

(5)《地下防水工程质量验收规范》(GB 50208—2011)。

(6)《盾构法隧道防水技术规程》(DBJ 08-50—96)。

(7)《铁路桥涵工程施工质量验收标准》(TB 10415—2018)。
(8)《混凝土结构工程施工质量验收规范》(GB 50204—2015)。
(9)《混凝土结构设计规范》(GB 50010—2010)。
(10)《钢结构设计标准》(GB 50017—2017)。
(11)《钢结构工程施工质量验收标准》(GB 50205—2020)。
(12)《城市轨道交通设计规范》(DGJ 08-109—2017)。
(13)《混凝土结构加固设计规范》(GB 50367—2013)。

## 5.4 技术要求

为保障地铁的安全运营,在地铁结构日常维保中,根据地铁车站、隧道、桥梁等土木结构的病害特征,设施设备存在的问题、缺陷、损坏等情况,结合防水规范要求,制定了病害等级划分明细表,见表 5-1、表 5-2。

**表 5-1 结构病害等级划分明细表**

| 病害等级 | 编号 | 病害特征 |
|---|---|---|
| AA | 1 | 涌水 |
| | 2 | 严重的或有堆积的渗泥砂 |
| | 3 | 隧道内呈水膜状的连续渗流 |
| | 4 | 线漏(每分钟 300 滴) |
| | 5 | 顶部加固件及防排水设备破损等有侵限危险的情况 |
| | 6 | 1 点钟方向~11 点钟方向顶部嵌缝条或浆液固结体悬垂有侵限危险(或悬垂大于 20 cm) |
| | 7 | 道床和管片间产生严重剥离,翻浆冒泥(Ⅰ级) |
| | 8 | 扶手、疏散平台、钢环、联络通道门及人防门松动等有侵限危险的病害,如严重生锈、门体铁皮脱开等 |
| | 9 | 隧道管片顶部滴水至接触网上 |
| | 10 | 滴水至重要信号设备,如转辙机 L 形角铁 |
| | 11 | 掉块(混凝土结构或砂浆) |
| | 12 | 宽度≥0.5 mm 裂缝 |
| A | 1 | 管片腰部渗水每 10 环大于 3 环 |
| | 2 | 转辙机基坑积水 |
| | 3 | 轨枕与整体道床离缝 |
| | 4 | 环纵缝渗水每 10 环大于 5 环 |
| | 5 | 腰部轻微渗泥砂(无堆积) |
| | 6 | 道床和管片间多处存在剥离,局部存在翻浆冒泥(Ⅱ级) |
| | 7 | 滴水至架空线 |
| | 8 | 滴水至钢轨 |
| | 9 | 裂缝宽度≥0.4 mm,且不慎漏水 |

续上表

| 病害等级 | 编号 | 病　害　特　征 |
| --- | --- | --- |
| BB | 1 | 除AA、A级以外的日常检查发现的其他漏水 |
| | 2 | 道床和管片间局部出现轻微剥离（Ⅲ级如泥砂堆积、渗水等） |
| | 3 | 道床伸缩缝泥砂存在轻微泥砂堆积 |
| | 4 | 除1点钟方向～11点钟方向之外的纵缝嵌缝条悬挂（小于20 cm） |
| | 5 | 联络通道处渗水 |
| B | 1 | 达不到国家二级防水要求的湿迹 |
| | 2 | 0.4 mm＞裂缝宽度≥0.3 mm，且无渗漏水 |
| | 3 | 除A级1、4外渗水状况 |
| | 4 | 轻微钢环病害（如锈蚀、渗水等） |
| | 5 | 结构破损/结构破损露筋 |
| C | 1 | 满足国家二级防水技术要求的湿迹 |
| | 2 | 道床与管片出现裂缝等轻微病害，如道床裂缝（Ⅳ级） |
| | 3 | 其他病害，如螺栓孔盖缺失、预留孔洞未封闭等 |
| | 4 | 裂缝宽度＜0.3 mm |

**表 5-2　车站病害分类等级**

| 病害等级 | 编号 | 病　害　特　征 |
| --- | --- | --- |
| AA | 1 | 车站范围内渗漏水，影响运营安全（乘客、设备，以下相同） |
| | 2 | 车站公共区掉块隐患，影响运营安全 |
| | 3 | 车站设备区静电地板下方积水，影响运营安全 |
| | 4 | 变形缝止水带严重受损、螺栓松动 |
| | 5 | 施工缝、变形缝严重渗漏水、涌水、冒泥冒砂等 |
| A | 1 | 施工缝、变形缝中度渗漏水，需重点关注 |
| | 2 | 车站公共区渗漏水，暂对运营安全无影响 |
| | 3 | 车站垂梯基坑积水，影响垂梯正常使用 |
| | 4 | 人防门基坑积水且外溢 |
| | 5 | 车站设备区掉块隐患 |
| | 6 | 宽度≥0.5 mm裂缝 |
| BB | 1 | 施工缝、变形缝轻微渗漏水 |
| | 2 | 除AA、A级以外的日常检查发现的其他渗漏水 |
| | 3 | 排水沟、离壁沟积水 |
| | 4 | 站外站内垂梯基坑积水，垂梯正常使用 |
| | 5 | 人防门基坑积水 |
| | 6 | 0.5 mm＞裂缝宽度≥0.2 mm |

续上表

| 病害等级 | 编号 | 病　害　特　征 |
|---|---|---|
| B | 1 | 达不到国家二级防水要求的湿迹 |
| | 2 | <0.2 mm 裂缝 |
| | 3 | 人防门门体结构病害，如小范围锈蚀 |
| | 4 | 结构破损/结构破损露筋 |
| C | 1 | 满足国家二级防水技术要求的湿迹 |
| | 2 | 其他问题 |

### 5.4.1　裂缝修补

裂缝修补应在基面干燥或仅有湿渍的条件下进行。在干燥或基面仅有湿渍条件下，通过对管片内表面裂缝骑缝压注亲水性低黏度环氧浆液进行补强堵漏处理。环氧浆液注浆材料为无溶剂亲水性环氧灌浆材料，应满足《混凝土裂缝用环氧树脂灌浆材料》(JC/T 1041—2007)中的普通型 N、固化物性能Ⅱ的性能指标。注浆材料不宜选用发泡类浆液(仅在渗漏水较大情况下，先灌注聚氨酯浆液进行临时止水)。

1. 细微裂缝涂抹水泥基渗透结晶防水材料(裂缝宽度小于 0.2 mm 且有渗水现象)

裂缝宽度小于 0.2 mm 的细微隧道裂缝，若出现渗水的贯通裂缝，裂缝表面涂抹水泥基渗透结晶防水材料(参考用量 1.5 kg/m$^2$，沿裂缝中心两侧各 50 mm 涂抹)，防水材料规格见表 5-3。

**表 5-3　水泥基渗透结晶型防水材料的物理力学性能指标**

| 序号 | 检　测　项　目 | | 指　标 |
|---|---|---|---|
| 1 | 安定性 | | 合格 |
| 2 | 凝结时间 | 初凝时间 | ≥20 min |
| | | 终凝时间 | ≤24 h |
| 3 | 抗折强度 | 7 d | ≥2.8 MPa |
| | | 28 d | ≥3.5 MPa |
| 4 | 抗压强度 | 7 d | ≥12.0 MPa |
| | | 28 d | ≥18.0 MPa |
| 5 | 湿基面黏结强度 | | ≥1.0 MPa |
| 6 | 抗渗压力(28 d) | | ≥1.2 MPa |
| 7 | 第二次抗渗压力(56 d) | | ≥1.0 MPa |
| 8 | 渗透压力比(28 d) | | 300% |

2. 灌浆法修补裂缝(裂缝宽度 0.2～1.0 mm)

灌浆法是将各种树脂浆液灌入裂缝深部，达到恢复结构整体性、耐久性及防水性的目的。注浆材料应采用亲水性改性环氧浆液，然后表面涂刷刚性环氧砂浆封闭。灌浆法施工按照以下工艺进行：

(1)埋设灌浆嘴(盒，管)。对于>0.2 mm、<0.5 mm 细而浅的裂缝，用钢丝刷沿缝进行表

面刷毛和清洁处理，然后骑缝用环氧胶泥和粘贴灌浆盒或灌浆嘴；对于宽(＞0.5 mm)而深的裂缝，宜沿缝开凿V形槽，然后骑槽粘埋灌浆嘴。V形槽凿开深度和宽度以至裂缝深度为准，控制在15～20 mm以内，注浆管的设置间距为200～300 mm。注浆嘴及注浆管应设于裂缝的交叉处、较宽处及贯穿处等部位。对封缝的密封效果进行检查。

(2)封缝。封缝的目的在于使裂缝形成一个密闭性空腔，对于不凿槽裂缝可用环氧胶泥封缝，先沿裂缝刷一道环氧树脂基液，然后抹一层厚1 mm左右、宽20～30 mm的环氧胶泥，也可用环氧树脂粘贴1～3层脱蜡玻璃丝布封缝，宽80～100 mm。对于凿V形槽裂缝，可用水泥砂浆封缝，为增强砂浆与界面的黏着力，应先于槽面上刷一层环氧树脂浆液，然后嵌填水泥砂浆。

(3)密封检查。为保证密封空腔的密闭性及承受灌浆压力作用，应对封缝的密封效果进行检查；待封缝胶泥或水泥砂浆固化后，沿缝涂一层肥皂水，并从灌浆嘴向缝中通入压缩空气，若无冒泡现象，表示密封效果良好，否则应予修补。

(4)配制浆液。灌浆材料要求黏结力强，可灌性好。注浆材料应采用亲水性改性环氧浆液。

(5)灌浆。灌浆主要设备为灌浆泵，需要自行配置储浆罐、储气罐、空压机或手动气泵，附属设备包括灌浆嘴、连接管道及搅拌器等。灌浆时应对全部设备进行检查，并接通管路，用压缩空气将孔道及裂缝内的粉尘吹净。灌浆由缝的一端灌向另一端，竖缝由下往上灌。化学灌浆压力为0.2～0.4 MPa，压力应逐渐升高，防止骤然加压使裂缝扩大。每次灌浆以邻近贴嘴冒浆为准，冒浆后立即用木塞塞紧，依次压灌，直至最后一个贴嘴冒浆，并用木塞塞紧，保持恒压继续压灌。当吸浆率小于0.1 L/min时，继续灌5～10 min后即可停止灌浆。注浆后待缝内浆液初凝而不外流时，方可拆下注浆嘴并进行封口抹平。灌浆结束后，立即清洗管道和设备。

3. 填充法修补裂缝(裂缝宽度大于1.0 mm)

填充法是沿裂缝将混凝土开凿成U形或者V形槽，然后嵌填修补材料，达到恢复防水性、耐久性和结构承载的目的。对于锈蚀裂缝，应先展宽加深凿槽，直至完全露出钢筋生锈部位，彻底进行钢筋除锈，然后涂上防锈涂料，再填充环氧砂浆，为增强界面黏结力，嵌填时应于槽面涂一层环氧树脂浆液。凿槽时应注意对钢筋的保护，不得对钢筋造成破坏。填充法修补裂缝也应埋设注浆嘴，在填充完后进行灌浆以防填充不密实。填充法修补裂缝如图5-1所示。

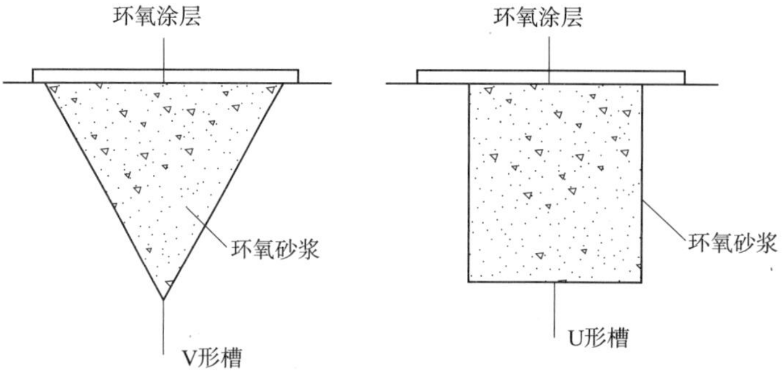


图5-1 填充法修补裂缝

4. 骑缝钻孔注浆(裂缝宽度大于 0.2 mm)

骑缝注浆适用于宽度大于 0.2 mm 的裂缝修补,同时水压或渗漏量大。

骑缝注浆方法:采用粘贴式注浆嘴(黏合于缝上或凿小槽封埋)骑缝放置,为对准缝隙可用针插入缝隙。其孔间距约 300～500 mm,并且应控制注入的压力在 0.05～0.5 MPa 之间。采用环氧树脂刮涂密封裂缝,且环氧树脂应为可黏合潮湿基面的材料。注浆孔宜交叉布置在裂缝两侧,钻孔应斜穿裂缝,垂直深度宜为混凝土结构厚度 $h$ 的 1/3～1/2,钻孔与裂缝水平距离宜为 100～250 mm,孔径不宜大于 20 mm,斜孔倾角宜为 45°～60°。当需要预先封缝时,封缝的宽度宜为 50 mm。注浆嘴深入钻孔的深度不宜大于钻孔长度的 1/2。骑缝注浆如图 5-2 所示。

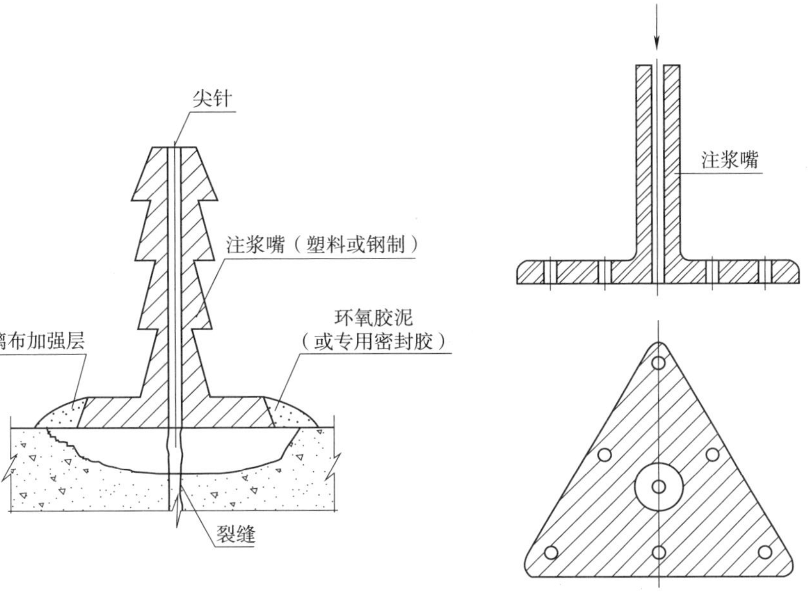


图 5-2 骑缝注浆嘴构造

### 5.4.2 管片破损修补

(1)破损面堵漏处理及修整:管片修补前,应将破损基面的尘土等杂质清理干净,不得有残留杂物;现场施工中,当环境温度低于 0 ℃且混凝土修补表面含水率大于 70%时,应停止修补作业。

(2)露筋管片或结构除锈:对外露钢筋应进行除锈处理,先用砂纸或砂轮对钢筋表面进行打磨,直至露出金属本色,然后对出露钢筋用丙酮清洗,进行二次除锈。

(3)植筋

①对于长×宽×深=100 mm×100 mm×50 mm 及以上的破损,应采用植筋加固,植筋钻孔深度宜为 50 mm,可采用 $\phi$8 钢筋,植筋长度不少于 50 mm 且修补完成后钢筋外露不应大于 30 mm,应采用植筋胶黏结牢固;植筋孔位布置应由孔洞中心向外扩散,间距不大于 200 mm。

②植筋和钢丝网的位置允许偏差为±50 mm,钢丝网的尺寸允许偏差为±20 mm。

③钢丝网与植筋应连接牢固。

(4)现场配制胶黏剂

①碎裂、掉块的管片采用强度高一等级的环氧砂浆或其他结构胶黏剂进行补强。

②现场胶黏剂不得混入碎块、灰尘等杂物,结构胶黏剂应按设计要求或产品说明书的规定配置,搅拌时间应符合设计要求或产品说明书的规定;结构胶黏剂搅拌后应在 5 min 内完成嵌填,结构胶黏剂应填实瓦楞纸、管片破损孔洞等间隙。

③环氧砂浆的技术要求参照现行《环氧树脂砂浆技术规程》(DL/T 5193)的质量要求和性能测试方法执行。应保证环氧砂浆黏结牢固持久,不得脱落。碎裂管片修复应先凿除松动、起壳的混凝土,将基面清理干净,在基面上涂界面处理剂,环氧砂浆要求在短时间内达到较高强度,其性能指标参照如下标准:2 h,≥20 MPa;1 d,≥30 MPa;3 d,≥40 MPa;7 d,≥45 MPa;28 d,≥50 MPa。

(5)修补:管片修补后出现明显突出部位等不平整情况时,应按专项技术处理方案进行处理,并重新检查验收。

(6)出清:修补完成后,应对管片表面进行清理,不应有树脂浆液等杂物残留。

### 5.4.3 车站漏水处理

车站漏水在空间上分布主要有结构顶板漏水、侧墙漏水、地面渗水等,在蜂窝缺陷、裂缝、施工缝、预埋件周边、结构变断面转角等位置出现频繁,主要表现为局部点漏、线漏、成面渗漏形式,按渗漏水严重程度有湿渍、滴水、明漏水、冒水等现象。

地铁站主体与出入口、主体与风亭/风道、车站主体内等位置会出现变形缝,当温度大幅度降低时,渗漏水出现频繁并且水量也增加,漏水现象多出现在站厅与通道结合部位、站厅内顶部,并且在变形缝接水槽和水沟处的排水量也相应增多,而且个别部位渗漏水甚至通过中板变形缝下渗到站台层,在秋冬季节,温度变化较为剧烈,出现收缩变形,此时变形缝张开,防止漏水的能力下降,渗漏水明显增多。

1. 结构顶板漏水处理(堵漏)

(1)材料工器具:登高脚手架及防护设备、电锤钻、线盘、注浆机及注浆管、注浆针头、亲水性刚性环氧或聚氨酯浆液、双快水泥、垃圾袋、松香水、润滑油、海绵块等。

(2)拆除原有装饰天花板吊顶,进行渗漏水部位结构开槽,以便发现渗漏点。

(3)在渗漏水部位结构外表面用电锤钻钻斜孔,孔与天花板结构面呈 60°,注浆孔距离渗漏水部位 5~10 cm,并植入注浆针头。

(4)对开槽部位使用双快水泥进行封槽或封缝施工。

(5)注浆:注浆材料为亲水性刚性环氧或聚氨酯浆液。

①将亲水性刚性环氧或聚氨酯浆液注入注浆机,注浆机接入电源,按住注浆机开关,排出注浆管内的空气并使环氧浆液喷出后关闭注浆管的止浆阀门。

②将注浆嘴插入注浆针头,打开注浆管止浆阀门,按住注浆机电动开关进行注浆,随时关注注浆机压力指示。

(6)屏浆:注浆压力达到 0.5 MPa 时稳压 5~10 min,待浆液凝固后,拆除注浆针头。

(7)加刷防水涂层。经渗漏水处理,结构表面干燥后,涂刷防水涂层。

(8)恢复原有装饰面,并出清垃圾。

(9)对于车站存在宽度较大的施工缝位置,为避免时间久了列车运行振动使封缝水泥掉落影响设备及行车安全，在堵漏注浆结束，施工缝附近结构表面干燥不复漏后，可粘贴防水材料进行二道防水处理。

2. 结构顶板漏水处理(引流)

当天花板上方漏水位置管线多、无注浆堵漏操作空间、施工缝缝隙过大无法堵漏时，可采用引流槽引流方式进行漏水处理。

(1)材料工器具：登高脚手架及安全防护设备、电锤钻、不锈钢接水槽、膨胀螺栓、白铁皮、铁皮剪、铁丝、PVC 管、止水胶带、结构胶等。

(2)拆除原有装饰天花板吊顶，查找渗漏点。

(3)根据渗水裂缝位置、长度、宽度安装不锈钢接水槽，不锈钢接水槽接缝处需满焊，并放坡。

(4)通过打孔植入螺栓，将接水槽固定在天花板结构上。

(5)不锈钢接水槽引流口可接引流管或 PVC 管，将水引流至离壁沟内，引流管与接水槽接口位置需做好密封处理。

(6)恢复原有装饰面，出清建筑垃圾。

3. 混凝土侧墙渗水处理(堵漏)

车站结构混凝土侧墙渗漏水主要发生在混凝土结构裂缝处，结构裂缝主要分为温度裂缝、塑性收缩裂缝、干缩裂缝、化学反应裂缝、结构裂缝。

(1)材料工器具：登高脚手架及防护设备、电锤钻、线盘、注浆机及注浆管、注浆针头、亲水性刚性环氧或聚氨酯浆液、双快水泥、垃圾袋、松香水、润滑油、海绵块等。

(2)拆除原有装饰侧墙搪瓷钢板，进行渗漏水部位查看，以便发现渗漏点。

(3)在渗漏水部位结构外表面用电锤钻钻斜孔，孔与侧墙结构面呈 60°，注浆孔距离渗漏水部位 5～10 cm，并植入注浆针头。

(4)对开槽部位使用双快水泥进行封槽或封缝施工。

(5)注浆：注浆材料为亲水性刚性环氧或聚氨酯浆液。

①将亲水性刚性环氧或聚氨酯浆液注入注浆机，注浆机接入电源，按住注浆机开关，排出注浆管内的空气并使环氧浆液喷出后关闭注浆管的止浆阀门。

②将注浆嘴插入注浆针头，打开注浆管止浆阀门，按住注浆机电动开关进行注浆，随时关注注浆机压力指示。

(6)屏浆：注浆压力为 0.3～0.5 MPa，达到 0.5 MPa 时稳压 5～10 min，待浆液凝固后，拆除注浆针头。

(7)加刷防水涂层。经渗漏水处理，结构表面干燥后，涂刷防水涂层。

(8)恢复原有装饰面，并出清垃圾。

(9)对于车站存在宽度较大的施工缝位置，为避免时间久了列车运行振动使封缝水泥掉落影响设备及行车安全，在堵漏注浆结束，施工缝附近结构表面干燥不复漏后，可粘贴防水材料进行二道防水处理。

4. 混凝土侧墙渗水处理(引流)

当混凝土侧墙渗水位置施工缝、变形缝等缝隙过大，注浆堵漏无效果时，采用侧墙引流挡水槽引流方式。

(1)材料工器具：登高脚手架及安全防护设备、电锤钻、不锈钢挡水槽、膨胀螺栓、白铁皮、铁皮剪、铁丝等。

(2)拆除原有装饰墙面搪瓷钢板,查找渗漏点。

(3)根据渗水裂缝位置、长度、宽度安装不锈钢挡水槽。

(4)通过打孔植入螺栓,将挡水槽固定在侧墙结构上。

(5)挡水槽需接至离壁沟。

(6)恢复原有装饰面,出清建筑垃圾。

5. 地面渗水处理(引流)

(1)材料工器具:切割机、吸盘、电锤钻、垃圾袋。

(2)查看搪瓷钢板背面的离壁沟内是否堵塞,如离壁沟下水口因钙化物堆积导致离壁沟水满,渗漏进地面,则清理离壁沟内钙化物等杂物;如不堵塞,则进行下一步。

(3)在渗水位置,用切割机沿着地面大理石缝隙处切割,将吸盘吸在大理石上,提起大理石地砖。

(4)对应大理石地面的中部位置,用电锤钻凿出一段引流槽,将渗水引流至离壁沟或排水沟。

(5)清理引流槽,将大理石恢复。

6. 疏散通道地面渗水处理(堵漏)

(1)在渗水地面位置,在地面瓷砖接缝处用电锤钻钻孔。

(2)在注浆孔植入注浆针头并拧紧。

(3)注浆:注浆材料为AB组分环氧树脂,AB组分环氧树脂质量配合比为A组25 kg∶B组5 kg。

①将环氧树脂浆液注入注浆机,注浆机接入电源,按住注浆机开关,排出注浆管内的空气并使浆液喷出后关闭注浆管的止浆阀门。

②将注浆嘴插入注浆针头,打开注浆管止浆阀门,按住注浆机电动开关进行注浆,随时关注注浆机压力指示。

(4)屏浆:注浆压力达到0.5 MPa时稳压5~10 min,待浆液凝固后,拆除注浆针头。

(5)出清建筑垃圾。

7. 车站变形缝顶部病害整治

(1)凿除批荡层,拆除不锈钢接水槽,清缝,勾除缝内残留物,要求缝两内侧面干净无杂尘。

(2)沿缝两侧交错布孔、埋管,并用早强水泥封管,注入水泥+环氧树脂双浆液,压力为0.3~0.5 MPa,要求重复注浆至填充管口饱满,拆管后修整变形缝两外侧面至平整。

(3)在变形缝内两侧面涂刷环氧界面剂,压入遇水膨胀止水条并嵌入单组分聚氨酯嵌缝膏封缝。

(4)在变形缝两外侧面涂刷界面剂,压防水橡胶垫,安装不锈钢接水槽,不锈钢接水槽采用304号(厚2 mm,宽300 mm,高50 mm)不锈钢。在防水橡胶垫与混凝土接触面和防水橡胶垫与不锈钢槽接触面压入聚氨酯嵌缝膏密封缝位。

(5)将$\phi40$ PVC管同接水槽连接,将可能微渗的余水引排至地沟内,批回批荡层,修饰饰面。

8. 卫生间防水整治

(1)首先将墙面瓷砖和地面瓷砖掀开,清除基层找平层,并清理干净。

(2)重新抹 20 mm 厚 1∶2.5 防水砂浆找平层，向地漏做 0.5%坡度，找平层表面不应有灰尘等杂物，坚固、平整、干燥(含水率不大于 8%)，不得有空鼓、松动、凹坑、浮灰、掉灰等缺陷。

(3)采用环保型聚氨酯防水涂料，其厚度为 2.5 mm，分 3～4 次涂刷，每次间隔时间视气候而定，一般为 8 h，气温高可缩短，反之延长。转角及立面的涂层应薄涂多遍，不得有流淌、堆积等现象，卫生间防水整治立面涂抹高度严格按照施工规范的要求执行。

(4)施工顺序：先做节点、附加层，然后再进行大面积涂刷，每遍涂刮的方向与前一遍垂直，重点关键部位可加贴纤维增强材料，以及适当增加涂膜厚度。

(5)在涂层上铺一层 10 mm 厚水泥砂浆保护层。

(6)铺贴(恢复)墙面和地面瓷砖，颜色与原设计一致，表面洁净，色泽一致，接缝平整，深浅一致，周边顺直。板块无裂纹、掉角和缺棱等缺陷。要求粘贴牢固、平整、无空鼓。

(7)面层表面的坡度应符合设计要求，不倒泛水、不积水，与地漏、管道结合处严密牢固、无渗漏。

9. 建筑物屋面渗漏水整治

(1)凿除原有建筑物屋面保护层、隔热层、防水材料(如有)，必须清理至屋面混凝土结构基面层。基面清理干净，要求无浮尘、松动颗粒。

(2)对建筑物屋内楼板进行裂缝修补。

(3)寻找基层面裂缝，骑缝埋设注浆管，灌注环氧树脂封闭裂缝。对于深源裂缝，必要时可对裂缝开“V”槽进行注环氧化学浆处理，要求进行重复注浆，确保浆液填充饱满。

(4)对女儿墙面层进行清理，清理高度约 25 cm，要求无浮尘、无松动颗粒。

(5)沿女儿墙角做小弧角，要求基面平整。

(6)屋面基面采用防水涂料进行涂抹，涂抹至女儿墙清理高度，要求均匀涂抹三遍，必须每遍干燥后才可以进行下一道工序，三遍涂抹后厚度不小于 1.5 mm。

(7)防水涂料干燥后在其上面铺设 15 cm 厚的细石混凝土层。

(8)屋面排水沟、找坡视现场情况而定。

10. 建筑物窗台渗漏水整治

(1)建筑物外墙搭设脚手架，注意做好安全防护工作。

(2)铲除窗框周边涂料(宽度约 10 cm)。

(3)使用水泥浆(或防水填充胶)对铝合金窗框进行灌注，以达到良好的防水效果。

(4)恢复窗台装饰面。

(5)铝合金外窗台边框使用防水材料做防水处理。

(6)注意：对于砌筑砖墙墙体结构，不能使用压注环氧树脂或聚氨酯堵漏方式，采用堵漏将造成墙体拱起等现象。

11. 结构空洞病害整治

(1)查找渗漏的混凝土蜂窝空洞，查明空洞的深度和表面厚度，凿除混凝土蜂窝空洞内的松散混凝土，清理结构表面的缺陷、裂缝、蜂窝麻面，凿除渗漏面疏散、氧化面层。

(2)表面空洞超过 0.2 $m^2$ 的需植筋挂网并用环氧树脂砂浆封堵。

(3)预埋注浆管，并应压贴紧密。注浆采用超细水泥和改性环氧树脂灌注，注浆压力和持浆时间的控制应以注浆饱满为原则。水泥封堵应以封缝严密、结合牢固为原则，最终通过注浆达到堵漏补强的目的。

(4)水泥、环氧灌浆等材料以及压力表等应送相关检测单位检验并出具合格报告后方可使用。

(5)禁止使用聚氨酯、水玻璃等只堵漏非补强的材料处理结构渗漏水问题。按防水堵漏施工工艺对产生渗漏水的裂缝、施工缝、变形缝等进行防排水整治,以堵漏补强为原则,在无法完全堵漏的情况下进行排水处理。

### 5.4.4 区间隧道结构病害处理

区间隧道结构病害主要是矩形隧道渗漏水、盾构隧道环片渗漏水、道床脱空、排水沟破损、转辙基坑积水、隧道环片裂缝、联络通道渗水等。

1. 隧道手孔渗漏治理

(1)隧道上部管片连接件保护罩处理

隧道管片连接件(螺栓、螺帽及垫圈)需做处理,在管片拼装施工过程中,隧道上部的外露连接件需进行保护罩密封防腐处理,工艺如下:

①清除连接件表面浮锈。

②用低密度聚乙烯保护罩内盛超早强水泥浆,将外露连接件严密地罩上。

③保护罩应垂直于螺栓孔口的壁面,管片连接件(包括螺帽及垫圈)不得外露。

(2)隧道下部手孔封堵处理

隧道内 3:00～9:00 方向以下,道床混凝土以上的手孔用超早强水泥进行填充处理,施工技术如下:

①连接件防锈涂料处理。

②涂刷界面剂。

③使用超早强水泥或其他快速封堵材料进行填充。

(3)施工工艺流程

隧道清理→螺丝复紧→除锈→涂刷界面剂→隐蔽验收→隧道上部连接件密封处理→隧道下部手孔封堵处理。

2. 矩形隧道漏水处理(堵漏)

矩形隧道顶部漏水多发生于结构顶部及侧墙施工缝、裂缝、格构柱敲除位置,根据现场实际情况采用注浆堵漏方式。

(1)在渗漏水部位结构外表面用电锤钻钻斜孔,孔与结构面呈 60°,注浆孔距离渗漏水部位 5～10 cm,并植入注浆针头。

(2)对裂缝缝隙较大或开槽部位使用双快水泥进行封槽或封缝施工。

(3)注浆:注浆材料为亲水性刚性环氧树脂或聚氨酯浆液(抢险)。

(4)将亲水性刚性环氧树脂或聚氨酯浆液注入注浆机,注浆机接入电源,按住注浆机开关,排出注浆管内的空气并使浆液喷出后关闭注浆管的止浆阀门以增大注浆压力。

(5)将注浆嘴插入注浆针头,打开注浆管止浆阀门,按住注浆机电动开关进行注浆,随时关注注浆机压力指示。

(6)屏浆:注浆压力达到 0.5 MPa 时稳压 5～10 min,待浆液凝固后,拆除注浆针头。

(7)加刷防水涂层。经渗漏水处理,结构表面干燥后,涂刷防水涂层。

(8)出清垃圾。

3. 矩形隧道漏水处理(引流)

当矩形隧道混凝土结构顶部渗水位置施工缝、变形缝等缝隙过大,需临时处理时,采用引流槽引流方式临时处理。

(1)根据裂缝、施工缝、变形缝等渗水位置的长度和缝隙宽度,选择安装不锈钢挡水槽。

(2)在结构顶板打孔,通过植入螺栓将引流槽固定在结构上。

(3)引流槽的下水口接 PVC 管,并做好密封处理。

(4)将 PVC 管贴紧结构侧墙,侧墙打孔,用抱箍将 PVC 管固定在侧墙上。

(5)PVC 管底部接弯头,再接一段 PVC 管,将渗漏水引流进排水沟内。

(6)出清垃圾。

4. 盾构隧道管片接缝漏水处理

盾构隧道结构漏水根据渗漏水类型和渗漏水量划分为涌水、线漏、滴漏、渗水、渗泥砂、水珠和湿渍;根据渗水部位分为管片本体裂缝渗漏水、管片接缝渗漏水、管片预留注浆孔渗漏水、管片连接螺栓孔渗漏水、盾构井接头渗漏水、联络通道结构渗水。

(1)管片接缝位置渗漏水时,在管片接缝位置用电锤钻钻孔,尽量在纵缝位置钻孔,钻孔深度 25～30 cm,注浆孔距离渗漏水部位 5～10 cm,并植入注浆针头。

(2)孔径 14 mm,高压注浆针头直径 12 mm。

(3)在环纵缝部位使用双快水泥或环氧胶泥进行封缝施工。

(4)注浆:注浆材料为环氧树脂或聚氨酯浆液(抢险)。

(5)将环氧树脂或聚氨酯浆液注入注浆机,注浆机接入电源,按住注浆机开关,排出注浆管内的空气并使浆液喷出后关闭注浆管的止浆阀门以增大注浆压力。

(6)将注浆嘴插入注浆针头,打开注浆管止浆阀门,按住注浆机电动开关进行注浆,随时关注注浆机压力指示。

(7)屏浆:注浆压力达到 0.5 MPa 时稳压 5～10 min,待浆液凝固后,拆除注浆针头。

(8)加刷防水涂层。经渗漏水处理,结构表面干燥后,涂刷防水涂层。

(9)出清垃圾。

5. 盾构隧道管片本体裂缝漏水处理

(1)管片裂缝位置渗漏水时,在管片裂缝位置用电锤钻钻孔,钻孔深度 25～30 cm,注浆孔距离渗漏水部位 5～10 cm,并植入注浆针头。

(2)在植入针头部位使用双快水泥或环氧胶泥进行封堵施工。

(3)注浆:注浆材料为环氧树脂或聚氨酯浆液(抢险)。

(4)将环氧树脂或聚氨酯浆液注入注浆机,注浆机接入电源,按住注浆机开关,排出注浆管内的空气并使浆液喷出后关闭注浆管的止浆阀门以增大注浆压力。

(5)将注浆嘴插入注浆针头,打开注浆管止浆阀门,按住注浆机电动开关进行注浆,随时关注注浆机压力指示。

(6)屏浆:注浆压力达到 0.5 MPa 时稳压 5～10 min,待浆液凝固后,拆除注浆针头。

(7)加刷防水涂层。经渗漏水处理,结构表面干燥后,涂刷防水涂层。

(8)出清垃圾。

6. 隧道管片壁后防水注浆

在隧道管片渗漏比较严重的情况下,可以利用管片上原有的注浆孔进行壁后注浆堵漏处理，以加固和改良壁后土体，起到隔水、堵漏的效果。同时还可以根据需要，在避开混凝土管片内部钢筋的情况下，在管片上开设新的注浆孔，直到渗漏情况得到有效缓解。壁后注浆多采用环氧类堵漏材料。壁后化学注浆往往不是单独进行，可以配合着管片接缝（即环纵缝）堵漏注浆一起，两者双管齐下，防水堵漏效果往往会更好。接缝注浆多采用环氧树脂浆液。

（1）根据管片注浆孔来制作球阀，如图 5-3 所示。

（2）打开注浆孔，对注浆孔进行清理。

（3）安装外接头、球阀和防喷装置。

（4）用电锤钻钻穿管壁，疏通预留孔，如图 5-4 所示。

（5）将球阀连接注浆管，需连接紧固。使用电动齿轮泵注入规定剂量的浆液进行壁后化学注浆，如图 5-5 所示。

（6）油溶性聚氨酯浆液每孔注浆量应控制在 30～50 kg，注浆压力大于 0.4 MPa 或每孔注浆量大于 50 kg 即可结束注浆。

（7）完成注浆后，关闭球阀，拆除防喷装置和注浆管，待浆液凝固后拆除球阀及封孔。

（8）在管片接缝位置钻孔，预埋注浆管。

（9）用环氧胶泥对接缝进行封缝处理，如图 5-6 所示。

（10）注浆管连接注浆机，压注环氧树脂。

（11）工完料清。

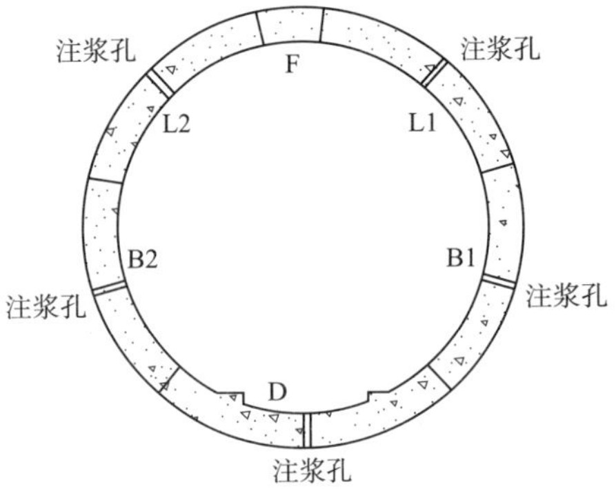


图 5-3　注浆孔示意图

图 5-4　疏通预留孔

图 5-5　注浆

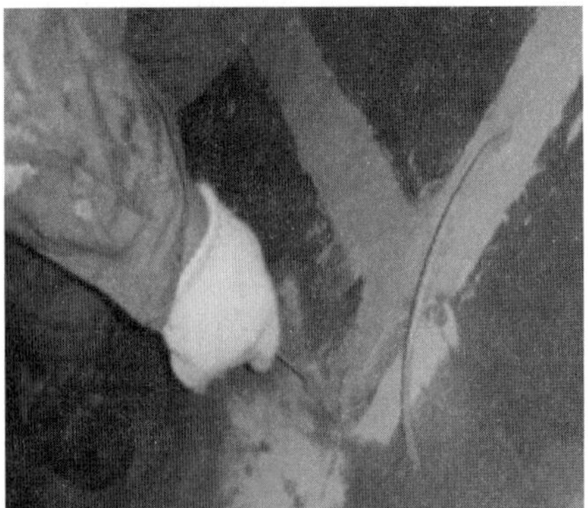

图 5-6　环氧胶泥封缝

7. 注浆孔封孔处理

(1)材料

为保证密封效果,结合整个施工工艺,选用防水、强度性能好的材料:聚氨酯、亲水性环氧树脂、高强水泥等材料,主要设备见表 5-4。

**表 5-4 主要设备**

| 名　　称 | 规 格 型 号 | 数　　量 | 备　　注 |
|---|---|---|---|
| 开孔设备 | TE50 多功能免出力电锤钻,2 kW | 2 | |
| 流量仪 | | 1 | 自制 |
| 小流量注浆泵 | 变频齿轮泵,4 kW | 1 | |
| 注浆泵 | | 1 | |
| 木塞 | | | 自制 |
| 放喷球阀 | | | 自制 |

(2)施工工序

隧道底部结构剖面如图 5-7 所示。

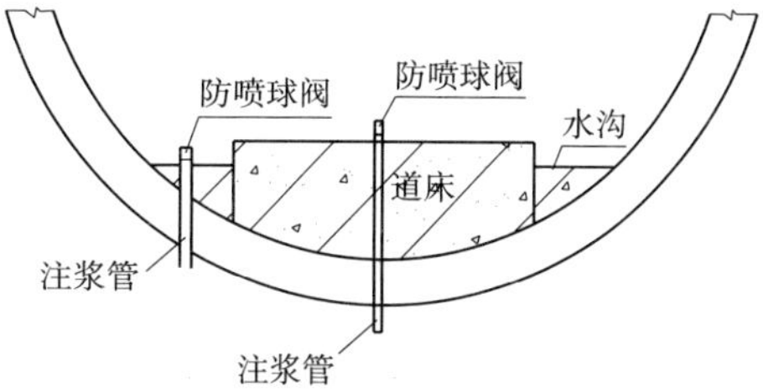

图 5-7 隧道底部结构剖面图

①针对两侧排水沟内的注浆孔封孔,采取以下封孔措施:

a. 打开注浆球阀,查看注浆孔是否漏水。如果漏水,先在隧道底部进行聚氨酯壁后注浆,如图 5-8 所示,为了保证封孔时注浆孔不漏水,原注浆孔壁后注浆完成后,需留有 10～15 d 的观察时间,确保堵漏浆液发泡。

b. 切除排水沟,方便注浆孔封孔及后续钢环加固牛腿安装,如图 5-9 所示。

c. 在确定注浆孔不漏水的情况下,切除注浆管并清理干净管径,如图 5-10 所示。

d. 底部用高强水泥封孔,待水泥凝固后,上部灌入亲水性环氧树脂封堵,如图 5-11 所示。

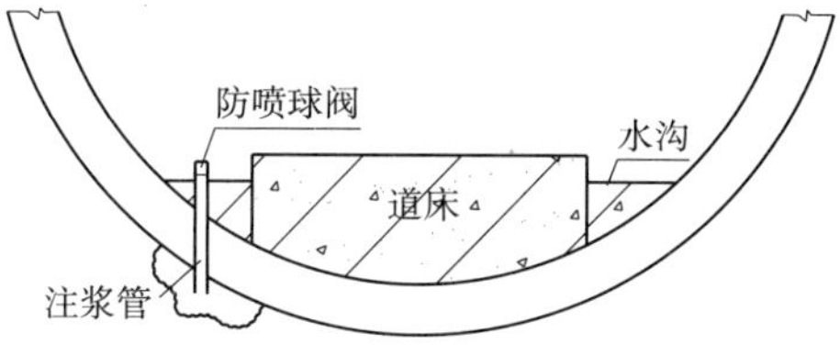

图 5-8 壁后注浆(一)

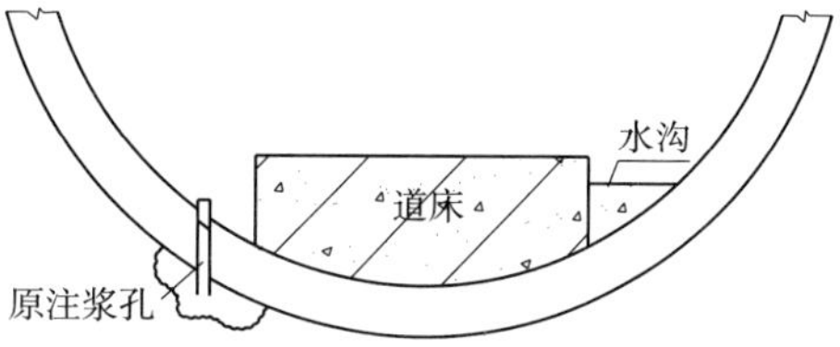

图 5-9 切除排水沟

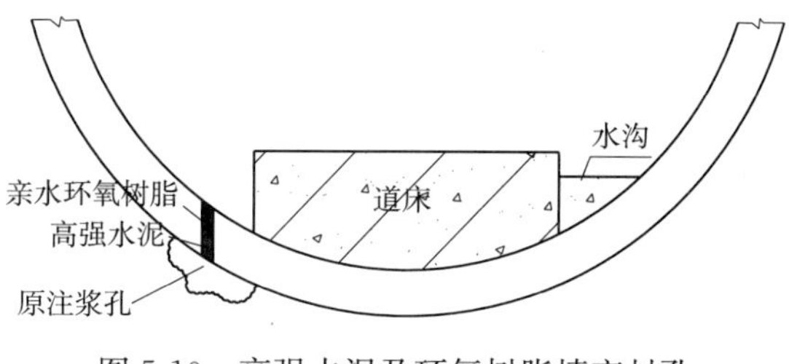

图 5-10 高强水泥及环氧树脂填充封孔

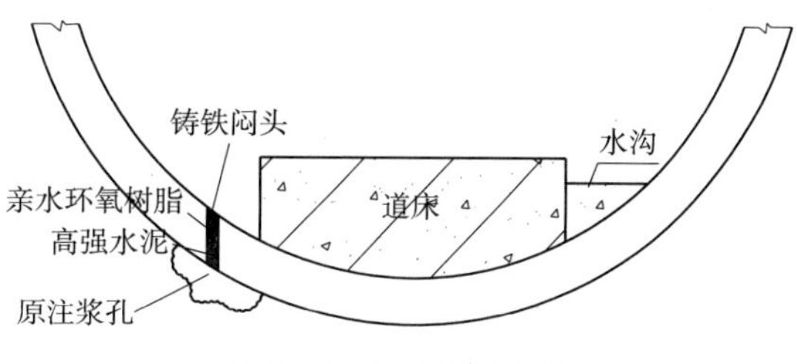

图 5-11 铸铁闷头封孔

②针对道床中间的注浆孔封孔，采取以下封孔措施：

a. 打开注浆球阀，查看注浆孔是否漏水。如果漏水，先在隧道底部进行聚氨酯壁后注浆，如图 5-12 所示，为了保证封孔时注浆孔不漏水，原注浆孔壁后注浆完成后，需留有 10～15 d 的观察时间，确保堵漏浆液发泡。

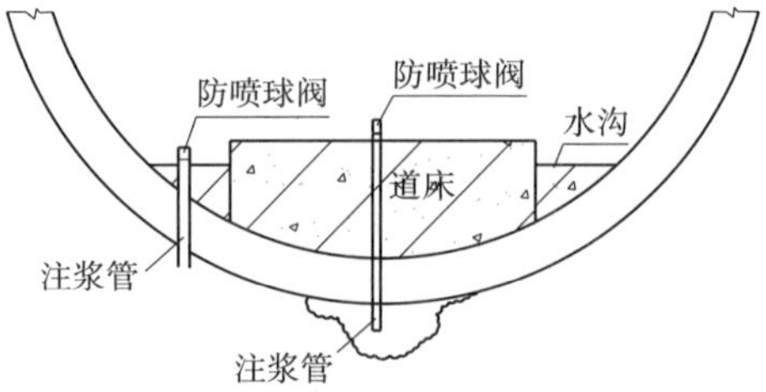

图 5-12　壁后注浆(二)

b. 在确定注浆孔不漏水的情况下，切除注浆管并清理干净管径。

c. 底部用高强水泥封孔，待水泥凝固后，上部灌入亲水性环氧树脂封堵，如图 5-13 所示。

d. 拆除上部注浆球阀，截断多余注浆管，如图 5-14 所示。

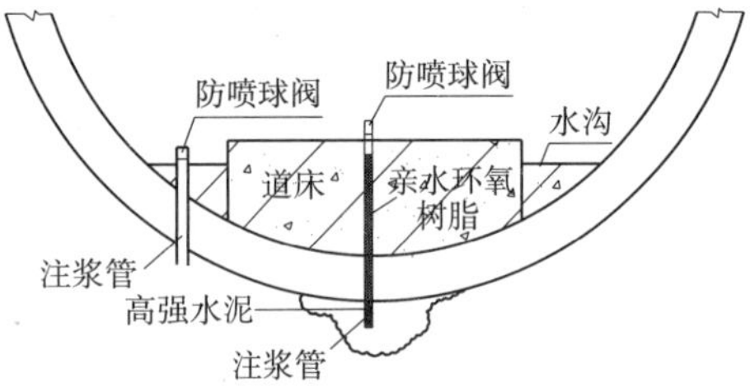

图 5-13　底部高强水泥、顶部环氧树脂封孔

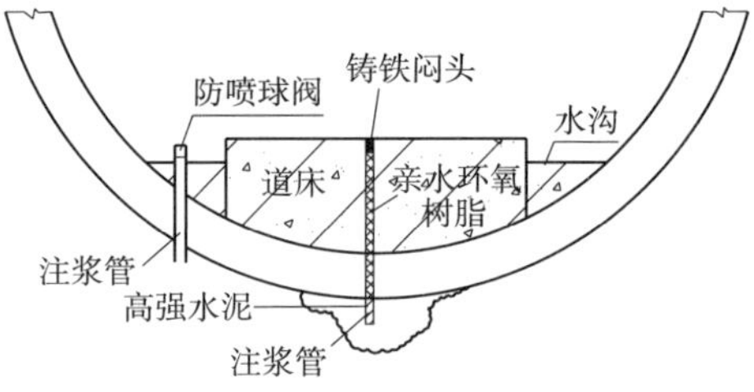

图 5-14　截断多出的注浆管，铸铁闷头封孔

8. 转辙基坑渗水处理

由于转辙基坑与排水沟相邻，排水沟为二次浇筑，容易产生施工裂缝，长时间在列车运作振动以及排水沟水浸作用下，排水沟中的水通过基坑结构底板裂缝及施工缝渗入基坑当中形成积水。长期大量积水，则会影响转辙机的正常使用。

施工使用的材料及设备见表 5-5。

**表 5-5　材料及设备**

| 名　　称 | 数　　量 |
|---|---|
| EPX-Ⅰ型亲水性刚性环氧 | 3 桶(根据现场情况) |
| 防水水泥 | 20 kg(根据现场情况) |
| 注浆针头 | 1 包 |
| 电动注浆泵 | 2 台 |
| 配电箱 | 1 个 |
| 多功能电锤钻(喜得利 TE50) | 1 把 |
| 照明灯 | 1 台 |

(1)转辙基坑清理：对基坑底部积水、破碎混凝土及钙化物进行清理，以便发现渗漏点。

(2)底部注浆：根据渗漏情况，采用环氧浆液进行底部注浆。

①钻孔。转辙基坑注浆根据基坑大小确定排数，一般为 3 排。在转辙基坑内注浆布排 3 排(排距 500 mm)，孔径 14 mm，孔距 200～300 mm。

②清孔、埋管。清除孔内杂质后，植入注浆针头，采用早强水泥封孔埋管。

③注浆。待早强水泥凝固后，按孔序进行化学注浆，注浆压力 0.3～0.5 MPa，达到最大注浆压力后稳压 5 min，结束注浆。

(3)接缝注浆

①清理基坑与水沟连接处，露出混凝土基面，钻斜孔埋管，孔径 16 mm，孔距 150～200 mm，孔深 100～150 mm。

②封缝。使用早强水泥将基坑与排水沟裂缝封闭。

③采用环氧树脂进行注浆，注浆压力 0.3～0.5 MPa，达到最大注浆压力后稳压 5 min，结束注浆。

④对所有注浆孔进行二次以上注浆，确保堵漏效果。

(4)防水处理：注浆完成后，转辙基坑渗漏点得到治理、干燥的情况下，采取在基坑内壁涂刷一层防水水泥或亲水性刚性环氧浆液的方法，对基坑进行一层刚性环氧防水保护。

9. 区间整体道床破损水沟的修复

道床两侧排水沟受水和列车运行振动的影响，水沟混凝土受挤压破碎，地下排水流入该部位水沟无回水，全部渗入沟底或道床的底部，水沟严重破碎的部位，混凝土骨料可用手掏出，混凝土已失去水泥、砂浆等胶结物。

(1)对破损部位进行清凿，根据缺陷状况布置注浆孔，孔距 300～350 mm，孔径 8～10 mm，缺陷部位遇水大进，应采用速凝水泥封堵后进行混凝土修复，要求表面平整。

(2)采用水泥—高渗透改性环氧材料进行注浆，以解决混凝土未完全凝固列车振动造成的破坏。

(3)施灌压力视填充的致密度确定，原则上控制在 0.5 MPa，要求重复注浆。

(4)破损水沟的修复要注意水沟面的找坡，确保排水顺畅。

10. 未破损水沟的封闭

(1)沿水沟外侧与隧道壁结合位和水沟与道床结合位钻孔，孔径 10 mm，孔深 150 mm，孔距 350～400 mm。

(2)沿接缝位开槽，槽宽 20～30 mm，槽深 20～30 mm。

(3)清孔、清槽。无水部位采用改性环氧树脂＋水泥调成胶泥对孔、槽面进行封闭，有水部位采用早强水泥封闭，要求压贴紧密。

(4)化学注浆如不起压时，应用水泥注浆进行填充注浆，水泥注浆压力不大于 0.2 MPa，起压后化学注浆压力 0.5 MPa，持续时间不少于 5 min。

11. 道床轨枕开裂整治

(1)从道床与轨枕裂缝处打斜孔，孔与裂缝边缘的距离为 10 cm，斜度与混凝土面约呈 60°角。

(2)在已打好孔的位置埋入注浆管。

(3)注浆时要进行屏浆，使裂缝充满浆液。待注浆材料固化后，将注浆管清除，用双快水泥封孔。

12. 轨枕破损整治

(1)对局部破损轨枕且破损范围不大的，凿毛破损部位，清理凿毛位置，再采用环氧树脂砂浆进行修补。

(2)对轨枕破损较大的或者轨枕开裂的，建议更换新的轨枕。

### 5.4.5 道床脱空整治

1. 圆形隧道道床脱空整治

(1)材料配备

材料配备见表5-6。

**表5-6 材料配备**

| 材料名称 | 用　途 |
| --- | --- |
| 亲水性刚性环氧树脂 | 道床脱空整治、裂缝修补 |
| 聚氨酯 | 堵漏注浆 |
| JS防水水泥 | 裂缝修补 |
| 环氧砂浆 | 道床脱空 |
| 植筋胶 | 管片破损修补 |
| 双快水泥 | 道床脱空、堵漏注浆 |

(2)设备配备

设备配备见表5-7。

**表5-7 设备配备**

| 设备名称 | 数　量 |
| --- | --- |
| 电动注浆泵 | 2 |
| 电动砂轮机 | 2 |
| 配电箱 | 1 |
| 多功能电锤钻(喜得利TE50) | 2 |
| 照明灯 | 1 |
| 切割机 | 1 |

(3)施工工艺

①现场观察:确定管片脱空区域及注浆位置。

②去泥:道床环氧砂浆填充前要先用水冲走排水沟夹缝中的泥土及碎石。

③封缝:密封排水沟与道床脱开缝隙,以便于注浆。

④开孔:结合道床的结构图,在道床轨道内侧对称开设注浆孔,同时为提高施工效率,减少开孔数量,降低对道床的损坏,采取2-1-2进行布孔。垂直开小孔,孔径约为14 mm,开孔至管片表面,道床开孔深度40 cm,排水沟深度不超过10 cm(具体开孔深度要现场测量情况而定并且孔位要尽量避开道床钢筋)。

⑤清孔、埋管:在已打好孔的位置埋入注浆管。

⑥注浆:按照注浆参数进行注浆。注浆时要进行屏浆,使底部充满浆液。因整治区域管片沉降,为保证加固效果,注浆顺序宜为先中间后两边。

⑦封孔:待注浆材料固化后,将注浆管清除,用水泥砂浆封孔。

⑧排水沟恢复:使用高强快速水泥将破损排水沟进行恢复,确保排水沟排水正常。

(4)施工技术参数

①注浆压力:以低压、慢速为好,不超过起始压力+0.15 MPa,注浆最大压力 0.5 MPa。

②注浆孔排间距为 1.2 m。

③注浆量:每孔注浆量由现场确定。

④注浆材料:亲水刚性环氧注浆材料。灌浆环氧材料具有黏度低、亲水能力强、渗透性能优异、固结体力学性能优良、耐老化、无毒等特性,其力学性能指标见表 5-8。

**表 5-8 环氧浆材的力学性能指标**

| 项目 | 抗压强度(MPa) | 弹性模量(MPa) | 抗剪强度(MPa) | 抗拉强度(MPa) | 劈裂抗拉强度(MPa) | 抗冲击强度(MPa) |
|---|---|---|---|---|---|---|
| 指标 | 36.2～85.7 | 300～2 154 | 10.0～32.7 | 9.9～17.3 | 5.7～23.9 | 4.1～4.2 |

⑤孔位布置:精确尺寸根据现场道床实际尺寸而定,如图 5-15、图 5-16 所示。

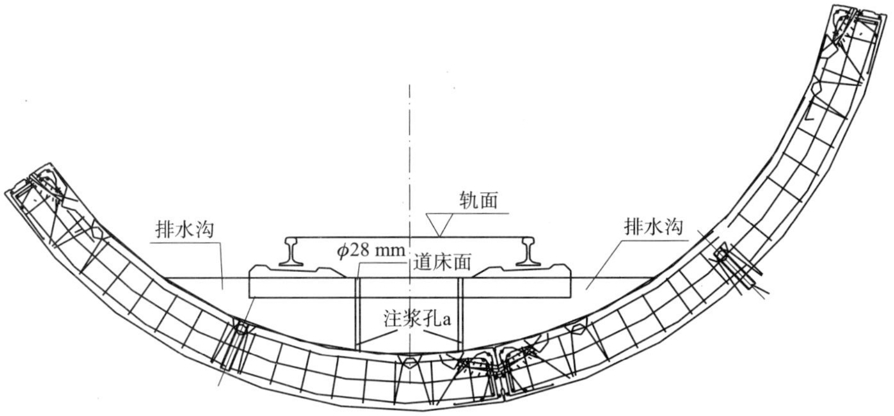


图 5-15 道床开孔剖面图(一)

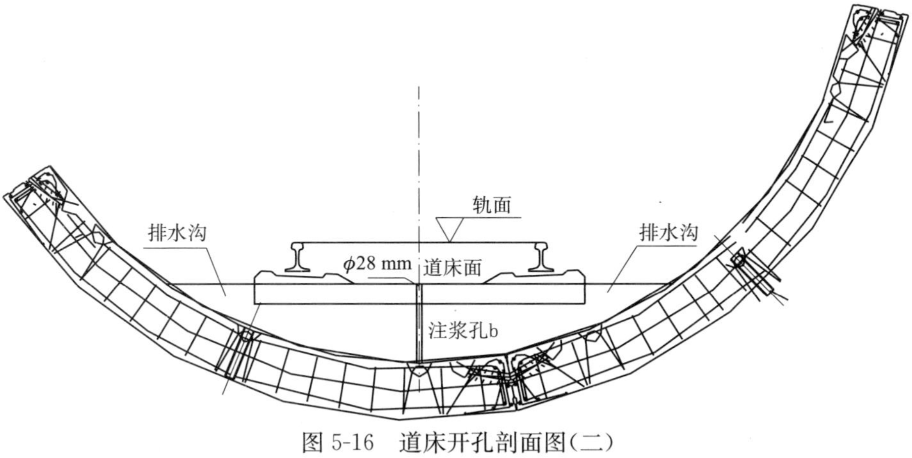


图 5-16 道床开孔剖面图(二)

如图 5-17 所示,注浆孔 a 为每环 2 孔,注浆孔 b 为每环 1 孔,注浆深度需现场量测放样确定。

(5)施工监测

为确保次日地铁正常运行,施工过程中需确保道床差异沉降、接触网供电、轨道几何变形

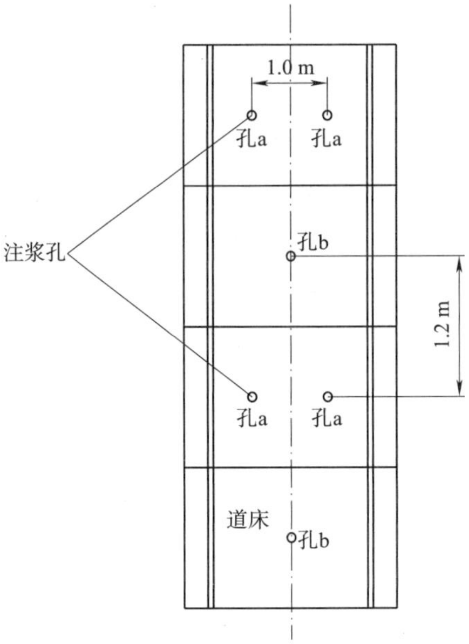


图 5-17　道床环氧注浆平面示意图

数据在安全允许范围之内。因此，在施工过程中应协同业主相关部门分别对道床沉降、轨道几何数据及接触网导高进行相关数据测量。

①对道床进行差异沉降测量

a. 单次注浆过程中需保证道床抬升量小于 2 mm，一旦超标，停止道床加固注浆。

b. 监测区域为施工区域两端各延 10 m，施工区域内每 2 m 设置一个监测断面，延伸区域每 4 m 设置一个监测断面。

c. 整治之前，需对施工区域内道床进行初始测量，施工过程中，考虑浆液凝固时间及浆液注浆压力，可定期对施工区域内道床进行监测。

②轨道几何尺寸和接触网导高测量

整治过程中，由施工方配合业主相关部门对施工范围内的接触网导高及轨道几何尺寸进行测量，确保各项监测数据在安全范围之内。

2. 矩形隧道道床脱空整治

(1)材料配备

材料配备见表 5-6。

(2)设备配备

设备配备见表 5-7。

(3)道床泥砂清理

在列车长期纵向荷载及横向荷载作用下，道床底部长期脱空、积水，并且在列车振动作用影响下，水加速道床的磨耗损害，碎裂的混凝土不断地从排水沟接缝处挤出来。注浆之前，先将道床表面的泥砂清理干净，以便于发现漏泥位置，着重进行施工整治。

(4)道床排水沟恢复

①环氧砂浆的特点

a. 环氧砂浆采用了新型的环氧树脂增韧体系，并结合水工修补的工况特点，通过分子结构设计,使材料具有高强高韧、耐冲磨等特点,大大提高了砂浆材料应用的环境适应能力。

b. 环氧砂浆施工性能优异,可以在立面及洞内潮湿环境下施工。适合于排沙洞、泄洪洞、溢流面等混凝土抗冲磨、抗气蚀与抗冻融保护,以及混凝土建筑物缺陷的补强与加固处理。

②注浆顺序

自低点向高点注浆。

③施工要点

a. 基面处理:对混凝土基础表面进行处理,清除基面,使表面外露新鲜骨料。

b. 表面清理:用高压水清理表面泥砂及淤泥。

c. 灌浆:沿脱空裂缝较大处,人工倾倒。倾倒过程中,宜少量、多点、多次倾倒,以确保更多的环氧砂浆灌入脱空位置,增强加固效果。

(5)道床整体加固环氧注浆施工

①钻孔。在道床两轨道间共布置注浆孔 3 排(排距 500 mm),分Ⅰ、Ⅱ序注浆排,孔径 12 mm,孔距 600 mm,孔深入回填层约 50 mm。孔位剖面如图 5-18 所示,平面分布如图 5-19 所示。

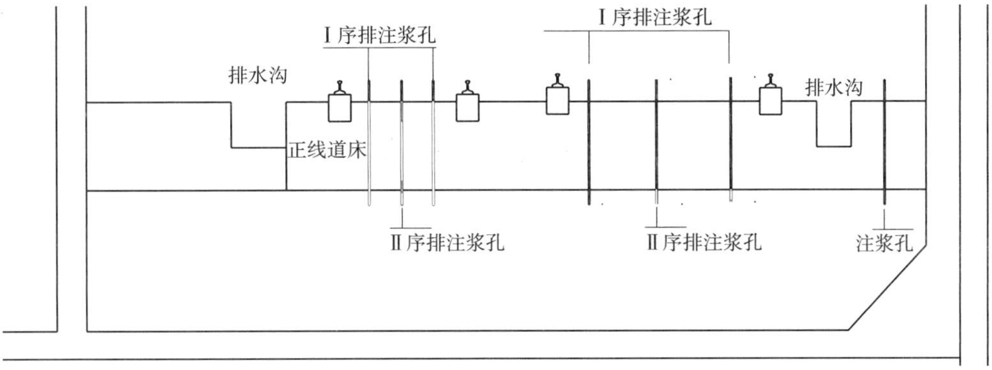


图 5-18 道床注浆孔分布剖面图

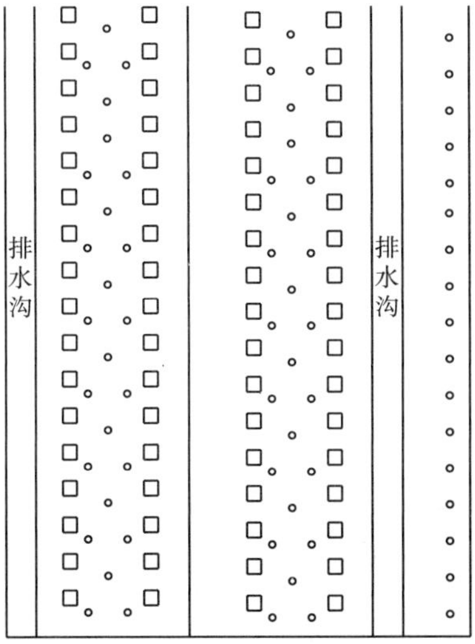


图 5-19 道床注浆孔平面分布图

②清孔、埋管。清除孔内杂质后，打入注浆针头，采用早强水泥封孔埋管。

③注浆。待早强水泥凝固后，按孔序进行化学注浆，先Ⅰ序排注浆后Ⅱ序排注浆，注浆压力0.3～0.5 MPa，达到最大注浆压力后稳压5 min结束注浆。

④二次注浆。对所有注浆孔进行二次或多次重复注浆，以使浆液最大限度地进行充填固结，对磨耗空间进行黏结。

(6)侧墙"L"角及道床排水沟接缝注浆

针对侧墙"L"角位及排水沟与道床接缝处存有裂缝并漏水、漏泥砂的地方，采取钻斜孔注环氧浆液的方式，如图5-20所示，治理该部分区域的道床脱空，主要施工步骤如下：

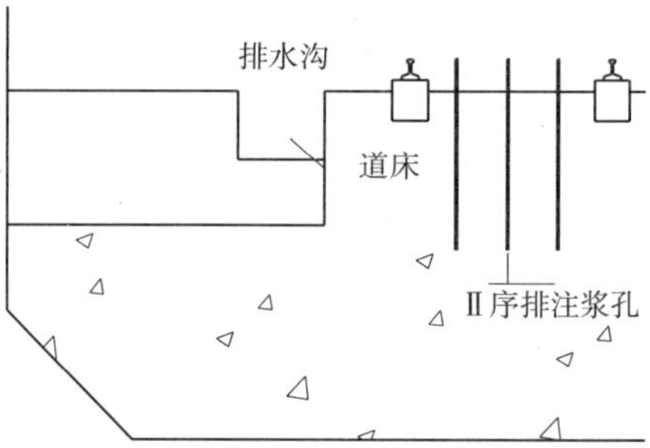

图5-20　侧墙"L"角接缝处注浆示意图

①在距侧墙"L"角位及道床排水沟接缝50～100 mm处钻一排注浆斜孔，孔径16 mm，孔距350～400 mm，孔深150 mm。

②清除孔内杂质后，采用早强水泥封孔埋管。

③对侧墙"L"角位接缝处使用早强水泥封缝。

④待早强水泥凝固后，按孔序进行化学注浆，注浆压力0.3～0.5 MPa，达到最大注浆压力后，稳压5 min结束注浆。

⑤对所有注浆孔进行二次或多次重复注浆，以使浆液最大限度地对下部脱空区域进行填充固结。

(7)道床短枕轨冒泥砂

①清理道床与短轨枕存在裂缝、冒泥砂部位，钻斜孔埋管，孔径约16 mm，孔距350～400 mm，孔深150 mm。

②封缝：使用早强水泥将道床与排水沟裂缝封闭。

③待早强水泥凝固后，按孔序进行化学注浆，注浆压力0.3～0.5 MPa，达到最大注浆压力后，稳压5 min结束注浆。

④对所有注浆孔进行二次或多次重复注浆，以使浆液最大限度地对下部脱空区域进行填充固结。

(8)排水沟面恢复

由于道床脱空后列车运作振动，部分排水沟出现较大的洞坑，影响排水沟的使用，待所有部位都加固完成后，使用高强快速水泥对破损排水沟进行恢复，确保排水沟排水正常，将排水沟面恢复平整。

### 5.4.6　疏散平台维修

1. 螺栓打孔安装

(1)疏散平台紧固螺栓采用适用于裂缝混凝土的注射式化学锚栓。

(2)根据已划出的疏散平台梁位置，打孔时采用深度尺控制孔洞深度，垂直于安装壁打孔并保证打孔位置精准。锚孔深度允许偏差+10 mm，垂直度允许偏差5°。

(3)打孔完成后用钢丝刷、气筒清除孔内浮尘，按化学锚栓的固定工艺安装螺栓，根据安装时的温度，严格等待与温度有关的时间。

(4)待锚固黏贴剂充分凝固,锚栓强度达到设计强度值后,方可进行疏散平台钢梁的安装。

2. 钢梁、平台、步梯安装

(1)疏散平台、钢梁、支架运输。

(2)钢梁支架安装。在结构变化处、断头处以及管片接缝处安装平台支架,不得安装在结构拼缝、变形缝处以及距管片边缘 5 cm 以上距离处,避免开孔、洞,并满足锚栓安装要求的最小间距。将钢梁与预埋件焊接,焊缝饱满无裂缝。

(3)步梯安装。将步梯与钢梁焊接,焊缝饱满无裂缝。

(4)钢梁检查、调整。钢梁与步梯安装完成后,需测量钢梁边与步梯板外边距线路中心线的距离,偏差值允许在±10 mm 之间。

(5)安装疏散平台面板。将疏散平台面板置于钢梁上,检查疏散平台平整度与稳定性。

# 6 工程案例

## 6.1 停车场柱基控沉加固工程

### 6.1.1 工程概况

1. 工程简述

某地铁停车场运用库于 2012 年 11 月投入使用至今，发现部分柱基础沉降较大，甚至部分柱明显倾斜超标导致外墙开裂，已严重影响主体结构安全，亟需实施适度与必要的处理，控制后续沉降，保证运用库安全与长期正常运行。为确保加固施工顺利实施，特编制“专项施工方案”，以切实指导现场施工。目前，场地现状如图 6-1～图 6-4 所示。

图 6-1 南侧室外现状图片

图 6-2 南侧室内现状图片

图 6-3 北侧室外现状图片

图 6-4 北侧室内现状图片

2. 既有建筑与结构概况

停车场运用库结构形式为单层钢筋混凝土框(排)架柱＋钢球形焊接网架结构。平面轴网尺寸 282.6 m×117.4 m，总建筑面积 24 746 $m^2$，网架南北向 3 跨，主跨度为 36 m+33.6 m+21.6 m，东西向柱距 12 m，每隔 24 m 设柱间支撑。运用库大体分为五库一线，即月检库、停车列检库、调机工程车库、旋轮库、洗车库以及出入场线，其中停车列检库设计股道 14 条，即 T1～T14，月检库设计股道 3 条，即 T15～T17，调机工程车库设计股道 2 条，旋轮库、洗车库分别设计股道 1 条；出入场线按双线双向设计。

单层柱顶标高 7.20 m，女儿墙标高 9.30 m，大屋面脊高 10.650 m，天窗顶标高 13.280 m，室内外高差 0.3 m，±0.000 相当于黄海高程 7.19 m。

本工程建筑结构安全等级为二级，设计使用年限为 50 年，建筑物抗震类别为丙类，抗震设防烈度为 6 度，建筑物场地类别为Ⅲ类，框(排)架结构抗震等级为四级。

3. 运用库柱下基础概况

运用库柱基设计采用 426 mm 沉管灌注桩+独立承台，桩身为 C30 抗渗混凝土(P6 级)，配筋 8D16，A8@200 螺旋箍，D20@2000 加强箍。设计以⑨含砾粉质黏土层、$⑯_1$ 全风化凝灰质砂岩、$⑯_2$ 强风化凝灰质砂岩为持力层，进入持力层不小于 0.5 m，设计桩长 20～38 m，单桩承载力特征值为 500 kN。桩总数为 556 根。桩承台厚 1 200 mm，承台顶标高为−1.500 m，底标高为−2.700 m。

4. 停车库柱基沉降倾斜变形状况

停车库柱基产生了较大的不均匀沉降，导致车库外墙出现不同程度的斜裂缝，继而发生渗水、墙皮脱落、柱倾斜、柱间支撑节点板拉裂等问题，墙体中沉降裂缝宽度为 3～8 mm，并且墙体裂缝一直处于发展之中。

由于部分柱子发生倾斜，根据专家审查意见，现对㉕×Ⓓ轴、㉒×Ⓕ轴、㉓×Ⓕ轴、㉔×Ⓕ轴、㉕×Ⓕ轴 5 根柱子进行加固纠偏处理，列检停车库东侧(5 个开间)部分柱子倾斜监测状况见表 6-1。

此外，柱子倾斜可能影响网架结构的正常工作，目前网架中已发现个别杆件明显弯曲变形、球节点脱焊以及支座偏移等问题。

**表 6-1　柱倾斜检测结果**

| 点　号 | 2017 年 1 月 9 日 | 2017 年 2 月 11 日 | 2017 年 3 月 12 日 | 倾斜增量(‰) | |
|---|---|---|---|---|---|
| | 初始倾斜率(‰) | 上次倾斜率(‰) | 本次倾斜率(‰) | 本次变量 | 累计变量 |
| 南 4 | 10.4 | 9.9 | 10.2 | 0.4 | −0.2 |
| 南 5 | 4.5 | 4.6 | 4.2 | −0.3 | −0.3 |
| 南 6 | 9.8 | 10.0 | 9.5 | −0.5 | −0.3 |
| 南 1 | 1.0 | 1.4 | 1.0 | −0.4 | 0.0 |
| 南 2 | 26.8 | 26.1 | 26.4 | 0.3 | −0.4 |
| 南 3 | 10.5 | 11.1 | 11.1 | 0.0 | 0.6 |
| 东 5 | 2.5 | 2.5 | 2.6 | 0.1 | 0.1 |
| 东 6 | 7.6 | 7.8 | 7.4 | −0.5 | −0.2 |
| 东 7 | 11.3 | 11.2 | 11.0 | −0.1 | −0.3 |
| 东 8 | 13.9 | 13.5 | 13.5 | 0.0 | −0.4 |
| 中 1 | 8.0 | 8.1 | 7.6 | −0.5 | −0.4 |

续上表

| 点　号 | 2017年1月9日 | 2017年2月11日 | 2017年3月12日 | 倾斜增量(‰) | |
|---|---|---|---|---|---|
| | 初始倾斜率(‰) | 上次倾斜率(‰) | 本次倾斜率(‰) | 本次变量 | 累计变量 |
| 中2 | 2.5 | 2.2 | 2.6 | 0.4 | 0.1 |
| 中3 | 3.9 | 3.6 | 3.7 | 0.1 | −0.2 |
| 中4 | 7.8 | 7.8 | 8.1 | 0.3 | 0.3 |
| 中5 | 12.0 | 11.4 | 11.3 | −0.1 | −0.7 |
| 中6 | 4.6 | 4.6 | 4.9 | 0.3 | 0.3 |
| 东1 | 8.9 | 9.6 | 9.3 | −0.3 | 0.4 |
| 东2 | 6.9 | 6.8 | 7.3 | 0.5 | 0.4 |
| 东3 | 7.9 | 7.6 | 7.8 | 0.2 | −0.1 |
| 东4 | 7.7 | 7.3 | 7.3 | 0.0 | −0.4 |
| 北1 | 10.4 | 10.0 | 10.7 | 0.7 | 0.3 |
| 北2 | 1.4 | 1.1 | 1.5 | 0.3 | 0.1 |
| 北3 | −11.4 | −11.7 | −11.6 | 0.1 | −0.2 |
| 北4 | 1.1 | 0.9 | 0.5 | −0.4 | −0.6 |
| 北5 | 9.3 | 9.4 | 8.9 | −0.5 | −0.4 |
| 北6 | 1.2 | 1.4 | 1.0 | −0.4 | −0.2 |

注：倾斜率、倾斜增量数据为“＋”表示往监测方向倾斜；为“－”表示往监测方向反方向倾斜。

5. 基础控沉、纠倾设计方案概况

(1)基础控沉加固

采用锚杆静压钢管桩进行基础控沉托换，使补入桩与既有桩共同承担上部荷载。桩径$\phi$325×10，材质Q345b，单桩承载力特征值$R_a$为320 kN，桩长以设计出具的施工图为准，以⑯$_2$强风化凝灰质砂岩作为桩端持力层(具体以试桩结果为准)，终压1 100 kN，共计20根。本次处理5座柱基，分别为㉕×Ⓓ轴、㉒×Ⓕ轴、㉓×Ⓕ轴、㉔×Ⓕ轴、㉕×Ⓕ轴，如图6-5所示。

接桩要求：桩段与桩段的连接采用内衬环坡口焊接，焊缝质量等级为二级，焊接工艺为半自动二氧化碳气体保护对接熔透焊。

压桩终止标准：采取双控制标准，既要控制压桩深度，又要控制最终压桩力。施工中若压桩深度已达到设计要求，而终压力未达到，则继续沉入直至终压力满足要求为止。

封桩要求：采用加载封桩，加载值不小于1.0$R_a$，压桩结束要求做到及时封桩。

(2)柱纠偏

采用基础单侧同步提升法纠倾，具体应以补入桩为支点采用2台200 t带自锁液压千斤顶进行单侧同步顶升，实施柱及承台的整体纠倾。

6. 工程地质、水文条件

(1)根据浙江省地矿勘察院所提供的《某停车场详勘阶段岩土工程勘察报告》，原建设场地较为平坦，北半部分为菜地、苗圃，地势低，地面高程为5.0～5.1 m，南半部场地曾建一些小工厂、学校等，地势略高，地面高程为5.3～6.1 m，总体上场地为中等复杂，属于对抗震不利的软弱场地(Ⅲ)。另外，填土厚度为1.5～2.0 m，尚涉及大面积场地填土带来的工程问题。场地内地基土可分为8个工程地质层，15个亚层，各土层的性状见表6-2。

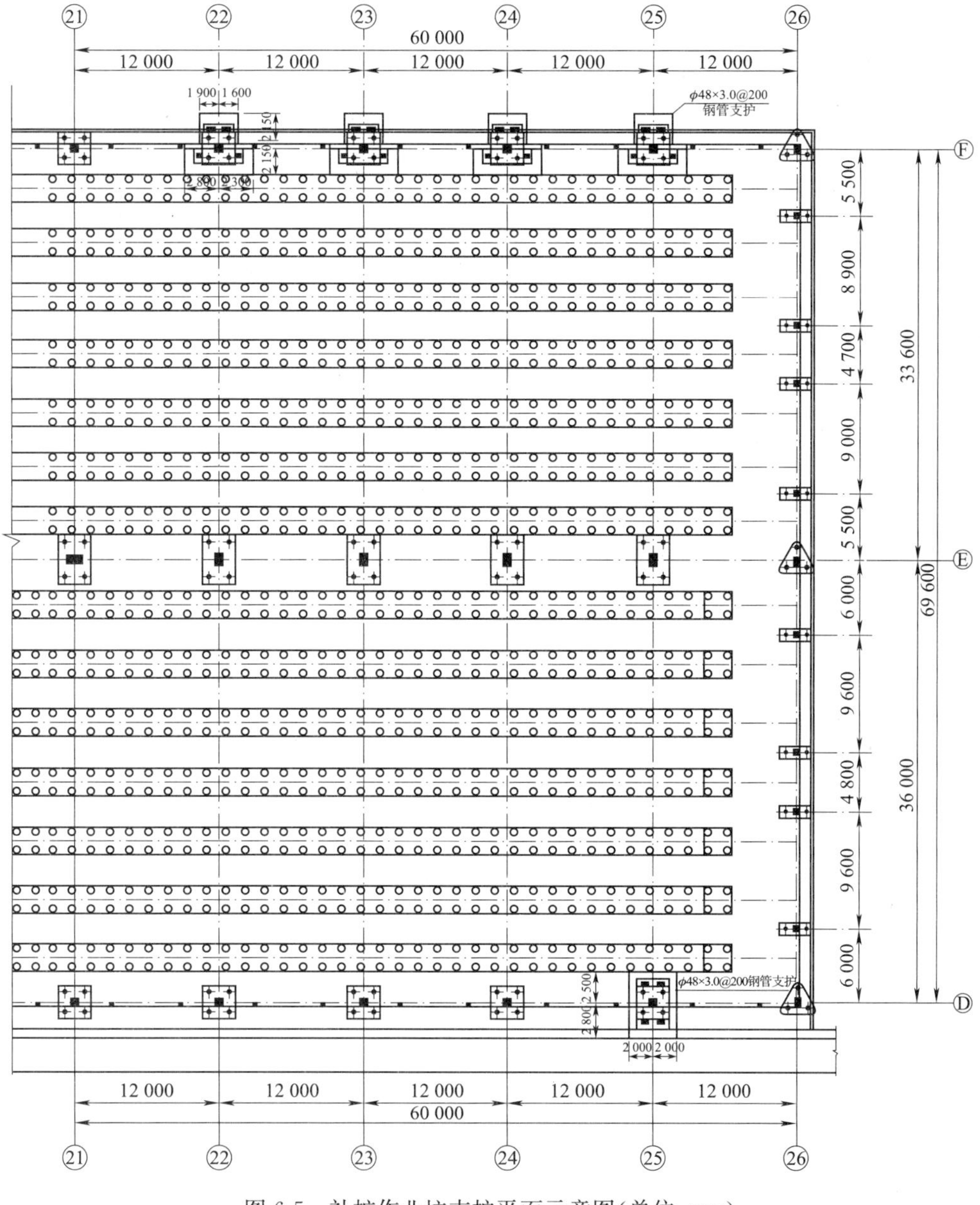


图 6-5　补桩作业坑支护平面示意图(单位:mm)

**表 6-2　各土层的性状**

| 层号 | 岩土层名称 | 层厚(m) | 土层状态 | 压缩模量 $E_s$(MPa) | 预制桩 | |
|---|---|---|---|---|---|---|
| | | | | | $q_{sa}$(kPa) | $q_{pa}$(kPa) |
| ①1 | 杂填土 | 0.40～3.50 | 松散 | — | — | — |
| ①2 | 素填土 | 0.20～2.60 | 松散 | — | — | — |
| ①3 | 淤填土 | 5.80～10.30 | 流塑 | — | — | — |
| ②1 | 粉质黏土 | 2.88～5.74 | 稍密 | 4.3 | 10 | — |

续上表

| 层号 | 岩土层名称 | 层厚(m) | 土层状态 | 压缩模量 $E_s$(MPa) | 预制桩 | |
|---|---|---|---|---|---|---|
| | | | | | $q_{sa}$(kPa) | $q_{pa}$(kPa) |
| ②2 | 粉质黏土 | 0.80～10.79 | 稍密 | 9.16 | 11 | — |
| ④2 | 淤泥质黏土 | 0.95～17.60 | 流塑 | 2.39 | 8 | — |
| ④3 | 淤泥质黏土 | 1.00～18.93 | 流塑 | 2.18 | 8 | — |
| ⑥2 | 淤泥质粉质黏土 | 0.94～11.37 | 流塑 | 2.71 | 9 | — |
| ⑧2 | 粉质黏土夹中砂 | 0.80～7.30 | 硬塑 | — | 13 | — |
| ⑧3 | 中砂 | 0.80～3.50 | 中密～密实 | — | 22 | — |
| ⑨2 | 含砾粉质黏土 | 0～5.60 | 硬可塑 | — | 20 | 1 300 |
| ⑩ | 粉质黏土 | 0.70～1.30 | 软塑 | — | 12 | — |
| ⑯1 | 全风化凝灰质砂岩 | 0～7.40 | — | — | 22 | 1 300 |
| ⑯2 | 强风化凝灰质砂岩 | 0～9.80 | — | — | 40 | 2 000 |
| ⑯3 | 中等风化凝灰质砂岩 | 9.58 以上 | — | — | — | — |

(2)地基土物理力学指标设计参数见表 6-3。

**表 6-3 地基土物理力学指标设计参数**

| 层号 | 岩土层名称 | 黏聚力 $c_q$ (kPa) | 内摩擦角 $\varphi_q$(°) | 压缩系数 $a_{0.1\sim0.2}$ ($MPa^{-1}$) | 重度 $\gamma$ ($kN/m^3$) | 地基承载力特征值 $f_{ak}$ (kPa) |
|---|---|---|---|---|---|---|
| ①2 | 素填土 | | | | | |
| ①3 | 淤填土 | 18.7 | 12.9 | | 18.3 | |
| ②1 | 粉质黏土 | 14.3 | 17.5 | 0.45 | 19.0 | 90 |
| ②2 | 粉质黏土 | 6.7 | 26.1 | 0.228 | 18.9 | 100 |
| ④2 | 淤泥质黏土 | 8.1 | 7.7 | 1.095 | 17.2 | 60 |
| ④3 | 淤泥质黏土 | 7.7 | 6.0 | 1.161 | 16.9 | 60 |
| ⑥2 | 淤泥质粉质黏土 | 9.0 | 8.4 | 0.877 | 16.7 | 70 |
| ⑧2 | 粉质黏土夹中砂 | | | | | 90 |
| ⑧3 | 中砂 | | | | | 200 |
| ⑨2 | 含砾粉质黏土 | 28 | 19.8 | | 19 | 180 |
| ⑩ | 粉质黏土 | | | | | — |
| ⑯1 | 全风化凝灰质砂岩 | | | | | 250 |
| ⑯2 | 强风化凝灰质砂岩 | | | | | 400 |
| ⑯3 | 中等风化凝灰质砂岩 | | | | | 600 |

(3)地层浅部主要为赋存于杂填土层中的潜水,水位取决于大气降水。

7. 场地下管线排查情况

(1)加固部位 F 轴库外:距墙边 500 mm 处有一道给水管道,距墙边 2 500 mm 处有一道排水盲沟;库内:距承台边 300 mm 处有一道消防管道。

(2)加固部位 D 轴库外:距墙边 500 mm 处有一道消防管道,绿化带下有一道排水明沟;库内：消防管道、电缆套管、插座、钢爬梯等。

(3)现场承台开挖时上报监理及运营公司，加强现场旁站，对既有管线加强保护，待施工完成后予以恢复。

(4)现场既有管线如图 6-6 所示。

图 6-6　现场管线布置

### 6.1.2　工程重难点

1. 工程重点

(1)本工程中新浇承台与既有承台连接节点构造较为复杂且繁琐，施工中应严格确保新旧混凝土之间的凿毛和界面处理，认真做好植筋工作，确保新浇承台与既有结构连接的施工质量。

(2)施工期间实施监测要求高，由于本工程的特殊性，在施工过程中对基础沉降、柱子倾斜和墙体裂缝等内容进行全面、准确、动态的密切监测工作十分关键和重要，确保对监测数据科学合理的分析，能及时捕捉基础处理施工对运用库地基基础的不确定影响，并对基础处理施工程序和方法进行科学、动态的合理优化调整，做到信息化施工。

2. 工程难点

(1)在新增承台施工时，涉及土方开挖作业，由于既有基础埋深较深，在挖土之前应做好作业坑支护工作。因股道基板与作业坑相连，如何保证作业坑开挖时股道基板地基不发生沉陷是本工程的一大难点。

(2)在压桩阶段，基础难免会发生附加沉降，这将对上部网架结构产生一定的次生内力，如何降低附加沉降是本工程的重中之重。为防止突沉，拟采取以下针对措施：

①在施工中应采取合理的压桩施工流程和压桩施工进度，在满足总体施工进度安排的前提下，尽量减少相邻桩基先后施工的不利影响，要求跳打、对称施工，做到及时持荷锁定。

②在排架柱柱顶支座两侧增设临时悬浮支座，若排架柱发生竖向位移，则悬浮支座将通过PLC控制系统主动补偿向上位移，始终确保原支座标高不变，从而保证网架结构的安全。

(3)柱纠偏阶段支承上部网架结构的竖向构件线形轨迹将发生变化，因此在纠偏施工之前必须预先放松网架结构与柱之间的支座约束，一方面保证柱顶自由，另一方面可以避免网架结构产生次生内力。

(4)锚杆静压钢管桩的施工工艺控制：对于锚杆静压桩而言，其垂直度控制以及压桩力和桩长之间的合理控制十分重要，故在施工中严格控制钢管桩压桩垂直度，科学合理地进行压桩力和桩长双控控制，尤其是要保证接桩的焊接质量。

### 6.1.3 主要施工机械、机具

主要施工机械、机具见表6-4。

**表6-4 主要施工机械、机具**

| 机械名称 | 进场数量 | 机械名称 | 进场数量 |
|---|---|---|---|
| 钢筋切割机 | 1台 | PLC液压同步控制系统 | 1套 |
| 钢筋弯曲机 | 1台 | 精密水准仪 | 1台 |
| 插入式振捣棒 | 2台 | 电子经纬仪 | 1台 |
| 取芯机 | 1台 | 机动翻斗车 | 1辆 |
| 冲击沉管设备 | 2套 | 高压注浆机、搅拌机 | 各1台 |
| 混凝土切割机 | 1台 | 污水泵 | 5台 |
| BZ63.5高压油泵 | 2台 | 压桩反力架 | 3副 |
| 半自动气保焊机 | 2台 | 持荷反力架 | 12副 |
| 冲击电锤 | 1把 | 主配电箱 | 1只 |
| 电镐 | 4把 | 二级配电箱 | 2只 |
| Q50、Q200液压千斤顶 | 各3台 | 30 $mm^2$ 电缆线 | 200 m |
| 超薄自锁千斤顶 | 10台 | | |

### 6.1.4 施工流程

1. 总体加固控沉施工顺序

总体加固控沉施工顺序如图6-7所示。

2. 锚杆静压桩施工工艺流程

锚杆静压桩施工工艺流程如图6-8所示。

3. ㉕×Ⓓ柱纠偏施工顺序要求

第一步：监测系统建立、锚杆静压桩施工。

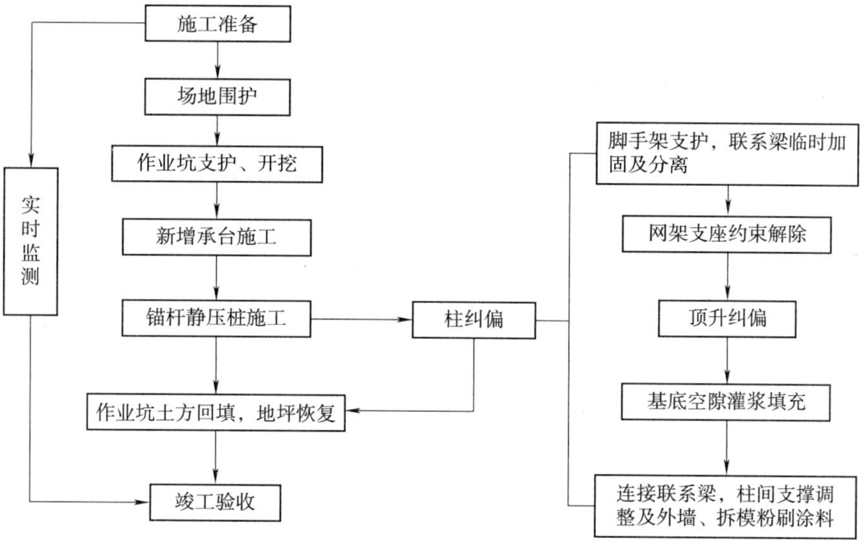


图 6-7　总体加固控沉施工顺序

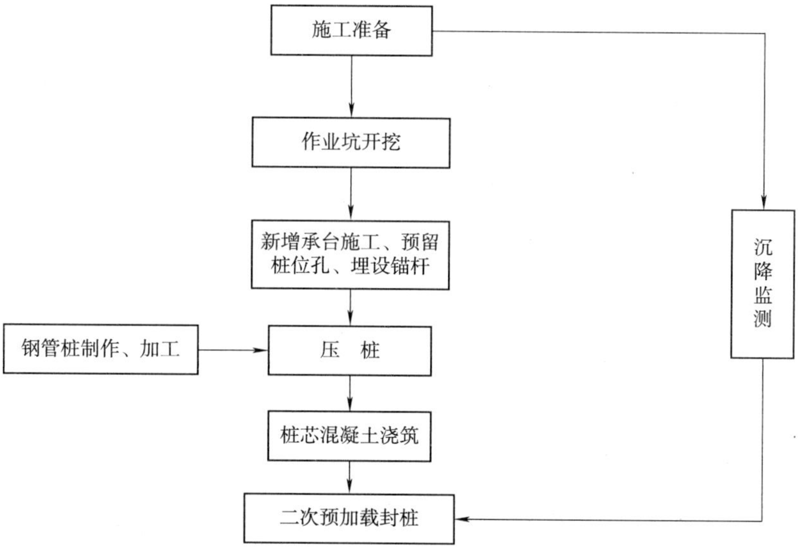


图 6-8　锚杆静压桩施工工艺流程

第二步:脚手架临时加固,凿除联系梁端头混凝土,钢筋保留。

第三步:网架结构支座托换。

第四步:同步提升纠偏,加强监控。

第五步:纠偏结束,基底注浆,上部结构恢复,粉刷与涂料收尾。

### 6.1.5　锚杆静压桩施工方案

1. 土方开挖

进场后根据设计图纸(补桩桩位平面示意图)进行桩位放样,并进行桩位编号。然后开始进行桩位处地坪开凿和基础覆土挖除，采用人工挖土，挖土范围应满足压桩施工工作面需要。本次地坪拆除采用静力切割法施工，挖土之前采用振动法预先打入微型钢管支护，确保作业坑的稳定。钢管规格 $\phi$50×3.5，间距 200 mm 设置一道，长度 6 m。具体支护做法如图 6-9 所示。开挖土方不得现场随意堆放，应按业主要求在现场有序堆放。坑内设置集水井，通过水泵抽水排到下水管道。如果填土层中砂粒含量较高，可采用简易真空井点，围绕基槽布置并平面闭合，并在开挖前抽水 7～10 d，预固结坑边坡土层，形成边坡自立支护和阻隔地下水体系。施工中应视具体的土层条件和地下水赋存状况选择挡土与降排水方案，如采用微型钢管支护结合简易真空井点降排水方案等。

作业坑支护采用理正深基坑 7.0 软件进行计算，因地勘资料未提供填土层的有关参数，本次计算时按经验取值，计算结果仅供参考，具体如下：

(1)支护方案

排桩支护如图 6-9 所示。

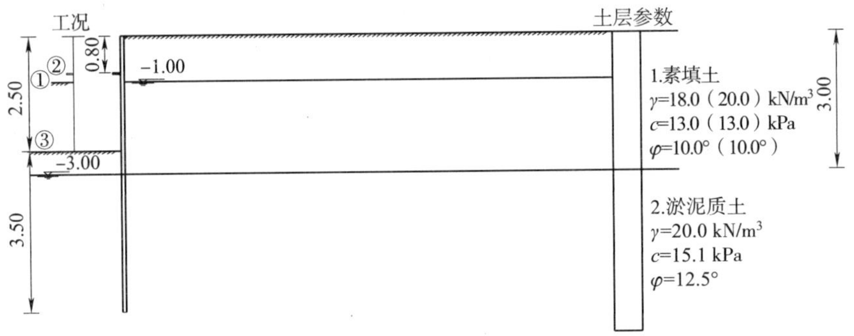


图 6-9　排桩支护(单位:m)

(2)基本信息

基本信息见表 6-5。

**表 6-5　基本信息**

| | |
|---|---|
| 规范与规程 | 《建筑基坑支护技术规程》(JGJ 120—2012) |
| 内力计算方法 | 增量法 |
| 支护结构安全等级 | 三级 |
| 支护结构重要性系数 $\gamma_0$ | 1.00 |
| 基坑深度 $H$(m) | 2.500 |
| 嵌固深度(m) | 3.500 |
| 桩顶标高(m) | 0.000 |
| 桩材料类型 | 型钢 |
| └钢材牌号 | Q235 |
| └截面参数 | 无缝钢管 $\phi$50×3.5 |
| └抗拉、抗压和抗弯 $f$(MPa) | 310 |

续上表

| | |
|---|---|
| └抗剪 $f_v$(MPa) | 180 |
| └截面塑性发展系数 | 1.05 |
| 桩间距(m) | 0.200 |
| 有无冠梁 | 无 |
| 放坡级数 | 0 |
| 超载个数 | 0 |
| 支护结构上的水平集中力 | 0 |

(3)土层信息及土层参数

土层信息见表 6-6。

**表 6-6 土层信息**

| | | | |
|---|---|---|---|
| 土层数 | 3 | 坑内加固土 | 否 |
| 内侧降水最终深度(m) | 3.000 | 外侧水位深度(m) | 1.000 |
| 内侧水位是否随开挖过程变化 | 否 | 内侧水位距开挖面距离(m) | — |
| 基坑外侧土压力计算方法 | 主动 | | |

土层参数见表 6-7、表 6-8。

**表 6-7 土层参数 1**

| 层号 | 土类名称 | 层厚(m) | 重度($kN/m^3$) | 浮重度($kN/m^3$) | 黏聚力(kPa) | 内摩擦角(°) |
|---|---|---|---|---|---|---|
| 1 | 素填土 | 3.00 | 18.0 | 10.0 | 13.00 | 10.00 |
| 2 | 淤泥质土 | 12.00 | 17.2 | 10.0 | — | — |
| 3 | 黏性土 | 18.50 | 19.3 | 9.3 | — | — |

**表 6-8 土层参数 2**

| 层号 | 与锚固体摩擦阻力(kPa) | 黏聚力水下(kPa) | 内摩擦角水下(°) | 水土 | 计算方法 | $m,c,K$ 值 | 抗剪强度(kPa) |
|---|---|---|---|---|---|---|---|
| 1 | 60.0 | 13.00 | 10.00 | 分算 | m 法 | 4.68 | — |
| 2 | 60.0 | 15.10 | 12.50 | 分算 | m 法 | 18.48 | — |
| 3 | 60.0 | 15.10 | 12.50 | 分算 | m 法 | 7.50 | — |

(4)支锚信息

支锚信息见表 6-9～表 6-11。

**表 6-9 支锚信息 1**

| | |
|---|---|
| 支锚道数 | 1 |

**表 6-10　支锚信息 2**

| 支锚道号 | 支锚类型 | 水平间距（m） | 竖向间距（m） | 入射角（°） | 总长（m） | 锚固段长度（m） |
|---|---|---|---|---|---|---|
| 1 | 内撑 | 0.200 | 0.800 | — | — | — |

**表 6-11　支锚信息 3**

| 支锚道号 | 预加力（kN） | 支锚刚度（MN/m） | 锚固体直径（mm） | 工况号 | 锚固力调整系数 | 材料抗力（kN） | 材料抗力调整系数 |
|---|---|---|---|---|---|---|---|
| 1 | 0.00 | 56.00 | — | 2～ | — | 100.00 | 1.00 |

（5）土压力模型及系数调整

弹性法土压力模型如图 6-10 所示，经典法土压力模型如图 6-11 所示。土压力调整系数见表 6-12。

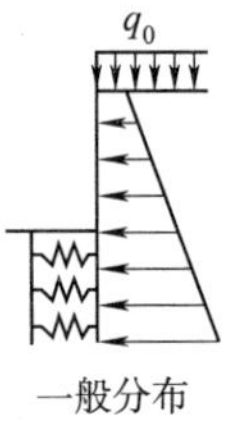


图 6-10　弹性法土压力模型

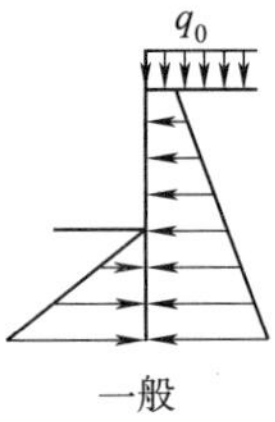


图 6-11　经典法土压力模型

**表 6-12　土压力调整系数**

| 层号 | 土类名称 | 水土 | 水压力调整系数 | 外侧土压力调整系数 1 | 外侧土压力调整系数 2 | 内侧土压力调整系数 | 内侧土压力最大值（kPa） |
|---|---|---|---|---|---|---|---|
| 1 | 素填土 | 分算 | 1.000 | 1.000 | 1.000 | 1.000 | 10 000.000 |
| 2 | 淤泥质土 | 分算 | 1.000 | 1.000 | 1.000 | 1.000 | 10 000.000 |
| 3 | 黏性土 | 分算 | 1.000 | 1.000 | 1.000 | 1.000 | 10 000.000 |

（6）工况信息

工况信息见表 6-13。

**表 6-13　工况信息**

| 工况号 | 工况类型 | 深度（m） | 支锚道号 |
|---|---|---|---|
| 1 | 开挖 | 1.000 | — |
| 2 | 加撑 | — | 1 |
| 3 | 开挖 | 2.500 | — |

（7）结构计算

结构计算结果如图 6-12 所示，地表沉降曲线如图 6-13 所示。

(8)截面计算

截面参数见表 6-14，内力取值见表 6-15。

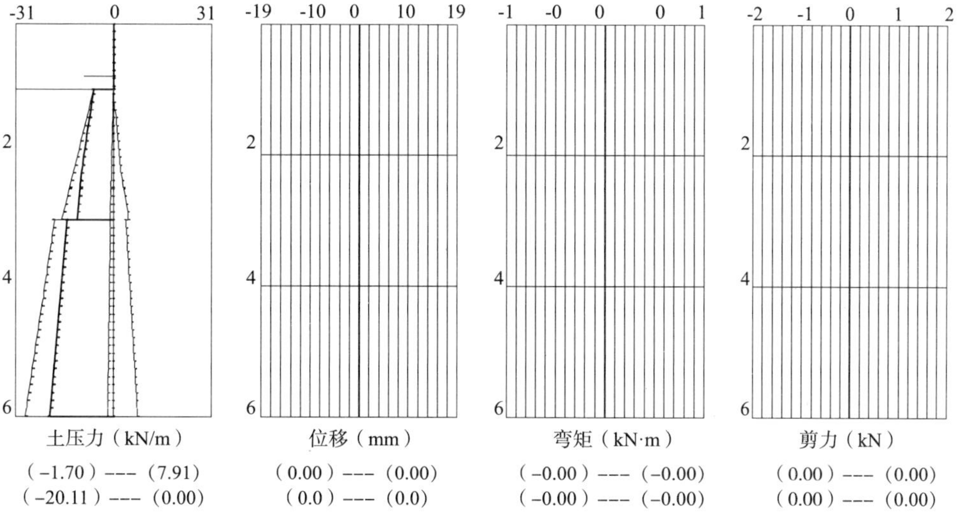


（a）工况1—开挖（1.00 m）

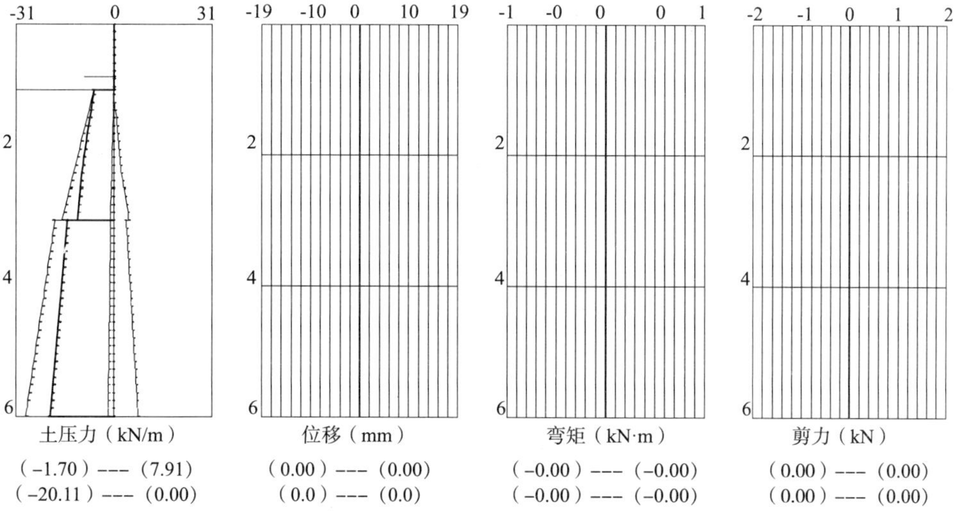


（b）工况2—加撑1（0.80 m）

图 6-12

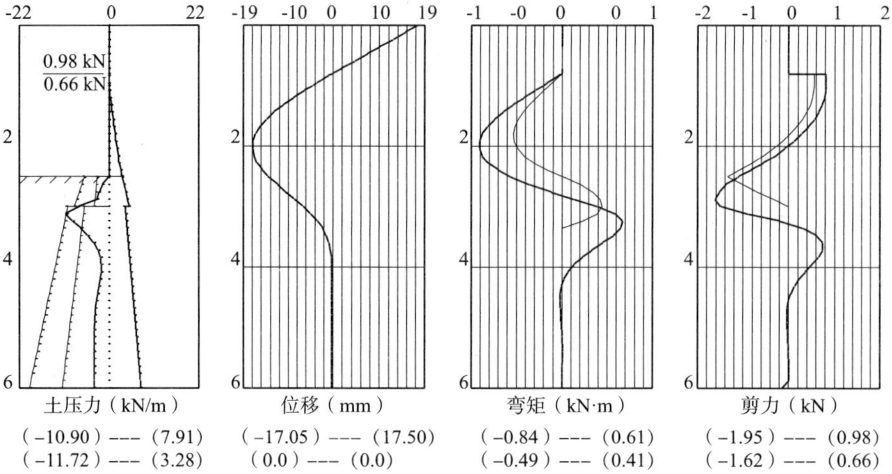


（c）工况3—开挖（2.50 m）

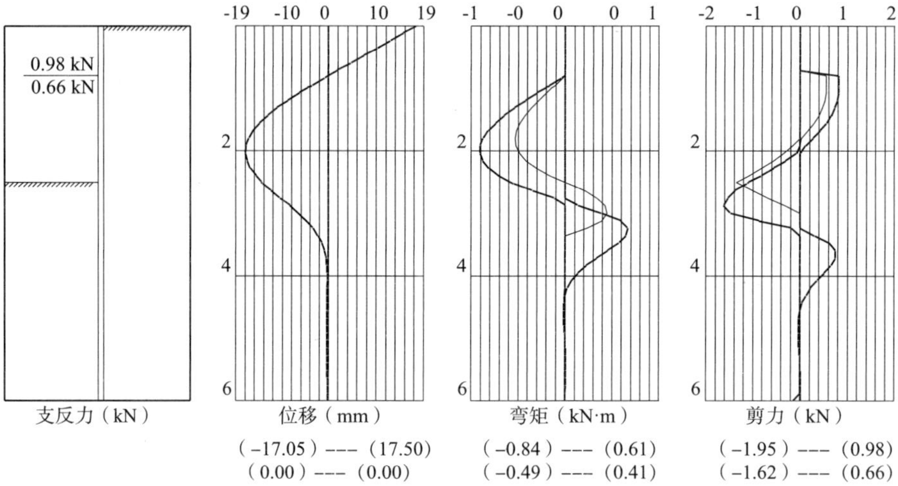


（d）工况3包络图

图 6-12　结构计算

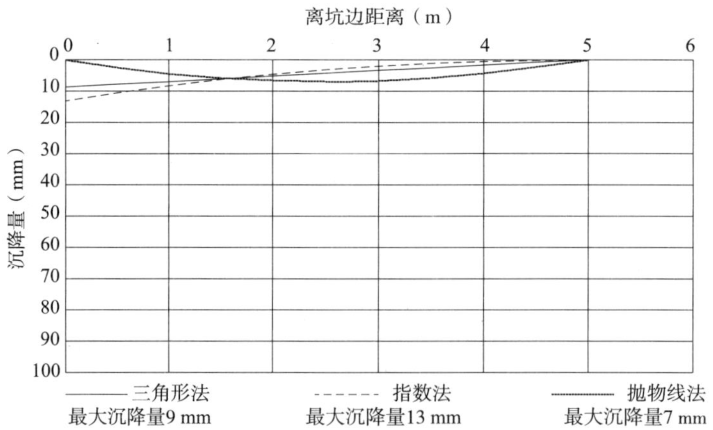


图 6-13　地表沉降图

**表 6-14 截面参数**

| | |
|---|---|
| 弯矩折减系数 | 0.85 |
| 剪力折减系数 | 1.00 |
| 荷载分项系数 | 1.25 |

**表 6-15 内力取值**

| 内 力 类 型 | 弹性法计算值 | 经典法计算值 | 内力设计值 | 内力实用值 |
|---|---|---|---|---|
| 基坑内侧最大弯矩(kN·m) | 0.84 | 0.49 | 0.89 | 0.89 |
| 基坑外侧最大弯矩(kN·m) | 0.61 | 0.41 | 0.65 | 0.65 |
| 最大剪力(kN) | 2.21 | 1.62 | 2.77 | 2.77 |

(9)截面验算

基坑内侧抗弯验算(不考虑轴力):

$\sigma_{nei}=M_n/(\gamma\times W_x)$

$=0.888/(1.050\times4.560\times10^{-6})$

$=185.369\ \text{MPa}<f=310.000\ \text{MPa}$ 满足

基坑外侧抗弯验算(不考虑轴力):

$\sigma_{wai}=M_w/(\gamma\times W_x)$

$=0.651/(1.050\times4.560\times10^{-6})$

$=135.981\ \text{MPa}<f=310.000\ \text{MPa}$ 满足

式中 $\sigma_{wai}$——基坑外侧最大弯矩处的正应力(MPa);

$\sigma_{nei}$——基坑内侧最大弯矩处的正应力(MPa);

$M_w$——基坑外侧最大弯矩设计值(kN·m);

$M_n$——基坑内侧最大弯矩设计值(kN·m);

$W_x$——钢材对 $x$ 轴的净截面模量($m^3$);

$f$——钢材的抗弯强度设计值(MPa);

$\gamma$——型钢截面塑性发展系数。

(10)嵌固深度计算

嵌固深度计算参数见表 6-16。

**表 6-16 嵌固深度计算参数**

| | |
|---|---|
| 是否考虑坑底隆起稳定性 | √ |
| 是否考虑最下层支点为轴心的圆弧稳定性 | √ |

当地层不够时,软件是自动加深最后地层厚度(最多延伸 100 m)得到的结果。

①嵌固深度构造要求

依据《建筑基坑支护技术规程》(JGJ 120—2012),嵌固深度对于单支点支护结构 $l_d$ 不宜小于 $0.3h$。

嵌固深度构造长度 $l_d=0.750$ m。

②嵌固深度满足抗倾覆要求

按《建筑基坑支护技术规程》(JGJ 120—2012)单支点结构计算嵌固深度 $l_d$:

$$K=\frac{E_{pk}a_{p2}}{E_{ak}a_{a2}}\geqslant K_{em}$$

$$K=\frac{66.373\times 2.134}{44.526\times 1.888}=1.684\geqslant K_{em}=1.15$$

得到 $l_d$＝0.500 m。

③嵌固深度满足坑底抗隆起要求：

符合坑底抗隆起的嵌固深度 $l_d$＝0.000 m。

④嵌固深度满足以最下层支点为轴心的圆弧滑动稳定性要求：

符合以最下层支点为轴心的圆弧滑动稳定的嵌固深度 $l_d$＝0.300 m。

满足以上要求的嵌固深度 $l_d$ 计算值为 0.750 m，$l_d$ 采用值为 3.500 m。

(11)嵌固段基坑内侧土反力验算

工况 1：

$P_s$＝4.956≤$E_p$＝92.702，土反力满足要求。

工况 2：

$P_s$＝4.956≤$E_p$＝92.702，土反力满足要求。

工况 3：

$P_s$＝13.639≤$E_p$＝48.670，土反力满足要求。

式中　$P_s$——作用在挡土构件嵌固段上的基坑内侧土反力合力(kN)；

　　$E_p$——作用在挡土构件嵌固段上的被动土压力合力(kN)。

2. 新增承台施工

(1)新旧混凝土接触面凿毛及界面处理

①新旧混凝土接触面凿毛处理

a. 在老混凝土面浇筑新混凝土前，必须对混凝土接触面进行凿毛，为了保证新、老混凝土的良好结合，必须严格按照施工规范进行凿毛。

b. 原混凝土面凿毛采用人工凿毛方法，凿毛深度根据部位不同而不同。对于新旧箍筋焊接部位，应以原混凝土中箍筋完全外露为准，凿除深度一般按照钢筋保护层厚度(30 mm)控制；其他新旧混凝土接触面处，一般凿毛深度为 15 mm。对原混凝土存在的缺陷清理至密实部位，并将表面凿毛或打成沟槽，沟槽深度一般为 6 mm 左右，间距不宜大于箍筋间距或 200 mm，被包的混凝土棱角应打掉，同时应除去浮渣、尘土。

c. 在凿毛前应对原混凝土面进行适当湿润，保证作业空间环境洁净。人工凿毛施工应认真进行，不得过凿或欠凿，凿毛界面粗糙度符合规定要求。

②新旧混凝土界面处理

对已松动石子应全部清除，不得仍留嵌于老混凝土中。混凝土凿毛完毕后，及时进行界面清理，用水和钢丝刷将界面清理干净。

(2)植筋施工

①植筋胶品牌选用及质量控制要求

a. 根据设计图纸要求，本加固工程植筋锚固的胶黏剂采用 A 级结构胶，专用锚固胶水应有出厂质量保证书、主要组成及性能指标、产品标准证明文件，其技术参数应满足《混凝土结构加固设计规范》(GB 50367—2013)等相关规范的要求。

b. 施工采用无振动机械钻孔植筋，在植筋时不得损伤原结构钢筋，并需保证相邻结构的安全，锚入深度应符合设计要求，施工质量应满足《混凝土结构后锚固技术规程》(JGJ 145—2013)的要求。施工完成后应按设计和规范要求进行抗拔试验。

②工艺流程

定位→钻孔→清孔→注胶→插筋→调整→保护→检测。

③主要施工方法

a. 定位

在正式钻孔前应根据设计图纸对植筋孔位进行测量定位，并予以明确标识，保证植筋钻孔位置符合设计要求。在钢筋配置十分密集部分，应在钻孔前认真对照原设计结构图纸，以尽量避开钢筋密集部位。若实际钻孔孔位碰到钢筋，适当将孔位移动以避开混凝土体钢筋，在不影响混凝土强度的前提下移开距离过大时，应与设计协商进行相应处理。为保证植筋位置、规格与设计需求一致，在上述确定每个孔位旁还应明确标识相应植筋规格。

b. 钻孔

在植筋标识孔位，经技术人员检查确认后方可进行钻孔施工。植筋采用专用电锤钻进行钻孔，孔径及孔深应符合所选用品牌结构胶产品规定要求。

在钻孔前，作业人员应熟知对应孔位钻孔直径、深度，钻孔过程中若出现偏位情况应及时调整，尽量保证按设计位置进入规定深度，若孔深不够必须重新钻孔直至符合规定要求。钻孔过程中，若碰到混凝土体内钢筋应将位置避开，在不影响混凝土强度的前提下移开距离过大时，应与设计协调进行补植加筋补强。

c. 清孔

钻孔完毕后，应及时进行清孔，采用毛刷吹气泵进行清孔。先用毛刷将孔内浮灰刷净，再用吹气泵将浮灰吹尽，清孔施工应注意保持现场施工环境，不得造成现场灰尘满天。

d. 注胶

采用手动注射器进行注胶，水平植筋注胶从孔底开始，注满孔体的约 2/3 为止；竖直植筋注胶时应从孔底开始，注入胶体积不少于孔体的 2/3。

e. 插筋

将事先制作准备好的钢筋慢慢插进注胶内，插到孔底为止，这时胶应充满整个孔体空间，插筋位置若需调整，应在规定时间内调整完毕，调整过程中不允许向外拉。竖直植筋在插入前应涂抹一层固化剂，并在插筋完毕后采用特制卡环对插筋进行固定，防止插筋于胶体凝固前在胶体内的下移。插筋应指派专人施工，尽量减少插筋过程位置过多的调整。

f. 保护

调整好的钢筋在 1 h 内不允许动，由专人进行插筋看护。

(3)钢筋、模板工程

①钢筋制作与安装

a. 用于本工程的钢筋应有出厂质量证明书或试验报告单，钢筋表面或每捆(盘)钢筋均有标识。钢筋进场后应及时按现行国家有关标准的规定抽取试样做力学性能试验，合格后方可使用。钢筋的级别、种类和直径按设计要求采用，当需代换时，应征得设计单位的同意。

b. 本加固工程的钢筋制作主要集中在施工场地内进行，制作前应按设计图纸准备好各类型钢筋配料单，按配料单中钢筋形状、尺寸进行钢筋现场制作。钢筋加工的形状、尺寸必须符合设计要求。钢筋的表面应洁净、无损伤，油渍、漆污和铁锈等在使用前应清除干净。带有颗粒状或片状老锈的钢筋，禁止在工程中使用。

c. 钢筋绑扎工序为铺料、划线、绑扎。绑扎钢筋一般采用 18～22 号铅丝。钢筋接头应分散布置，同一截面中受力钢筋的接头数量严格按规范要求控制，并且尽量将接头布置在结构受力较小的截面内。钢筋绑扎安装完毕后，按规范要求设砂浆保护块，后浇混凝土结构钢筋底部采用支垫，侧立面采用垫块中预埋两根 22 号铅丝，以保证混凝土保护层的厚度。

②砖胎膜

a. 本工程中新增承台模板均采用砖胎膜砌筑而成，胎膜厚度 120 mm。砖胎膜砌筑前，基础垫层表面应清扫干净，洒水湿润。先盘墙角，每次盘角高度不应超过五皮砖，随盘随靠平、吊直。放线时，在砖胎膜内侧预留 10 mm 的抹灰厚度，保证承台结构截面尺寸。砖胎膜示意如图 6-14 所示。

b. 组砌方法应正确，砌体上下应错缝，里外咬槎，采用“三一”砌筑法（即一铲灰，一块砖，一挤揉），严禁用水冲砂浆灌缝的方法。灰缝厚度宜为 10 mm，且应饱满平直通顺，立缝砂浆应填实，应挤压碰头灰，防止透亮或瞎缝。

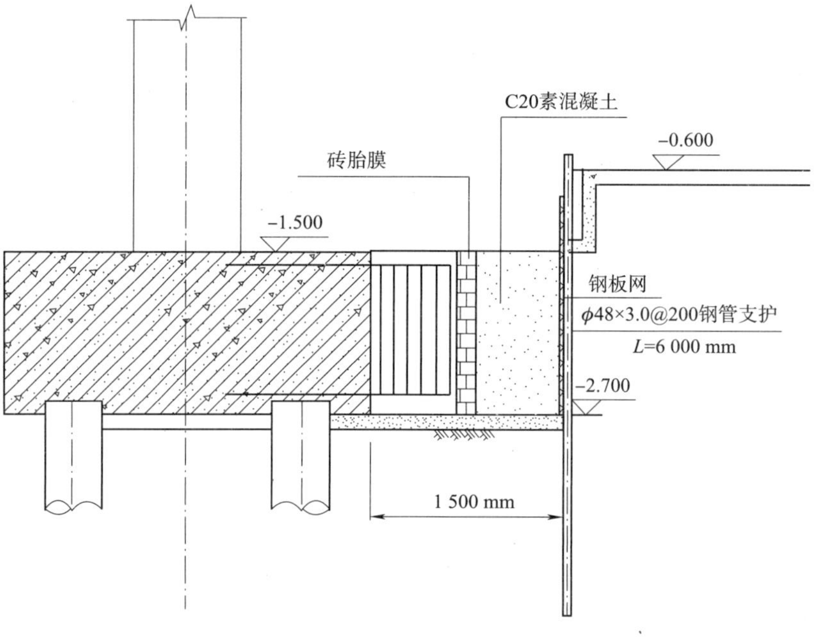


图 6-14　砖胎膜示意图

(4)混凝土工程

①混凝土配合比设计

在混凝土施工前完成混凝土设计等级的配合比设计，委托具备资质的试验机构进行本工程用混凝土的配合比设计，并及时向监理报审混凝土配合比设计报告，经监理单位确认后方可正式使用；或现场条件允许时直接委托当地混凝土拌和站使用商品混凝土。

②混凝土施工

a. 本工程新增承台均采用商品混凝土。商品混凝土可以保证混凝土在强度指标、和易性等方面的质量要求，符合新增构件混凝土施工作业连续性强、施工场地狭窄等要求，符合环境保护要求。

b. 与商品混凝土搅拌站签订商品混凝土供应协议书。商品混凝土订货时必须申明所需商品混凝土的性能与数量，原则上框定混凝土强度等级、坍落度、浇筑时间和工程部位等技术数据。

c. 由商品混凝土搅拌站负责的运输过程中，要防止混凝土离析、水泥浆流失或产生初凝现象。现场加强商品混凝土质量控制，检查“预拌混凝土运输单”，检测到场混凝土坍落度，并做好记录，不满足要求者一律予以退场处理。

d. 仓面经内部三检和监理工程师验收合格签证后，即可开始进行混凝土浇捣，在混凝土浇筑前在原混凝土面涂刷一层界面剂，确保新旧混凝土能形成一体。

e. 混凝土料运输主要采用工程车运输，人工辅助进行混凝土的入仓。封闭仓面设置溜槽经侧面喇叭口进行下料入仓。混凝土铺料厚度控制在 30～50 cm，采用插入式振捣器进行振捣，振捣器布孔排列呈梅花形布置，每一位置的振捣时间以混凝土不再显著下沉、不出现气泡、并开始泛浆为止，振捣作业严格按操作规程要求执行。

f. 混凝土浇筑完毕后 12～18 h 开始进行养护，养护应专人负责定期进行，连续养护 15 d，养护期内应经常保持混凝土表面处于湿润状态。

3. 压桩孔预留及锚杆埋设

(1)压桩孔成孔

对于新增承台，在钢筋混凝土施工中，采用芯模预留桩孔，桩孔尺寸上口 400 mm×400 mm，下口 450 mm×450 mm，如图 6-15 所示。

图 6-15 芯模成孔照片

(2)埋设锚杆

在基础承台钢筋绑扎完毕、混凝土浇筑之前，现场进行锚杆埋设安装，通过锚杆与基础钢筋进行焊接或增设短钢筋进行焊接固定，确保锚杆埋设安装位置准确、稳定牢固。在混凝土浇筑过程中，应派人现场进行锚杆的稳定性检查，若发现混凝土浇筑过程中锚杆发生偏位、倾斜或移位等现象，应及时予以纠正调整，确保锚杆竖直、位置准确。

4. 压桩施工顺序

拟安排 2 台桩机进行压桩施工，其中一台安排在南侧 D 轴线压桩纠偏，另外一台布置在北侧 F 轴线压桩。压桩从东往西逐个承台依次进行，每个桩沉桩完毕及时持荷锁定，减少工后沉降。

北侧单个承台压桩顺序为:1 号桩→2 号桩→4 号桩→3 号桩,如图 6-16 所示。

南侧单个承台压桩顺序为:4 号桩→3 号桩→1 号桩→2 号桩,如图 6-17 所示。

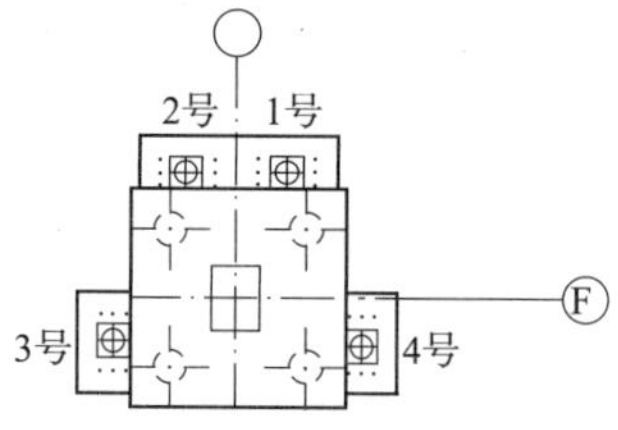


图 6-16　北侧单个承台压桩顺序

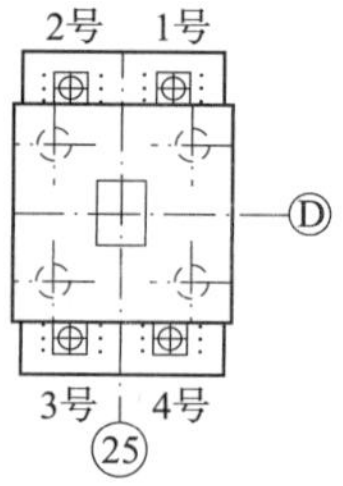


图 6-17　南侧单个承台压桩顺序

5. 钢管桩加工制作及安装

选择合格的供应厂家,并及时上报甲方单位,经认可后方正式确定钢材供应厂家。钢材必须三证齐全且经进场检验合格后方可投入使用。本工程所用钢管桩为施工单位将采购的钢管桩运至基地自行加工,标准桩节长度 2.0～2.4 m/节,并对每桩节进行编号,钢管切口要求下料平整、光滑、无毛刺,如图 6-18 所示。

钢管桩防腐处理措施:钢管内采用混凝土灌芯,确保内壁同外界隔绝;外壁采用增加腐蚀余量措施,加固设计图中已考虑。

图 6-18　钢管桩加工照片

6. 压桩施工

(1)压桩准备

a. 在正式压桩前,专门钎探并清除地下障碍物,对桩位进行编号,做好机械配置准备工作。

b. 对施工班组做好安全交底、技术交底、质量交底,明确任务与完成时间,明确各项奖罚措施。

c. 确定试桩位置、压桩日期等。

d. 机具设备配套完整、全数进场。

e. 在施工现场根据甲方提供的条件合理进行现场的运桩和堆桩安排,现场拟安排 2 辆专门的运桩车进行场内运桩。

(2)试桩

a. 会同设计及监理或业主选定试桩点,一般在有代表性的勘察点位附近进行试桩,本工程拟试桩 1 支。在指定的桩位进行试桩，并详细记录试压桩的各项施工参数。

b. 试桩结束后，及时提交试桩报告，通过试桩验收会议确定压桩施工的相关技术指标参数。

(3)沉桩施工

压桩顺序：按设计拟定的桩位编号逐个承台依次施工。如果因沉降状况变化需要调整的，经报设计同意及时作出调整。

桩体沉压各施工要点如下：

a. 检查锚杆和桩机，清理桩孔，并将桩孔壁清理干净。

b. 压桩架要保持竖直，应均衡拧紧锚固螺杆的螺帽，在压桩施工过程中，应随时拧紧松动的螺帽，如图 6-19 所示。

图 6-19　压桩施工照片

c. 桩节就位必须保持垂直，使千斤顶与桩节及压桩孔轴线重合，不得偏压。压桩时，桩节顶应垫 30～40 mm 厚的钢垫板块。

d. 分节进行桩节沉压，桩节沉压与桩节焊接交错进行。前三节应缓慢压入，且必须保持良好的垂直度，倾斜率小于 1%。

e. 后续的连接必须保证桩体上下顺直，禁止纠直压桩，禁止塞填片搭接，压桩施工不得中途停顿，应一次到位，如必须中途停顿时，桩尖应停留在软土层中(可以根据压力表读数判断)，且停顿时间不宜超过 24 h。当压至持力层附近时，应根据压力曲线判断，并调换千斤顶加压，将桩送至设计持力层土层。若压力过高仍不能完全送至设计标高，不能硬压，否则会损坏桩体或破坏底板结构。

f. 桩节焊接质量尤为重要，每套压桩机械专门配备 1 名专业焊工，负责钢管桩的焊接作业。上下桩节竖直对齐后，采用二氧化碳气体保护焊坡口焊焊接连接。焊接质量应符合国家现行标准《钢结构工程施工质量验收标准》(GB 50205)和《建筑钢结构焊接技术规程》(JGJ 81)的规定，每个接头除应进行外观检查外，还应按接头总数的 5%进行超声波检查。

g. 桩顶达到设计压桩力要求后持荷时间不应小于 5 min，若仍不能稳定，应继续持荷 5 min，直到稳定为止。

h. 压桩过程中应派专人负责指挥作业，并有专人进行压力表读数记录、绘制压力曲线，发现异常应立即向技术员报告相关记录情况，以便判断沉桩质量是否符合要求。

i. 压桩终止标准：采取双控制标准，既要控制设计压桩深度，又要控制最终压桩力。施工中若压桩深度已达到设计要求，而终压力未达到，则继续沉入直至终压力满足要求为止。本工程要求压桩终压力不小于 1 100 kN。

(4)防止柱基突沉，需临时加载锁定

对已经沉压到位的钢管桩，按设计图纸要求及时加载反压，不得延误，确保控制附加沉降，如图 6-20 所示。

图 6-20 加载锁定照片

(5)封桩

本工程要求采用预加载封桩，预加载值不小于 $1.0R_a$。具体要求如下：

a. 截桩灌芯。采用气割设备进行钢管桩截桩，抽出桩底积水后，立即进行钢管桩管内混凝土浇筑，混凝土采用设计规定的 C40 微膨胀混凝土或灌浆料灌芯。在管内混凝土浇筑前应进行孔内探孔检查，若检查孔内有积渣杂物，应进行清孔。在管孔清理干净后，将混凝土运送至作业面，再人工进行灌料浇筑，并采用 12 m 超长振捣棒进行振捣，确保管内上段混凝土振捣密实。

b. 封桩前必须对压桩孔口内壁进行凿毛和湿润，保证孔内洁净，要求采用预应力加载二次封桩。

(6)作业坑土方回填

作业坑土方回填采用砂类碎石分层夯实，夯实系数不小于 95%，然后浇筑地坪混凝土并养护，恢复原状。

### 6.1.6 柱纠偏施工方案

1. 纠偏方法

结合工程实际情况，拟采用基础单侧提升法纠倾，即利用补入桩作为提升反力支承点，通过在基础上埋设锚杆固定反力架，在反力架和补入桩之间布置数控液压千斤顶，采用 PLC 同步顶升控制系统进行整体同步顶升。纠偏示意如图 6-21 所示。

2. 纠偏目标及提升量的确定

取相邻两柱倾斜率的平均值作为变位设计控制值，即(11.1+1.4)/2=6.25‰。

本次提升量 $S_v$=(26.8‰−6.25‰)×2 900≈60 mm，柱顶水平位移约 180 mm。

3. 提升力计算

(1)目前现状工况下既有桩桩顶反力计算

恒载作用下承台上的荷载为 $Q$=1 005 kN(包含承台自重)，因柱倾斜产生的偏心距 $M$=1 005×(26.8‰×8.7)/2=117 kN·m。

基桩桩顶反力：

$$N=\frac{Q}{n}\pm\frac{M\times y_i}{\sum y_j^2}=\frac{1\ 005}{4}+\frac{117\times 0.853}{4\times 0.853^2}=285\ \text{kN}$$

基桩抗拔力(按桩身强度计算)：

$\phi$426 沉管灌注桩，如图 6-22 所示，内配 8 根 $\phi$16，$T$=8×201×455=732 kN。

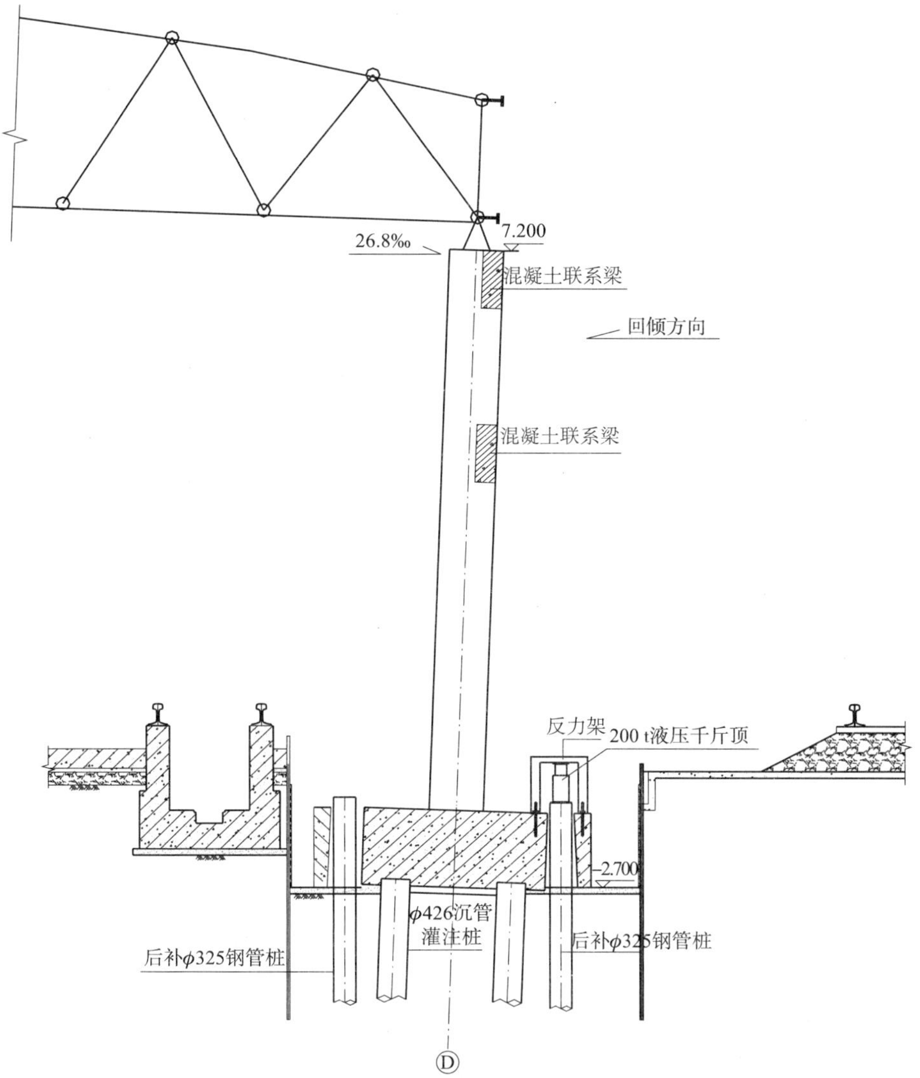


图 6-21　纠偏示意图

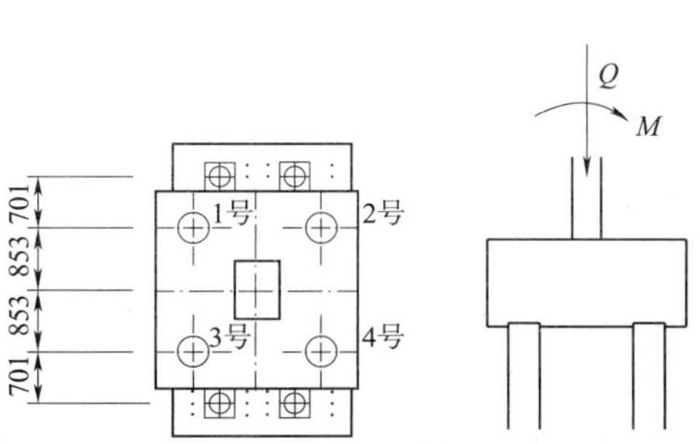


图 6-22　基桩抗拔力计算(单位:mm)

(2)提升力计算

考虑提升纠偏过程中存在不确定因素，安全系数取 1.2，则所需克服的阻力为

$$Q=1.2\times(N+T)=1.2\times(285+732)=1\ 220\ \text{kN}$$

提升力：

$$-1\ 220=251-0.25P-\frac{P\times1.554\times0.853}{4\times0.853^2}$$

$P=2\ 086$ kN

单个钢桩提升力 $T=2\ 086/2=1\ 043$ kN

注：各桩对应的 6$\phi$T25 锚杆的抗拔力为 $6\times330=1\ 980$ kN，标准提升架的抗拔力配置为 1 800 kN。

(3)钢管桩桩身强度验算

钢管桩采用 $\phi325\times10$，材质为 Q345。根据《建筑桩基技术规范》(JGJ 94—2008)第 5.8.1 条、第 5.8.2 条，则

$$N\leqslant\varphi\cdot f\cdot A'$$

式中 $N$——荷载作用下的桩顶轴向力设计值；

$\varphi$——基桩成桩工艺系数；

$f$——钢材的抗拉和抗压强度设计值；

$A'$——钢管桩有效面积。

$$A'=\frac{\pi}{4}(D^2-d^2)=\frac{\pi}{4}(325^2-305^2)=9\ 891\ \text{mm}^2$$

$$N\leqslant0.85\times310\times9\ 891=2\ 606\ \text{kN}>p=1\ 043\ \text{kN}\qquad\text{满足要求}$$

(4)提升阶段新增承台验算

①基本资料

混凝土按 C40 考虑，$f_c=19.1\ \text{N/mm}^2$，$f_t=1.71\ \text{N/mm}^2$，钢筋采用 HRB400，$f_y=360\ \text{N/mm}^2$，提升力取 $P=2\ 086$ kN。其内力为

$$M_1=2\ 086\times0.2=417\ \text{kN}\cdot\text{m}$$

$$Q_1=2\ 086\ \text{kN}$$

②新旧混凝土抗剪计算

$$Q_a=0.58f_yA_s=0.58\times360\times(24\times490+12\times380)=3\ 407\ \text{kN}>Q_1\qquad\text{满足要求}$$

③抗弯计算

$$M_u=0.85f_yA_sh_0=0.85\times360\times17\times490\times950=2\ 421\ \text{kN}\cdot\text{m}>M_1\qquad\text{满足要求}$$

4. 纠偏步骤

第一步：监测系统建立、测量㉔、㉕、㉖×Ⓓ柱顶的高差，完成锚杆静压桩施工。

第二步：脚手架临时加固，凿除联系梁端头混凝土，钢筋保留。

第三步：网架结构支座约束解除。

第四步：单侧同步提升纠偏，若有必要则边提升边放松柱间支撑节点板；如果㉕×Ⓓ柱沉降较大，则在纠偏之前应完成整体承台提升，使㉔～㉖三支柱顶标高处于同一平面上。

第五步：纠偏结束，进行承台底空隙灌注高强灌浆料、封桩、联系梁及柱间支撑节点板恢复等后续工作。

5. 主要工序施工

(1)提升前期准备工作

①做好新增承台混凝土强度抗压检测,确定混凝土强度是否达到设计标准。

②对补入桩进行复压,确保桩端进入持力层。

③做好千斤顶的标定工作。

④设立提升总指挥部,且对提升相关人员做好安全技术交底工作和应急演练。

⑤检查相关管道、管线及网架支座和联系梁是否脱离。

⑥对提升系统预先进行置零、保压试验,检查千斤顶及油管是否完好。

⑦做好提升期间相关监测点的布置工作,确保做到信息化施工。

⑧请业主提前与供电部门沟通、协商,确保提升阶段供电正常。

(2)联系梁分离

①采用双排钢管脚手架对联系梁进行临时加固(图 6-23、图 6-24),同时拆除填充墙。

②待加固完成后,用电镐凿除联系梁梁端混凝土,钢筋保留。

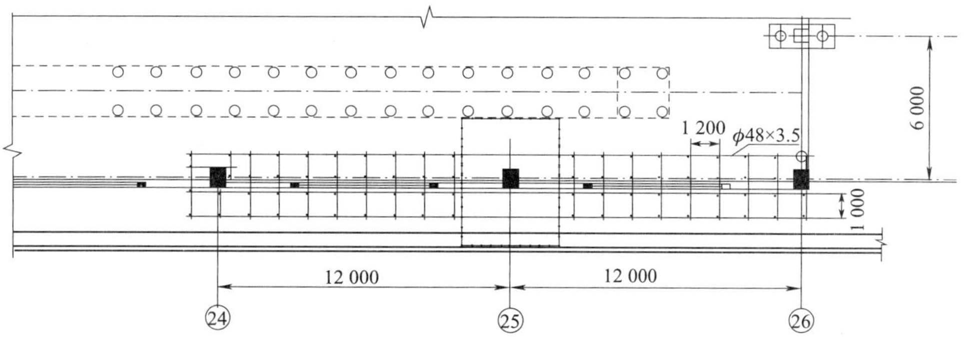


图 6-23 排架柱纠偏墙体临时加固平面示意图(单位:mm)

(3)网架支座约束解除

相连构件约束解除示意如图 6-25 所示。

(4)提升纠偏

①千斤顶选用及安装

本工程采用 200 t 带自锁液压千斤顶,液压千斤顶技术参数:底径 275 mm,高 523mm,工作压力 70 MPa,工作推力 200 t,工作行程 130 mm,可偏载角度 3°。如图 6-26 所示,千斤顶安装要保证千斤顶轴线的垂直,以免因千斤顶安装倾斜在顶升过程中产生水平分力。千斤顶的上下均设置钢垫板以分散集中力,保证结构不受损坏。

②控制系统

本工程拟采用国内最先进的 PLC 液压同步顶升移位控制系统实施顶升纠偏。如图 6-27 所示,PLC 控制液压同步顶升移位是一种力和位移综合控制的方法,这种力和位移综合控制方法,建立在力和位移双闭环的控制基础上,由液压千斤顶精确地按照建筑物的实际荷重平稳地顶举建筑物,使顶升过程中建筑物受到的附加应力下降至最低,同时液压千斤顶根据分布位置分成若干组,与相应的位移传感器组成位置闭环,以便控制建筑物顶升的位移和姿态,这样就可以很好地保证顶升过程的同步精确性,确保顶升移位时建筑物的结构安全。系统控制界面如图 6-28 所示。

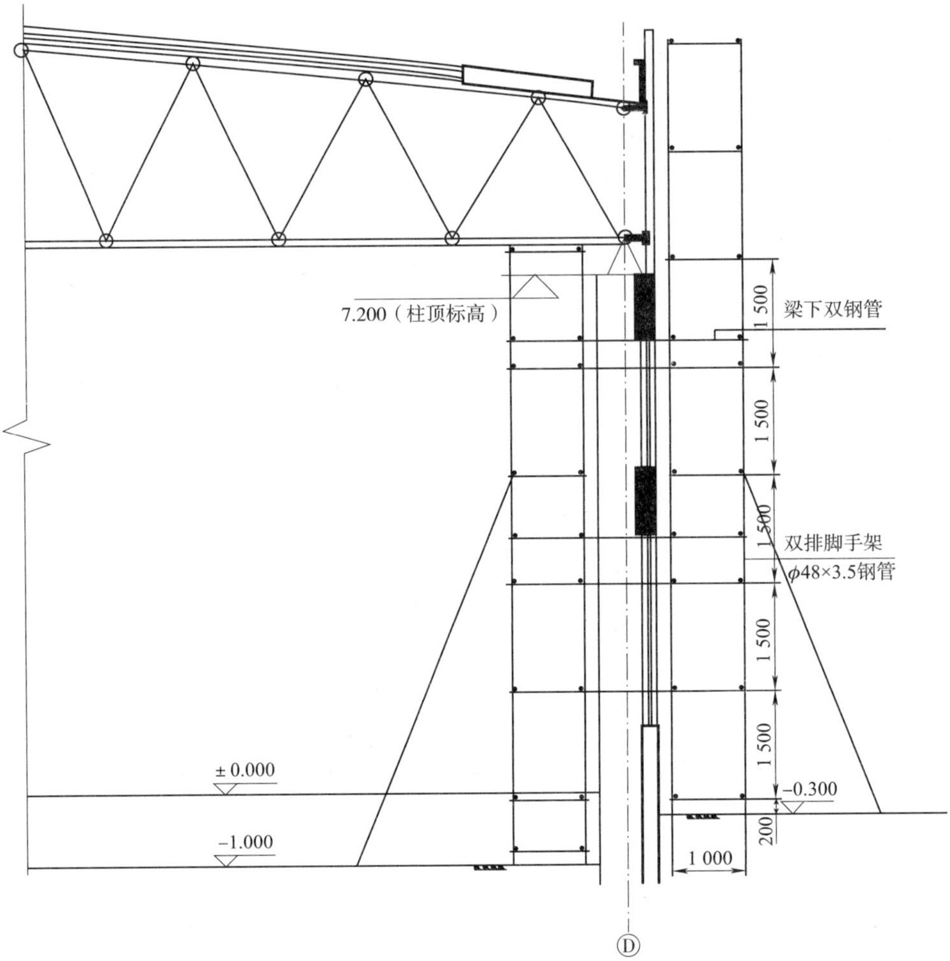


图 6-24　排架柱纠偏墙体临时加固剖面示意图(单位:mm)

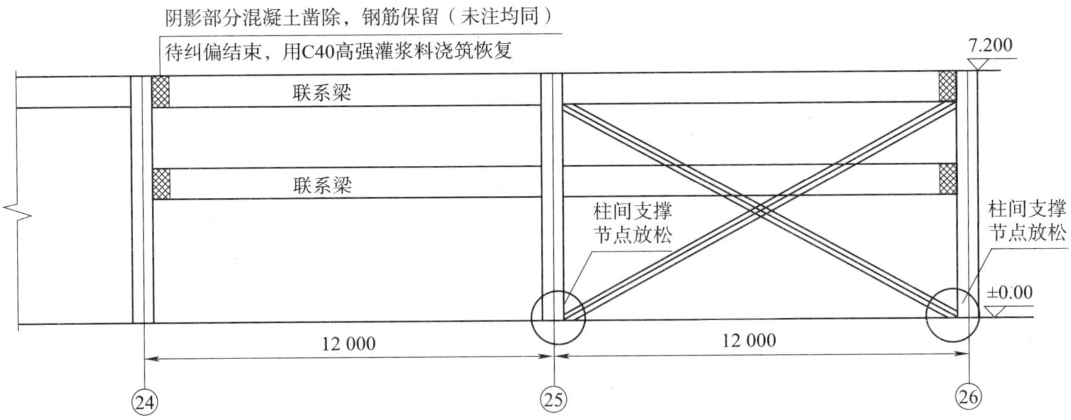


图 6-25　相连构件约束解除示意图(单位:mm)

图 6-26　千斤顶安装图

图 6-27　PLC 多点同步液压控制系统

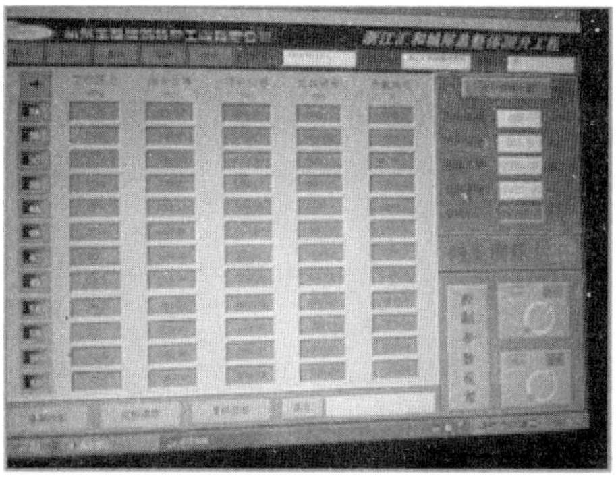

图 6-28　系统控制界面

③顶升系统可靠性检验

a. 元件的可靠性检验：元件的质量是系统质量的基础，为确保元件可靠，本系统选用的元件均为 Enerpac 的优质产品或国际品牌产品。在正式实施顶升前，以 30%～90%的顶升力在现场保压 5 h，再次确认密封的可靠性。

b. 系统的可靠性：液压系统在运抵现场前进行 31.5 MPa 满荷载试验 24 h，进行 0～31.5 MPa 循环试验，使系统无故障无泄漏。

c. 液压油的清洁度：液压油的清洁度是系统可靠的保证，本系统的设计和装配工艺，除严格按照污染控制的设计准则和工艺要求进行外，连接软管在工厂进行严格冲洗，封口后移至现场，现场安装完毕进行空载运行，以排除现场装配过程中可能意外混入的污垢。系统的清洁度应达到 NAS9 级。

d. 力闭环的稳定性：所谓力闭环就是当系统设定好一定的力后，力的误差在 5%内，当力超过此范围后，系统自动调整到设定值的范围；力闭环是本系统的基础，力闭环的调试利用死点加压，逐台进行。

e. 位置闭环的稳定性：所谓位置闭环就是当系统给位移传感器设定顶升高度后，当顶升高度超过此高度系统自动降至此高度，当顶升高度低于此高度系统自动升至此高度，保证系统顶升的安全性与同步性。

④顶升系统调试

调试的主要内容包括：

a. 液压系统检查

• 油缸安装牢固正确。

• 泵站与油缸之间的油管连接必须正确、可靠。

• 油箱液面应达到规定高度。

• 备用 2 桶液压油，加油必须经过滤油机。

• 液压系统运行是否正常，油路有无堵塞或泄漏。

• 液压油是否需要通过空载运行过滤清洁。

b. 控制系统检查

• 系统安装就位并已调试完毕。

• 各路电源，其接线、容量和安全性都应符合规定。

• 控制装置接线、安装必须正确无误。

• 应保证数据通信线路正确无误。

• PLC 控制系统运行是否正常，液压系统对控制指令反应是否灵敏。

• 各传感器系统，保证信号正确传输。

• 系统能否升降自如。

• 位移传感器的工作情况。

• 各种阀的工作状况是否正常，是否需要更换。

c. 监测系统检查

• 位移传感器安装牢固、正确，没有遗漏。

• 信号传输无误。

d. 初值的设定与读取

• 系统初始加载由液压工程师会同土建工程师共同确定并报总指挥，最终由系统操作员输入 PLC。

• 读取控制系统力传感器和位移传感器初值或将其归零。

⑤称重

a. 保压试验

• 油缸、油管、泵站操纵台、监测仪等安装完毕检查无误。

• 按千斤顶最大顶力的 30%～90%加压，进行油缸的保压试验 24 h。

• 检查整个系统的工作情况、油路情况。

b. 称重

• 为保证顶升过程的同步进行，在顶升前应测定每个顶升点处的实际荷载。

• 称重时依据计算顶升荷载，采用逐级加载的方式进行，在一定的顶升高度内(1～10 mm)，通过反复调整各组的油压，可以设定一组顶升油压值，使每个顶点的顶升压力与其上部荷载基本平衡。

• 为观察顶升处是否脱离，需用百分表测定其行程。

• 将每点的实测值与理论计算值进行比较，计算其差异量，由液压工程师和结构工程师共同分析原因，最终由领导组确定该点实测值能否作为顶升时的基准值。如差异较大，将作相应调整。

⑥试顶升

为了观察和考核整个顶升施工系统的工作状态以及对称重结果的校核，在正式顶升之前，应进行试顶升，试顶升高度 5 mm。试顶升结束后，提供排架柱整体姿态、结构位移等情况，为正式顶升提供依据。

⑦正式顶升

试顶升后，若无问题便进行正式顶升，千斤顶最大行程为 130 mm，每级顶升行程控制在 0～10 mm，最大顶升速度 2 mm/min，各分级顶升间隔时间初步定为 3～5 h，具体可根据现场顶升纠偏状况作相应调整。

正式顶升按下列程序进行：

a. 操作：按预设荷载进行加载和顶升。

b. 观察：各个观察点应及时反映测量情况。

c. 测量：各个测量点应认真做好测量工作，及时反映测量数据。

d. 校核：数据报送至现场领导组，比较实测数据与理论数据的差异。

e. 分析：若有数据偏差，有关各方应认真分析并及时进行调整。

f. 决策：认可当前工作状态，并决策下一步操作。

⑧顶升注意事项

a. 顶升关系到主体结构的安全，各方要密切配合。

b. 顶升过程中，应加强巡视工作，应指定专人观察整个系统的工作情况。若有异常，直接通知指挥控制中心。

c. 顶升过程中，未经许可非作业人员不得擅自进入施工现场。

### 6.1.7 监测方案

1. 施工监测

开工之时，应安排专业测量人员对各柱倾斜率进行系统的检测、复核。施工过程中，应派驻专业测量人员进行施工期间的综合监测。工程变形监测体系完善程度和监测数据的准确性，将在很大程度上影响方案实施的效果，所以进场后应立即建立较完善的监测体系，保证信息化施工。因此必须按照下列内容与要求监测：

(1)监测内容、范围、监测点的布置。工程变形监测内容应包括纠倾过程与补桩施工期间的建筑物沉降、倾斜及裂缝观测。

(2)沉降监测采用国产精密水准仪，水准测量等级达到国家二级。倾斜监测采用电子经纬仪、激光经纬仪或激光全站仪，误差控制和精度等级符合现行《建筑变形测量规范》的规定。

(3)应会同业主代表、监理人员、第三方监测单位及时对照监测数据，综合分析、判断监测数据的精确度，避免失误。

2. 使用仪器

Leica NA2＋GPM3 光学水准仪，Leica TM50 全站仪。

3. 监测频率、周期

(1)纠倾施工期间：倾斜监测早、中、晚共 3 次/d。

(2)压桩施工期间：沉降、倾斜监测 1 次/d。

(3)工程竣工后一年内，持续做好较周密的沉降监测，监测频率：前 6 个月每个月不少于 1 次，后 6 个月每 2 个月不少于 1 次。

(4)监测资料提交:监测资料每日以报表形式提交。每一施工阶段结束后一周内提交一份阶段小结。全部工程结束后一个月内提交总结报告。

(5)监测是动态管理的眼睛,监测工作为信息化施工提供准确的数据。为保证真实、及时、准确地做好监测数据预报工作,监测人员首先要对工作环境、工作内容做到心中有数,这样才能主动、积极、有的放矢地做好工作。要求监测人员:

a. 要了解工地周围环境和设计方案规定的主要监测内容。

b. 要了解监测对象的预计变化值及变化规律。

c. 要结合现场工况来分析监测数据,一旦数据变化异常时,能及时发出预警信息。

d. 对采集到的各类监测数据要结合工况进行计算机处理,对变化较大的数据要进行复核。

e. 速率变化是监测的重要信息,是监测单位提供报警的重要依据。严密控制速率,首先要掌握速率变化的规律和不同施工阶段的速率变化安全值,做到心中有数。

f. 当数据变化超常规时,不管是否有合理的解释,都应当提出报警。

## 6.2 区间隧道变形综合修复工程(大钢环加固)

### 6.2.1 工程概况

1. 工程简述

某地铁区间上行线隧道于2011年11月底贯通,下行线隧道于2012年1月底贯通。区间2号联络通道于2012年4月底完工,从2012年11月24日正式运营至今。

由于目前区间局部隧道几何形态异常,变形较大,相关方面决定对变形较大区域进行治理。对隧道整治施工跟踪监测,监测包括自动化监测及人工复核监测两部分,监测范围(图6-29)与施工单位整治施工范围相对应,自动化监测范围为上行线300环~425环,下行线310环~405环;人工监测范围上下行线皆为300环~435环。

图6-29 监测范围示意图

2. 工程地质

根据岩土工程勘测结果，场地浅部深度 20 m 内为一套冲海相砂质粉土夹粉砂，中部为埋深 20～40 m、厚约 10.0～20.0 m 的高压缩性流塑状淤泥质粉质黏土层和埋深约 40～45 m、厚约 1.0～6.0 m 的粉质黏土、含砂粉质黏土层，下部为性质较好的圆砾层，厚度大于 3 m。场地等级为二级（中等复杂场地）。

根据钻孔揭露的地层结构、岩性特征、埋藏条件及物理力学性质，结合静力触探曲线和站点详勘地质资料，本工程第四系地层厚度为 55 m 左右，勘探深度内主要为第四系冲海相、海相及河流相沉积物，根据勘探揭露，下伏基岩为侏罗系安山玢岩。

场地勘探深度以内可分为 8 个大层，即①、③、④、⑥、⑧、⑫、⑬和⑭，细划为 18 个亚层，详见表 6-17。

**表 6-17 地基土层划分**

| 层号 | 土层名称 | 顶板标高(m) | 顶板埋深(m) | 层厚(m) | 分布情况 |
|---|---|---|---|---|---|
| $①_1$ | 杂填土 | 7.52～4.74 | 0 | 2.70～0.25 | 全线分布 |
| $①_2$ | 素填土 | 6.02～2.75 | 2.70～0.25 | 3.50～0.40 | 全线分布 |
| $②_1$ | 粉质黏土 | 4.60～4.60 | 1.20～1.20 | 0.60～0.60 | 零星分布 |
| $③_2$ | 砂质粉土 | 1.65～4.75 | 1.10～3.80 | 5.70～0.60 | 全场分布 |
| $③_3$ | 粉砂夹砂质粉土 | 3.61～−1.55 | 6.70～2.00 | 7.00～0.50 | 全场分布 |
| $③_5$ | 砂质粉土 | 1.25～−4.89 | 10.60～4.20 | 5.75～0.20 | 全场分布 |
| $③_6$ | 粉砂 | −0.97～−5.67 | 1.20～6.70 | 9.60～3.00 | 全场分布 |
| $③_7$ | 砂质粉土 | −6.28～−9.12 | 11.70～14.20 | 1.90～3.10 | 零星分布 |
| $④_2$ | 淤泥质粉质黏土夹淤泥质黏土 | −2.80～−6.14 | 12.30～8.30 | 5.50～2.00 | 全场分布 |
| $④_3$ | 淤泥质粉质黏土 | −5.88～−11.66 | 18.10～11.60 | 8.40～2.70 | 全场分布 |
| $⑥_1$ | 淤泥质粉质黏土 | −12.90～−16.60 | 22.30～18.30 | 7.00～3.30 | 全场分布 |
| $⑥_2$ | 淤泥质粉质黏土 | −17.50～−21.09 | 27.40～23.30 | 9.10～3.80 | 全场分布 |
| $⑧_1$ | 淤泥质粉质黏土 | −23.73～−28.89 | 34.50～29.10 | 8.50～0.30 | 全场分布 |
| $⑧_2$ | 黏土 | −27.64～−34.80 | 41.10～33.80 | 8.80～0.60 | 全场分布 |
| $⑫_3$ | 砾砂 | −35.17～−36.97 | 43.00～40.40 | 3.20～1.30 | 全场分布 |
| $⑬_1$ | 粉质黏土 | −32.09～−37.17 | 42.70～37.50 | 3.50～0.40 | 全场分布 |
| $⑬_2$ | 含砂粉质黏土 | −36.95～−36.95 | 42.10～42.10 | 5.20～5.20 | 全场分布 |
| $⑭_2$ | 圆砾 | −35.69～−42.15 | 47.30～41.40 | >5.0 | 全场分布 |

区间隧道沉降及收敛区域断面位于$④_3$淤泥质粉质黏土、$⑥_1$淤泥质粉质黏土层中，上部为$③_6$粉砂层，下部为$⑥_1$淤泥质粉质黏土层、$⑧_1$淤泥质粉质黏土层及$⑧_2$黏土层。其中$⑧_2$黏土层距隧道底部距离约 16 m，隧道顶部覆土 16.15 m，地面标高＋6.5 m，隧道顶部标高−9.6 m。

沉降区域隧道及联络通道底部土质为$④_3$淤泥质粉质黏土，且隧道下部软卧层非常厚（8 m）。该层土层含水率高(45.7%)，压缩模量非常低(2.48 MPa)，标贯击数仅仅为 1.6，该层土质蠕变性非常敏感，土质自身强度非常低，周边施工导致的土体扰动对隧道沉降及收敛影响非常明显，见表 6-18。

**表 6-18　区间隧道沉降区域地质参数**

| 层号 | 土层名称 | 天然重度 $\gamma$ (kN/m³) | 含水率 $w_0$ (%) | 压缩模量 $E_{s1-2}$ (MPa) | 黏聚力 $c$ (kPa) | 内摩擦角 $\varphi$ (°) | 渗透系数 | | 标贯 $N$ (30 cm) |
|---|---|---|---|---|---|---|---|---|---|
| | | | | | | | $K_V$ (cm/s) | $K_H$ (cm/s) | |
| ①$_1$ | 杂填土 | 17.8 | | | | | 3.50E-03 | | |
| ①$_2$ | 素填土 | 19.2 | 29.1 | 6.50 | 28.0 | 19.5 | 4.00E-04 | | 12.0 |
| ①$_3$ | 淤填土 | | | | | | | | |
| ③$_2$ | 砂质粉土 | 19.0 | 27.9 | 12.22 | 9.4 | 29.3 | 3.34E-05 | 2.70E-05 | 7.5 |
| ③$_3$ | 砂质粉土 | 19.1 | 28.0 | 13.28 | 5.7 | 32.2 | 7.50E-04 | | 9.7 |
| ③$_5$ | 砂质粉土 | 18.4 | 31.5 | 9.60 | 6.0 | 29.5 | 1.85E-04 | 4.42E-05 | 9.1 |
| ④$_1$ | 淤泥质粉质黏土 | 17.7 | 40.3 | 2.90 | 16.1 | 9.8 | 2.71E-07 | 3.31E-07 | 1.9 |
| ④$_2$ | 淤泥质粉质黏土夹淤泥质黏土 | 17.1 | 47.0 | 2.49 | 14.9 | 8.9 | 5.25E-07 | 2.38E-06 | 1.1 |
| ④$_3$ | 淤泥质粉质黏土 | 16.9 | 45.7 | 2.48 | 15.5 | 9.4 | 3.28E-07 | 6.28E-07 | 1.6 |
| ⑥$_1$ | 淤泥质粉质黏土夹粉质黏土 | 17.8 | 35.3 | 3.06 | 17.9 | 11.0 | 5.77E-06 | 6.98E-06 | 2.1 |
| ⑥$_2$ | 淤泥质粉质黏土 | 17.2 | 39.7 | 3.00 | 16.2 | 10.4 | 9.37E-07 | 1.15E-06 | 3.1 |
| ⑧$_1$ | 淤泥质黏土 | 17.1 | 43.3 | 2.80 | 19.0 | 8.8 | 2.62E-07 | 4.07E-07 | 4.6 |
| ⑧$_2$ | 黏土 | 17.4 | 38.2 | 2.95 | 23.6 | 12.3 | | | 8.0 |

### 6.2.2　区间整治方案

1. 管线改排

管线改排见表 6-19。

**表 6-19　管线改排**

| 序号 | 项目 | 数量 | 位置 | 备注 |
|---|---|---|---|---|
| 一 | 接触网专业 | | | |
| 1 | 接触网中心锚结迁改 | 15 个 | 上行 346 环,351 环,357 环,363 环,369 环,375 环;下行 335 环,348 环,354 环,361 环,367 环,374 环,380 环,387 环,392 环 | 拆除锚结、切割螺栓、打磨、堵缝。<br>移位安装:钻孔、锚栓安装、悬挂定位安装、中心锚结安装、刚性悬挂调整、刚性分段绝缘器安装、接地安装。<br>构件防腐;检测调试 |
| 二 | 消防专业 | | | |
| 1 | 消防手报 | 3 个 | 上行 351 环,391 环;下行 348 环 | 将手报改迁到各环管片边缘(不影响钢环安装即可) |
| 2 | 消防管支架 | 61 副 | 所有加钢环处 | 当天移位到管片边缘即不影响钢环安装的区域,当天恢复 |
| 3 | 消防卷帘箱 | 2 个 | 上行 348 环;下行 390 环 | 当天拆除,当天钢环安装完成后焊接在钢管片上 |
| 4 | 消防应急灯箱 | 6 个 | 上行 331 环,348 环,364 环,380 环;下行 346 环,364 环 | 钢环加固时临时拆除,当天安装完成后焊接在钢管片上 |

续上表

| 序号 | 项　目 | 数量 | 位　置 | 备　注 |
|---|---|---|---|---|
| 5 | 感温光纤 | 123 m | 所有钢环加固位置 | 在第一排支架下用铝线或者稍硬的线条连接，然后将感温光纤固定在该线条上，作为保护措施。施工结束后恢复到原位置 |
| 三 | 变电专业 | | | |
| 1 | 接地扁钢(1 根)拆除、安装 | 123 m | 所有加钢环处 | 电缆支架上的接地扁钢，在施工时，将其切断再用接地线将两端的扁钢连接导通，绑扎在已经改排后的电缆上 |
| 2 | 35 kV 环网电缆迁移(7 根) | 123 m | 所有加钢环处 | 电缆移至最下面两层，钢环加固施工时禁止踩踏并做好防火保护 |
| 3 | 供电系统控制电缆迁移 | 123 m | 所有加钢环处 | 移位到最上排支架上 |
| 四 | 污水管专业 | | | |
| 1 | 污水管拆除、安装 | 126 m | 下行 340 环～375 环范围 | 即时拆装 |
| 2 | 止水阀安装、拆除 | 4 个 | 下行 340 环～375 环范围 | 即时拆装 |
| 3 | 快速接拆装 | 22 个 | 下行 340 环～375 环范围 | 即时拆装 |
| 五 | 机电照明专业 | | | |
| 1 | 机电低压电缆迁移 | 123 m | 所有加钢环处 | 移位到最上排支架上 |
| 2 | 照明电源线迁移 | 123 m | 所有加钢环处 | 两路照明线路分开拆除，固定在最上排支架上 |
| 3 | 照明灯具迁改 | 13 盏 | 上行 330 环，338 环，346 环，354 环，363 环，372 环，380 环，389 环；下行 340 环，348 环，356 环，365 环，375 环 | 照明灯移至改排后的电缆上并用绑带进行加固，同时保证电缆与隧道管片的间距不小于 150 mm |
| 4 | 低压维修箱迁改 | 2 台 | 上行 352 环；下行 346 环 | 钢环加固当天拆除，钢环加固完成后当天恢复，直接焊接固定在钢管片上 |
| 六 | 通信专业 | | | |
| 1 | 弱电侧电缆支架(5 层)拆装 | 103 副 | 上行 40 环为 1 个/环，7 环为 2 个/环；下行 25 环为 1 个/环，12 环为 2 个/环 | 将原 90 cm 的间隔改为 120 cm，支架改排到管片边缘不影响钢环安装位置(确保每环一个支架)，改排后不恢复 |
| 2 | 接地扁钢拆装 | 123 m | 所有安装钢环处 | 电缆支架上的接地扁钢，在施工时，将其切断再用接地线将两端的扁钢连接导通，绑扎在已经改排后的电缆上。钢环安装结束后恢复 |
| 3 | 漏缆支架拆装 | 110 副 | 所有安装钢环处 | 同弱电支架改迁 |
| 4 | 漏缆迁改 | 123 m | 所有安装钢环处 | 顶部专用通信漏缆改到第 4 排支架上，中间民用通信漏缆改到第 3 层，底部漏缆位置不动，改排后的漏缆间距为 50 cm。钢环安装结束后恢复到原位置 |
| 5 | 通信电缆(若干根)迁移 | 123 m | 所有安装钢环处 | 移到电缆支架的最下面三层 |

续上表

| 序号 | 项　　目 | 数量 | 位　　置 | 备　　注 |
|---|---|---|---|---|
| 6 | 通信信号箱迁移 | 9 个 | 上行 333 环～338 环（里程 DK20＋908.059） | 请专业的施工人员进行迁改，将信号箱迁移到 323 环～328 环（里程 DK20＋898.459）的位置。一次迁改完成不再恢复。源接续采用电源箱进行接续，光纤光缆设置接线盒进行熔接接续，馈线截断后更换长度满足要求的馈线，移位后的 AP 机箱不进行恢复。移位后必须当场测试一切通信信号正常 |
| 七 | 信号专业 | | | |
| 1 | 信号电缆迁移 | 123 m | 所有钢环安装位置 | 先移位，钢环安装完毕后恢复 |
| 2 | 轨道电路箱盒迁移 | 2 处 | 上行 375 环；下行 371 环 | 即时拆装 |
| 八 | 疏散平台 | | | |
| 1 | 疏散平台上下管线支架 | 219 个 | 上支架 110 个（上行 12 环为 2 个/环，24 环为 1 个/环）；下支架为 109 个（12 环为 2 个/环，24 环为 1 个/环） | 疏散平台上下管线支架将改为 1.2 m 间隔一个（强电电缆之间距离是否符合标准，由设计院提供证明文件），支架改迁到每环管片边缘，确保不影响钢管片安装。改排后不恢复 |
| 2 | 疏散平台下托架 | 112 个 | 所有加钢环处每环 1 个 | 钢环加固完成之前拆除，钢环加固工程完成后直接焊接在钢管片上 |
| 3 | 疏散平台 | 123 m | 所有加钢环处 | 钢环加固之前拆除，钢环加固工程完成后恢复安装并注意限界测量 |
| 4 | 疏散平台上红色扶手管卡 | 112 个 | 所有加钢环处 | 拆除：管卡、切割螺栓、打磨、堵缝；新购卡环；移位安装。构件防腐、防火。钢环加固工程完成后恢复 |
| 九 | 其他改排项目 | | | |
| 1 | 里程标识牌 | 3 处 | 上行 357 环，374 环；下行 357 环 | 拆除固定支架、切割螺栓、打磨、堵缝；移位安装；构件防腐、防火 |
| 2 | 上行疏散平台下给水管 | 123 m | 上行线加钢环区域 | 在上行线加钢环区域外侧加装两个阀门，在进行该给水管部位施工时，进行即拆即恢复 |
| 3 | 上行线疏散平台下给水管支架 | 22 个 | 上行线加钢环区域 | 将支架迁改到每环管片边缘即不影响钢环拼装的区域，施工后不再恢复 |

2. 隧道整治

本项目隧道整治主要按以下几个步骤进行：

(1)管片环缝堵漏

主要采用骑缝注浆及壁后注聚氨酯浆液施工，此施工过程将贯穿整个施工过程，只要发现渗漏就及时处理。

(2)收敛整治

采用地面微扰动注浆，对变形超过 60 mm 以上的区间进行微扰动注浆整治施工，变形量暂未有统一规定标准，以专家审核意见为准；施工范围暂估如下：上行线 330 环～395 环，下行线 340 环～375 环，其中优先对变形量较小的位置进行注浆，取得相应参数后，再对变形量较大区域进行施工。

(3)隧道不均匀沉降治理

在轨道两侧垂直于下卧土层的管片上钻孔，一个孔位于标准块管片，另一个孔位于拱底块管片，埋设安装孔口连接管，在孔口连接管上安装球阀和防喷装置，然后通过防喷装置插入芯管至设计要求的深度，再进行微扰动注浆施工。

(4)管片裂缝修补

区间隧道管片存在大量管片裂缝及破裂，如不及时修补将严重影响管片的使用寿命以及后续整治施工的效果。针对区间管片调查情况，采取分级治理措施，达到防水等级二级要求。

(5)道床加固处理

在道床上开小孔，孔位形成后，用注浆设备将亲水环氧树脂灌入缝隙之中。

(6)钢环安装

完成以上 5 个施工工艺后，最后再进行钢环施工。以上 5 个工序可根据现场实际情况进行调整。

3. 地面微扰动注浆(收敛整治)

(1)地面注浆示意图

如图 6-30 所示，为保证隧道收敛整治效果，结合监测单位提供的监测数据，在隧道上下行外侧各布设 3 排注浆孔(A1，A2，A3 以及 C1，C2，C3)，在上下行隧道中间布设 1 排注浆孔。

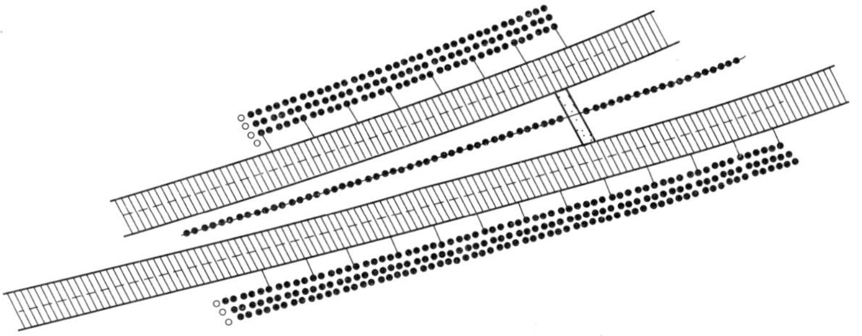

图 6-30　区间地面注浆平面注浆孔位图

(2)注浆施工

①注浆范围：隧道所处标底以上 5 m 范围内，如图 6-31 所示。

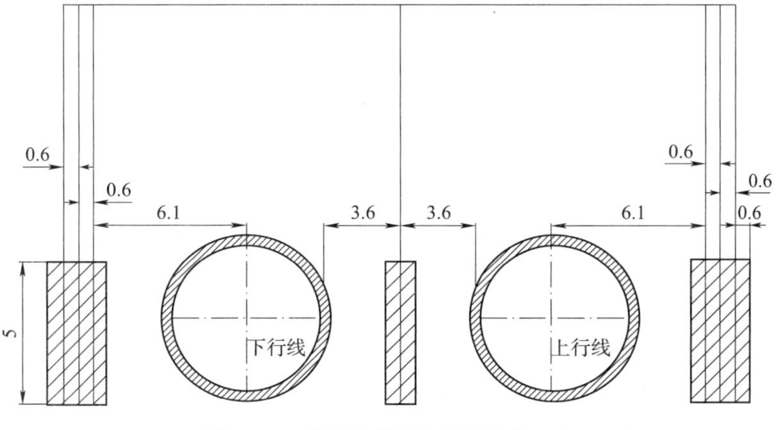


图 6-31　地面注浆剖面图(单位：m)

②注浆孔布置：平面上在变形范围内平行于隧道轴线布置7排注浆孔。根据现场实际位置，考虑中间布置1排注浆孔，两侧各3排注浆孔。

③注浆孔孔距：1.2 m。

④注浆压力：根据实际施工监测情况确定。

⑤注浆流量：水泥浆泵流量14～16 L/min，水玻璃泵流量5～10 L/min。

⑥注浆顺序：先对距离上下行隧道中心线6.7 m的A2、C2排注浆孔进行施工；由于注浆效果不明显，接下来对距离上下行隧道中心线6.1 m的A1、C1排进行注浆；最后对距离上下行隧道中心线7.3 m的A3、C3排及上下行隧道中间排(B1排)进行注浆。其中每排优先对变形较小处进行注浆，取得相应参数后再针对变形更大的区域进行注浆；同一排内按照做一跳五施工，相邻孔注浆间隔不少于2 d；由收敛变形最大点向两端进行，每次施工具体注浆孔位根据变形监测数据在施工前确定。

⑦注浆拔管

由于整治区间隧道结构状态病害较多，收敛监测数据较大，为了保证注浆期间施工安全和注浆加固的效果，三个阶段注浆施工参数的选择如下：

a. 前期施工A2排及C2排时，为了保证注浆整治效果及施工安全，在试验段区域，采取拔管速度与注浆流量、注浆单节高度、注浆量相匹配的原则进行注浆，约为每1 min拔10 cm。

b. 在进行A1、C1及B1排注浆时，由于该段区间所在的地层为砂性土，注浆效果略不明显，为保证收敛整治效果，在监测数据正常的情况下采取每1 min拔10～15 cm的速度进行注浆。

c. 在进行A3及C3排注浆时，为保证对前面2排注浆效果的加固，考虑地层及收敛效果不明显的情况，在监测数据正常的情况下采取每1 min拔15～20 cm的速度进行注浆。

⑧材料

a. A液：见表6-20。

**表6-20　材料**

| 材料名称 | 水 | 水　　泥 |
|---|---|---|
| 规格 | 自来水 | 海螺P·O42.5级 |
| 重量比 | 0.6～0.7 | 1 |

b. B液：35°Be′中性水玻璃，模数2.85。

c. 双液浆体积比：A液∶B液=(2～3)∶1。

⑨注浆终止条件

a. 注浆量达到每次注浆要求。

b. 单次注浆管片变形接近或达到允许值。

⑩管片单次收敛控制值≤5 mm，预警值>3 mm。

(3)施工监测

注浆施工的同时由专业监测单位对隧道的轴线、管片的变形进行严密监测，全面完整的施工监测是实现注浆信息化的核心内容，保证了施工注浆安全。监测项目见表6-21。

①施工前对注浆区域隧道结构竖向位移的影响测量，针对注浆施工影响范围内所有测点的竖向位移测量，目的是了解注浆施工前后隧道结构差异沉降的变化。

②施工时进行即时监测跟踪测量。在注浆过程中，针对注浆位置固定测点的实时测量，可

用于观察注浆过程中隧道结构某个位置的隆沉情况。

③注浆施工结束后隧道的整体线形监测，并及时提供数据以便分析以及安排下轮注浆。

**表 6-21 监测项目汇总**

| 监测项目 | | 监测频率 | 报警值(mm) | 备 注 |
|---|---|---|---|---|
| 竖向位移 | 影响复测 | 注浆前后 | ±(1.0～2.0) | 针对所有测点进行，报警值指前后两次测量差值 |
| | 跟踪监测 | 实时量测 | ±(1.0～2.0) | |
| 管片收敛 | | 视情况 | 1.0 | |
| 接缝张开 | | | 1.0 | |

4. 隧道不均匀沉降治理

(1)防沉注浆开孔

由于原道床排水沟开设的注浆孔因常年锈蚀，部分已无法使用，因此需要在原注浆封孔位置或新设注浆孔位置进行重新开孔，如图 6-32 所示，使用喜得利 DD200 钻石钻孔取芯机进行管片开孔，其中管片开孔为二次开孔，一次开孔预留管片保护层 5～10 cm，然后安装孔口管和防喷装置，注浆时再进行二次开孔。

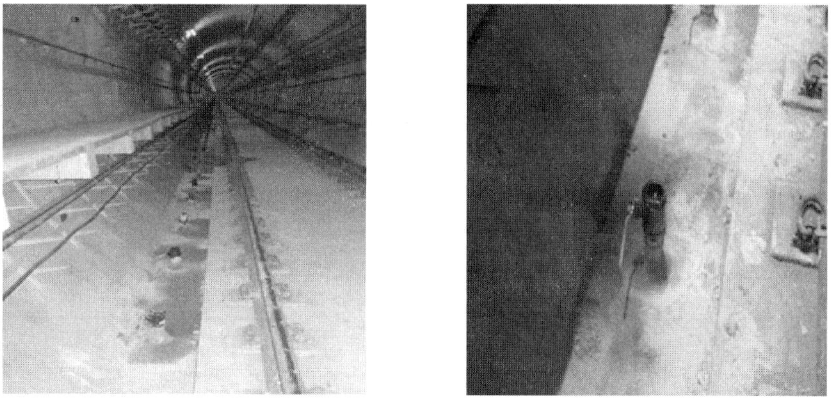

图 6-32 注浆孔

(2)隧道防沉注浆工艺

利用之前开设的注浆孔进行注浆，通过在孔口连接管上安装球阀和防喷装置，然后通过防喷装置插入芯管至设计要求的深度，再进行微扰动注浆施工。

单孔单次注浆工艺流程如下：

①插入注浆芯管，打设注浆管。采用专用设备，根据每次的注浆深度，通过防喷装置、球阀和孔口管将注浆管逐根打入土层。

②连接注浆管路。通过注浆管路将双液浆注浆泵、流量仪、混合器与注浆管连接。

③配制浆液。采用自制小型拌浆系统按水灰比 0.6～0.8 拌制水泥浆。

④注浆、拔管。采用双泵双液注浆方法进行注浆，采用专用拔管设备边注浆边拔管，缓慢连续均匀地进行，拔管速度与注浆流量、注浆单节高度、注浆量相匹配。

⑤拔除注浆管。按要求完成注浆，注浆管停滞 5 min 以上。待浆液初凝后，采用专用拔管设备将注浆管全部拔除；关闭球阀，拆除防喷装置，单次注浆完成。

⑥重复注浆。按施工工序①～④根据实际施工要求重复施工，直至达到终孔条件。

⑦拆除球阀，封孔。达到终孔条件后，拆除球阀，用亲水性环氧树脂进行封孔，安加闷盖，完成单孔工艺。

(3)施工技术参数

①注浆孔埋设范围及孔位图：需设计院确定。注浆目的：不求抬升，以防沉为主。

②注浆单节高度：10～30 cm，根据现场实际监测数据而定。

③暂估需要对下行线累计沉降量超过 15 mm 的区域进行微扰动沉降注浆。

④每环开设 2 个注浆孔，单孔暂估注浆 15 次，暂定注浆次数：2 700 孔/次。注浆深度根据注浆效果和监测数据而定。

⑤注浆压力：根据实际施工监测需要而定。

⑥注浆顺序

a. 先对下部隧道进行注浆整治，再根据监测数据调整施工顺序。

b. 垂直方向：由内而外递增，由下而上均匀拔管进行施工。

c. 水平方向：每隔 2～3 环跳环施工，同孔重复注浆间隔不少于 3 d，并根据监测情况及时调整；每块管片左右对称注浆；由沉降量最大点向两端进行，每次施工具体注浆孔位根据变形监测数据在施工前确定。

⑦材料

A 液：组成成分见表 6-22。

**表 6-22　A 液组成成分**

| 材料名称 | 水 | 水泥 | 外加剂 |
|---|---|---|---|
| 规格 | 自来水 | P·O42.5 级 | Bx-2 |
| 重量比 | 0.6～0.8 | 1 | 0.005～0.01 |

B 液：35°Be′中性水玻璃。

双液浆体积比：A 液∶B 液＝1∶(0.4～1)。

⑧注浆终止条件

a. 注浆量达到每次注浆的要求。

b. 单次注浆抬升超过报警值[±(1～2)mm]。

(4)施工监测

注浆施工的同时由专业监测单位对隧道的轴线、管片的变形进行严密监测，全面完整的施工监测是实现注浆信息化的核心内容，保证了施工注浆安全。监测项目见表 6-21。

①施工前对注浆区域隧道结构竖向位移的影响测量，针对注浆施工影响范围内所有测点的竖向位移测量，目的是了解注浆施工前后隧道结构差异沉降的变化。

②施工时进行即时监测跟踪测量。在注浆过程中，针对注浆位置固定测点的实时测量，可用于观察注浆过程中隧道结构某个位置的隆沉情况。

③注浆施工结束后隧道的整体线形监测，并及时提供数据以便分析以及安排下轮注浆。

(5)防沉注浆孔封孔

防沉注浆孔封孔具体做法见 5.4.4 节的“注浆孔封孔处理”。

封孔步骤：

①打开注浆球阀，在确保球阀不漏水的情况下将上部球阀及连接管直接拆除；若球阀漏水，则采取壁后注聚氨酯，待聚氨酯发泡不漏水的情况下再将上部球阀及连接管直接拆除。

②对管孔进行掏孔。

③在管片下部用高强水泥封孔。

④待下部高强水泥凝固后，上部灌入亲水性环氧树脂。

⑤环氧树脂灌入完毕后，直接使用生料带缠住铸铁闷头后进行封闭。

5. 管片环缝堵漏

在隧道环纵缝发生较大渗水时，主要采用环纵缝注浆堵漏方式处理，此施工工艺贯穿整个施工整治过程，只要发生渗漏水就及时处理。当连续3环发生较大渗漏水时，则采用壁后注浆堵漏的方式处理。

(1)环纵缝注浆堵漏

①打孔。清理管片的嵌缝槽及环、纵缝，在相邻管片缝隙上正面垂直打孔，每1 m设2～3个注浆孔。

②埋管、清孔。在已打好孔的位置埋入金属注浆管阀，然后将孔内清理干净。

③封缝。根据要求，在相邻管片缝隙表面用弹性环氧密封胶封闭，间隔留出气孔。

④注浆。注浆时，当出气孔出浆后将出气孔封闭，然后再进行屏浆，使缝隙充满聚氨酯浆液。

⑤封孔。待注浆材料固化后，将金属管拔出，用弹性环氧密封胶封孔，如图6-33所示。

图6-33　环纵缝注浆堵漏

(2)壁后注浆堵漏

当漏水量较大时，应采用壁后注浆工艺。注浆材料一般为油溶性聚氨酯堵漏材料。

①施工工艺

a. 选定渗漏区域注浆孔位，打开原注浆预留孔。

b. 安装外接头、球阀和防喷装置。

c. 用电锤钻钻穿管壁、疏通预留孔。

d. 按比例配制注浆所用浆液。

e. 连接注浆管路。

f. 使用电动齿轮泵注入规定剂量的浆液。

g. 按要求完成注浆，关闭球阀，拆除防喷装置和注浆管路。

h. 待浆液凝结，拆除球阀，恢复原状注浆孔。

②施工技术参数

隧道注浆堵漏时应明确注浆孔位、注浆顺序、注浆时机，满足多点、少量、均匀的原则，确保浆液分布均匀。在注浆施工的同时对隧道的轴线、管片的变形进行严密及时监测，一旦发现位移或变形接近或达到报警值，立即停止注浆，以防对隧道产生不利影响。

壁后注浆主要技术参数：

a. 注浆量：每孔原则上为 30～50 kg(可根据实际情况调整)。

b. 注浆流量：5～10 L/min(常规情况下应采用流量下限)。

c. 注浆压力：不超过起始压力 0.15 MPa。

d. 主要材料：油溶性聚氨酯。

6. 管片裂缝修补

由于区间整治区段隧道管片受损较为严重，裂缝较多，为了确保管片裂缝修补强度，针对不同宽度的裂缝采取不同的修补方法，如图 6-34 所示(裂缝修补详细做法见 5.4.1 节)。

(1)宽度小于 0.2 mm 的裂缝：在裂缝两侧各 50 mm 涂抹 JS 防水水泥进行修补。

(2)宽度介于 0.2～1.0 mm 的裂缝：利用灌浆法，先在裂缝表面进行环氧砂浆封闭，然后用亲水性刚性环氧砂浆进行浆液灌缝修补。

(3)宽度大于 1.0 mm 的裂缝：利用填充法，先在裂缝表面进行环氧砂浆封闭，然后用亲水性刚性环氧砂浆进行浆液灌缝修补。

(4)裂缝宽度大于 2 mm 且水压大或渗漏量大处：采用环氧胶泥或专用密封胶密封裂缝，注入亲水性刚性环氧砂浆进行修补。

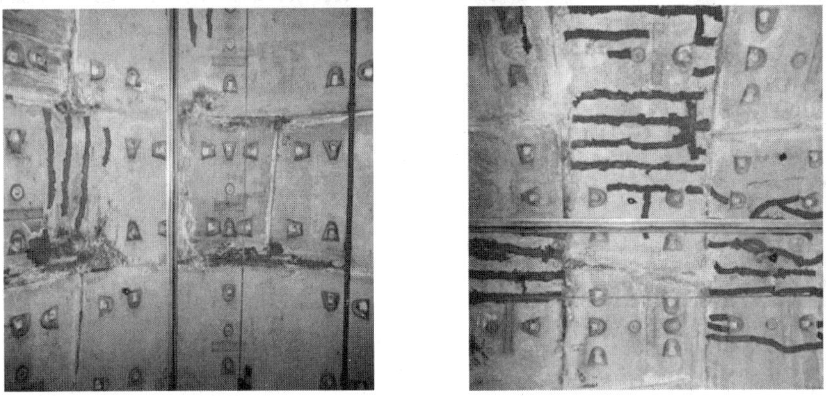

图 6-34　裂缝修补

7. 道床加固处理

道床脱空详细做法见 5.4.5 节。

道床管片脱空处理工艺：从道床两侧进行钻孔注浆，钻孔深度为道床表面至道床底部约 0.8 m。注浆浆液为亲水性刚性环氧浆液。

施工工艺：钻孔→埋管→清孔→注浆→拔管→封孔。

### 6.2.3 钢环加固

1. 管线改排

根据设计图纸和现场勘察情况，隧道管壁上布置有消防管、供电电缆、漏缆、疏散平台等，顶部有地铁电客车运行时使用的高压直流电网。隧道管线分布示意如图 6-35 所示。

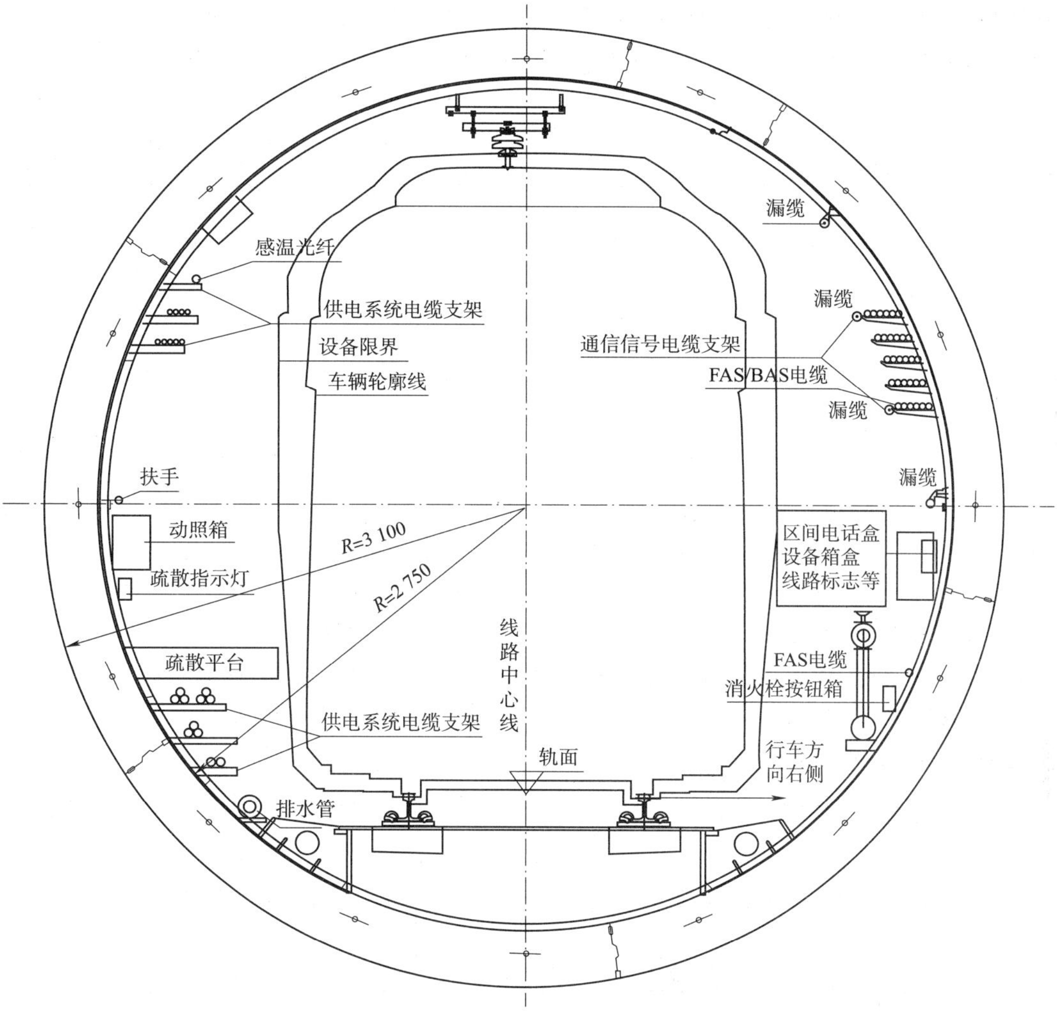


图 6-35　隧道管线分布示意图

隧道管壁上的管线和平台都是通过安装在管片上的支架进行布置的，经过实地勘察，在需要装钢环的管片上不同程度地布置有线缆支架、水管支架、平台支架以及电网支架，因此需要在实施钢环安装和焊接前将相应位置上的支架进行改移，改移工作与隧道管片修补工作同时分批次进行。

(1)线路支架改移

管片上的线路支架是通过膨胀螺栓固定在管片上，首先在相邻的管缝边上安装新的线路支架，然后再拆除原有的线路支架。安装新的支架前，要对支架的预安装位置进行测量和弹线，对螺栓位置进行标记，对施工位置的线路用聚氨酯厚型材料和防火布进行保护，然后用电锤在标记的位置钻孔，安装膨胀螺栓，安装线路支架。新的支架安装完成后，将原有的支架拆除。

(2)疏散平台改移

疏散平台安装在矩形的支架上，支架通过膨胀螺栓固定在管片上，对有钢环施工的管片位置的疏散平台，首先要将相应位置的疏散平台取下来：松开连接在支架上的卡子；把支架移位至管片接缝处，对支架位置进行测量和弹线，标记螺栓的位置，用电锤钻在标记的位置钻孔，安装膨胀螺栓，将原有的支架拆除移位。支架移位后用切割机将原有的膨胀螺栓露出管片的部分切掉，然后再在钢环穿过的位置对疏散平台进行切割。

(3)隧道内管线支架施工进度计划

地铁隧道内的管线支架改移与隧道管片的施工同时进行，每个管片上的支架按照从下到上的顺序从轨道两侧同时施工。施工时，先在预定的安装位置上安装新的支架，而后拆除旧支架。

2. 钢环加固

钢环加固施工流程如图 6-36 所示。

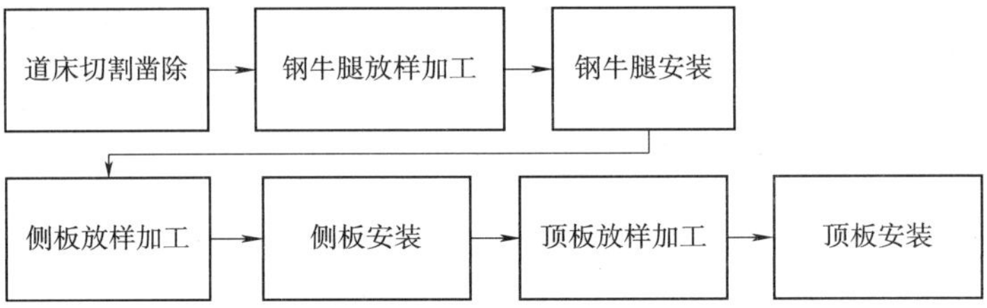


图 6-36　钢环加固施工流程

(1)道床排水沟凿除

①为了尽量减小施工对既有线路设备设施的影响，在不移动轨枕、轨道的情况下尽量多切割道床以增大新设钢环的横断面，如图 6-37 所示，施工前在道床两侧进行部分道床(排水沟)混凝土的凿除工作，以保证施工空间的充足。凿除范围为道床中心两侧合计 2.30 m 范围以外的道床，深度为垂直至管片，经现场测量道床宽度为 2.30 m，即凿除排水沟部分。

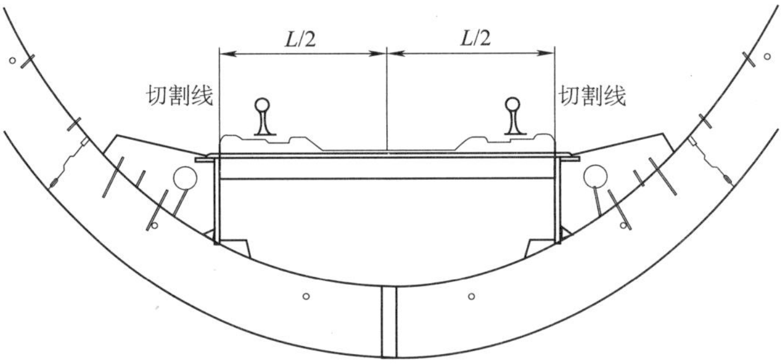


图 6-37　道床切割

②考虑牛腿支架的尺寸统一、便于加工，采用混凝土切割机对道床混凝土统一切割后使用风枪进行凿除，将凿下的混凝土碎块装入编织袋使用小型手推平板车带出隧道。

(2)钢牛腿安装(图 6-38)

①使用机械臂进行钢牛腿及环板的安装时，由轨道车及司机配合，首先进行钢牛腿安装，

安装完成后现场放样加工侧板，侧板安装完成后现场放样加工封顶块钢板，最后进行封顶块钢板安装；施工期间作业人员使用对讲机与司机沟通需及时调整平板车位置。

②根据道床切割尺寸现场放样后进行牛腿加工，利用专用平板车运至现场，用单轨梁平转将牛腿吊装到位；牛腿采用植入混凝土 10 cm 的 M16 不锈钢膨胀螺栓锚固在管片上，M16 不锈钢膨胀锚栓植入角度与管片垂直，并且避开主筋，植入深度严格按照设计要求。牛腿采用 Q345 级钢，厚 20 mm，宽 850 mm，左侧牛腿弧长约 1.3 m，右侧牛腿弧长约 1 m。

③牛腿支架上预留注浆孔，在所有环板和道床上钢板安装包括环氧树脂压注完毕后利用预留孔在支架与管片及道床之间进行环氧树脂的填充，且要求对牛腿支架范围内道床混凝土侧面和管片内弧需提前进行凿毛处理，以保证环氧树脂黏结牢固。

图 6-38 钢牛腿安装

(3)邻接、封顶钢板安装

钢板采用 Q345 级钢，厚 20 mm，宽 850 mm，采用 $CO_2$ 气体保护焊焊接。左侧小侧板弧长约 1.7 m，左侧大侧板弧长约 3.1 m，右侧小侧板弧长约 1.7 m，右侧大侧板弧长约 3.2 m，顶板弧长约 3 m。具体尺寸根据现场管片实际情况确定。

①安装前做好环氧树脂压注准备工作

a. 施工前，将临时封堵的手孔部位封堵材料凿开，将孔口周边管片混凝土清理干净，用超早强水泥填充手孔孔洞，填充孔洞与原管片整体平整、光滑成一体。

b. 受损管片沿衬砌环内弧面进行钢环支护施工，钢环安装前对管片受损部位采用与管片混凝土等强度环氧树脂进行补强。

c. 根据牛腿安装情况现场放样、加工邻接、封顶钢板(先安装邻接钢板后放样加工安装封顶钢板)，即在牛腿支架安装完成后开始进行环形钢板的安装工作，从两侧牛腿支架上的环形钢板开始拼装，最后安装顶部环板，如图 6-39～图 6-41 所示。

②环形钢板就位：利用专用平板车运至现场，利用机械手臂将环形钢板进行就位。

③环形钢板固定

a. 在环形钢板安装前需在管片上进行螺栓孔的放样、布点，同时根据螺栓对应位置在环板上预留孔位。

b. 邻接、封顶钢板吊装到位后，采用不少于 8 支植入混凝土 10 cm 的 M16 不锈钢膨胀螺栓锚固，要求避开管片主筋、管片接缝、管线。

图 6-39　钢环小侧板安装

图 6-40　钢环大侧板安装

图 6-41　钢环顶板安装

c. 螺栓的埋设采用排孔的方式依次进行。

d. 要求保证每天施工时间内安装好的环形钢板均须采用 6 支 M16 不锈钢膨胀螺栓固定，其余孔位尽快补齐，并点焊以防钢板倾覆。

④环形钢板之间的焊接：环形钢板与环形钢板采用点焊定位，最后拼装接口的焊接采用坡口焊。

⑤钢板在管片原注浆孔位置留孔($\phi$110)，以便特殊注浆需要。

(4)钢环支撑成环焊接(图 6-42)

①在牛腿、邻接钢板、封顶钢板及道床上钢拉条全部安装完毕后，各钢板之间进行整体焊接，以保证形成一个良好的受力整体，对隧道起到加固支撑的作用。

②焊缝均采用坡口焊，同时采用气体保护焊，焊缝等级为二级(考虑为现场安装，熔深达到 80%～85%)，焊缝高度未注明者均为 12 mm，并安排专业检测人员进行焊缝探伤试验。

③钢环对接前，需将焊缝处清理干净，分多次进行。每次焊接焊缝高度不得超过 8 mm，且需将前一次的焊渣清理干净，待冷却后再进行焊接。

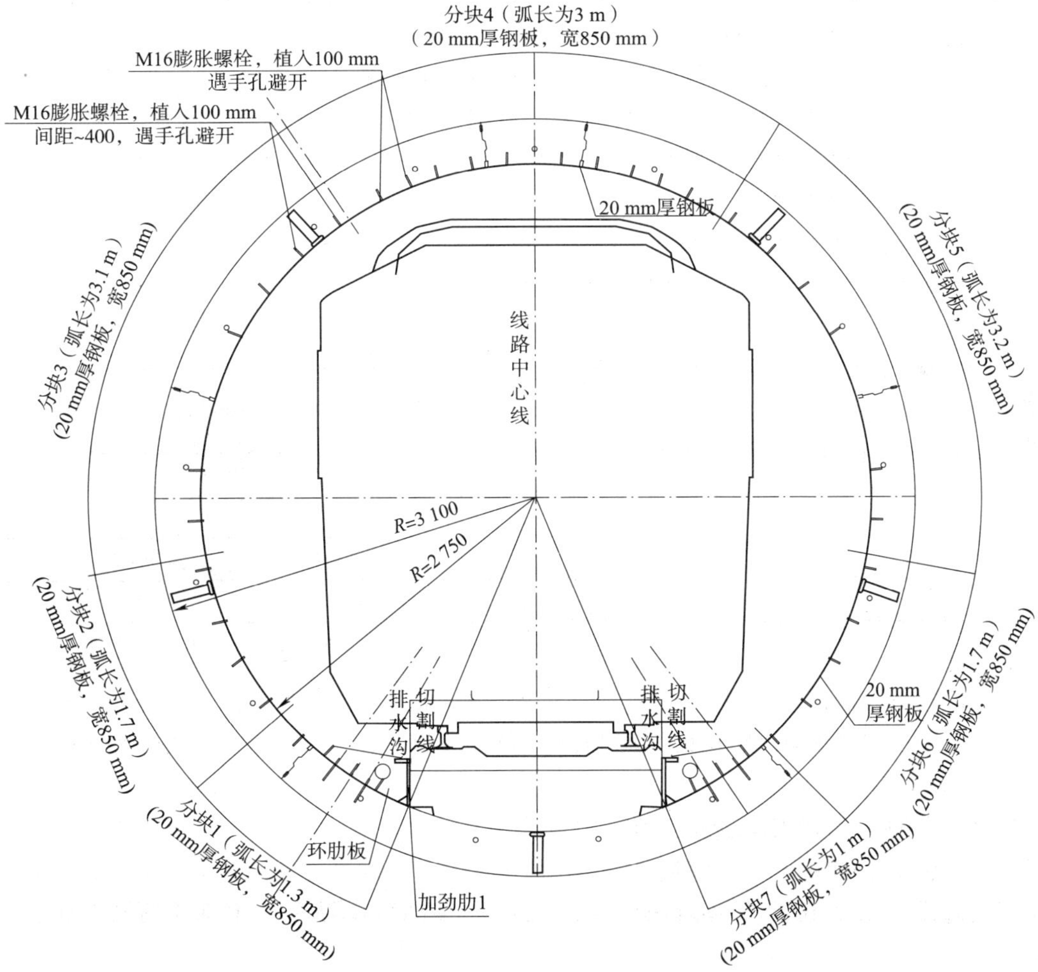


图 6-42　衬砌圆环结构加固图

④焊口质量保证措施：

a. 焊接过程中钢板后管片表面有条件情况下均铺垫石棉布，保证隔热效果。

b. 强电、弱电侧支架上各种管线均有保护罩加以保护，其中弱电侧保护范围为 3 环(当前拼装环加前后一环)，强电侧保护范围为 3 环(当前拼装环加前后一环)。另外在焊接过程中，在保护罩外侧加盖石棉布。

c. 焊接时电焊温度须严格掌控，同一条焊缝需待上道焊缝冷却后再进行下道焊接工作。焊缝示意如图 6-43 所示。

d. 焊接现场准备消防设备，配备多瓶灭火器，确保没有明火或明显高温。

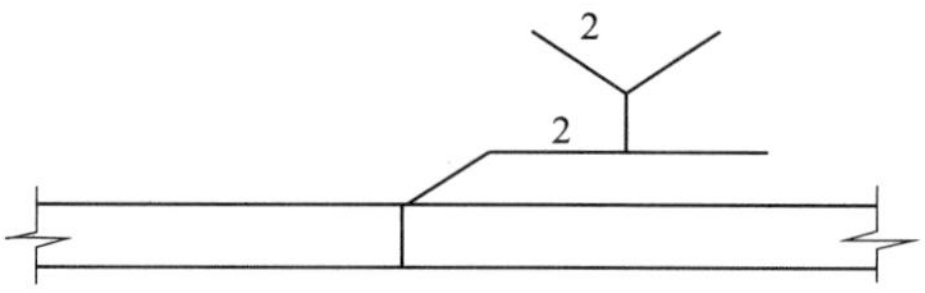

图 6-43　焊缝示意图

3. 环氧树脂填充

在钢环成环焊接后，穿插进行环氧树脂的填充压注工作。

钢环焊接成环完成后，立即在钢板与管片之间进行环氧树脂压注填充工作。考虑本区间施工区域收敛变形较大，钢环与管片间隙也会较大，平均间隙按照不大于 2.5 cm 控制。

(1)钢板两侧与管片接缝处采用环氧胶泥进行封堵。

(2)钢板两侧封堵预留注浆孔和出气孔，每块钢板上不少于 4 个。

(3)利用移动平板搭设活动作业平台，采用小型电动注浆泵压注环氧树脂，压注顺序为自下而上，直至上部预留孔溢出树脂为止，并反复进行压注。

4. 钢板防腐二次处理

钢环安装完成以及钢板后环氧浆液压注完成后，对在施工过程中对钢板的防腐层造成的损伤进行修补，如图 6-44 所示。

(1)用钢丝轮将受损的漆面清理干净。

(2)用钢丝轮对现场焊接口的位置两侧及焊缝表面进行打磨，将焊渣和氧化层清理干净。

(3)对外露的钢板进行除锈处理，除锈等级达到 Sa3.0 级。

(4)隧道内比较潮湿，为保证防腐质量，在喷漆前用碘钨灯对钢环喷漆部位进行加温照射约 20 min，防止湿气凝聚在钢板上，然后再进行喷漆。

(5)对钢环和钢拉条首先喷涂环氧富锌底漆，待底漆干透后，喷涂 SPUR(聚脲弹性体)，涂层厚度均匀，分两层喷涂，总厚度不小于 1.2 mm。

图 6-44　钢板防腐处理

5. 排水管恢复以及素混凝土回填

在钢牛腿间预留的孔洞内铺设 DN100 的 PVC 管，与混凝土排水沟相连接，按照设计要求回填素混凝土形成新的排水沟，保证排水通畅，并将牛腿隔仓内填满混凝土，如图 6-45 所示。

由于修复区段长期累计沉降加之该段处于区间联络通道位置，导致该位置道床排水沟长期处于流水或积水状态，通过在牛腿隔仓里填充混凝土，一是可以有效防止牛腿隔仓内出现积

图 6-45 素混凝土回填

水,避免长期死水发臭现象;二是可以通过对牛腿进行充分的防护,避免后期钢环长期浸水导致钢板腐蚀。

6. 管线恢复

将改排后的管线按设计要求进行永久性恢复。

## 6.3 区间隧道变形综合修复工程(小钢环加固)

### 6.3.1 工程概况

1. 工程简述

某地块项目位于某市某区,在某站 2 号出入口设置接口,以通道形式与拟建项目下沉广场连接,接口宽度 6 m。项目建设的下沉广场及通道距离地铁出入口结构仅 3.4 m。由于项目基坑开挖施工导致区间隧道出现管片渗漏、道床脱空、管片裂缝及缺损,给地铁安全运营带来严重的安全隐患。因此,亟需通过一系列科学地、系统地修复施工,确保该段区间隧道结构的稳定性。

2. 工程地质

根据地块岩土工程勘察报告,本基坑工程地质概况如下:

工程场地位于浙北平原,地貌单元属钱塘江冲积和滨海相沉积平原,地貌形态单一,勘察时场地有大面积堆土,堆积厚度 2～10 m 不等,地势起伏较大,勘察外业施工时,场地局部处于挖填整平中。场地地面高程一般在 3.36～10.93 m 之间(1985 国家高程),周边道路高程约 4.90～6.80 m。

本基坑开挖深度范围内土层自上而下为:

①素填土:杂色,松散。主要为新近回填而成,以粉土为主,含少量碎石、混凝土块及少量生活垃圾,局部有机质含量较高。全场分布,层顶高程 3.36～10.93 m,层厚 1.0～7.9 m。

②$_1$黏质粉土:灰、灰黄色,很湿,稍密～中密。摇振反应中等,干强度低,韧性低,无光泽,中等压缩性。含少量云母及氧化铁斑点,局部夹少量黏性土。局部缺失,层顶高程 1.36～4.61 m,层厚 0～6.7 m。

②$_2$黏质粉土:灰色,湿,中密。摇振反应迅速,干强度低,韧性低,无光泽,低压缩性。含少量云母,局部夹少量粉砂薄层。全场分布,层顶高程−3.39～3.74 m,层厚 4.8～16.0 m。

②₃黏质粉土：灰色，很湿，稍密～中密。摇振反应中等，干强度低，韧性低，无光泽，中等压缩性。具层理状，局部夹薄层粉砂，局部夹少量软塑状黏性土。全场分布，层顶高程－14.16～－4.26 m，层厚3.5～12.5 m。

②₄黏质粉土：灰色，很湿，中密。摇振反应迅速，干强度低，韧性低，无光泽。具层理状，夹粉砂薄层。含少量云母碎片。其中Z86孔的27.4～29.9 m，Z87孔的27.8～30.0 m为粉质黏土，灰色，软塑状。全场分布，层顶高程－20.50～－11.55 m，层厚6.5～20.0 m。

③粉质黏土：灰色，饱和，软塑，稍有光泽，干强度中等，韧性中等，高压缩性，摇振反应无。含少量腐殖质及薄层状粉土。局部缺失，层顶高程－32.07～－27.29 m，层厚0～4.5 m。

④₁粉质黏土：青灰、灰黄色，饱和，硬可塑，局部软可塑，稍有光泽，韧性、干强度中等，中等压缩性，摇振反应中等。含铁锰质结核，局部含大量贝壳碎屑。全场分布，层顶高程－32.85～－24.33 m，层厚1.6～11.8 m。

各土层的物理力学性质指标及设计参数见表6-23，典型地质纵断面如图6-46所示。

**表6-23 各土层的物理力学性质指标及设计参数**

| 层序 | 岩土名称 | 含水率 $w_0$ (%) | 天然重度 $\gamma$ (kN/m³) | 垂直渗透系数 $K_v$ (cm/s) | 固快抗剪强度指标 | |
|---|---|---|---|---|---|---|
| | | | | | 黏聚力 $c$ (kPa) | 内摩擦角 $\varphi$ (°) |
| ① | 素填土 | — | (18.0) | — | (10) | (12) |
| ②₁ | 黏质粉土 | 31.4 | 18.60 | 1.7E－4 | 11.5 | 19.3 |
| ②₂ | 黏质粉土 | 27.5 | 19.03 | 4.1E－4 | 10.4 | 28.2 |
| ②₃ | 黏质粉土 | 29.9 | 18.46 | 1.1E－4 | 10.3 | 26.6 |
| ②₄ | 黏质粉土 | 28.2 | 18.45 | — | 9.0 | 20.9 |
| ③ | 粉质黏土 | 32.3 | 18.00 | — | 12.6 | 12.8 |
| ④₁ | 粉质黏土 | 25.5 | 19.41 | — | 31.6 | 15.6 |

3. 水文地质条件

根据地块岩土工程勘察报告，场地地下水主要为第四系松散岩类孔隙潜水和孔隙承压水。

孔隙潜水：场地孔隙潜水主要分布在浅部②粉土中，分布广泛。浅层地下水主要接受附近河流和大气降水入渗补给。勘探期间水位埋深在0.4～7.1 m左右，相应的地下水位高程为2.60～5.22 m，据周边资料，地下水位年变化幅度约1.0～1.5 m。

孔隙承压水：赋存于深部④₂粉砂、④₄砾砂中，渗透性较好。

本场地地下水对混凝土结构有弱腐蚀性；对混凝土结构中钢筋在长期浸水条件下有微腐蚀性，在干湿交替条件下有弱腐蚀性。场地土由于长期受大气降水的淋滤和地下水浸泡，根据工程经验其对混凝土结构有弱腐蚀性；对钢筋混凝土结构中钢筋，在长期浸水条件下有微腐蚀性，在干湿交替条件下有弱腐蚀性，对钢结构有微腐蚀性。

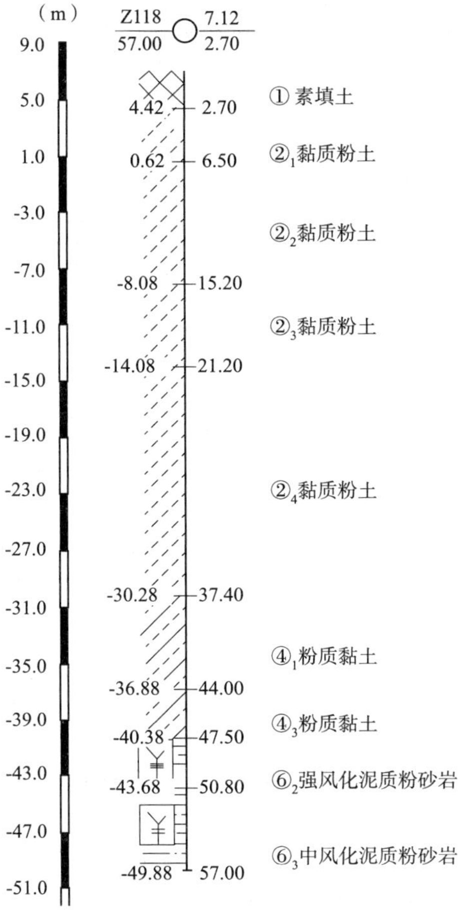


图 6-46　典型地质纵断面

### 6.3.2　施工设施设备

机具设备配置见表 6-24。

**表 6-24　机具设备配置**

| 序　号 | 机具设备名称 | 数　量 | 备　　注 |
|---|---|---|---|
| 1 | 电动自控注浆机 | 4 台 | 压力≥20 MPa |
| 2 | 电动切割机 | 4 台 | |
| 3 | 电锤 | 4 台 | |
| 4 | 电钻 | 4 台 | 电钻杆长≥400 mm |
| 5 | 电吹风机 | 2 台 | |
| 6 | 空压机及高压清洗机 | 2 台 | |
| 7 | 喷雾器 | 2 台 | |
| 8 | 倒链 | 2 个 | |
| 9 | 千斤顶 | 2 个 | |

续上表

| 序　号 | 机具设备名称 | 数　量 | 备　　注 |
|---|---|---|---|
| 10 | 割枪 | 2台 | |
| 11 | 二氧化碳保护焊机 | 6台 | |
| 12 | 可移动操作平台 | 2套 | |
| 13 | 小型拆卸平板车 | 2台 | |
| 14 | 电子水平仪 | 2台 | |
| 15 | 全站仪 | 1台 | |
| 16 | 红外线经纬仪 | 2台 | |
| 17 | 排烟鼓风机 | 4套 | |
| 18 | 灭火器 | 若干个 | |

管线改移安排见表6-25。

**表6-25　管线改移安排表**

| 序号 | 项　目 | 数量 | 位　　置 | 备　　注 |
|---|---|---|---|---|
| 一 | 接触网专业 | | | |
| 1 | 接触网中心锚结迁改 | 7个 | 24、36、43、63、76、104、116环 | 拆除锚结、切割螺栓、打磨、堵缝。<br>移位至管缝处安装：钻孔、锚栓安装、悬挂定位安装、中心锚结安装、刚性悬挂调整、刚性分段绝缘器安装、接地安装；构件防腐；检测调试 |
| 二 | 消防专业 | | | |
| 1 | 消防手报 | 3个 | 51、94环 | 将手报改迁到各环管片边缘(不影响钢环安装即可) |
| 2 | 消防管支架 | 68个 | 所有加钢环处 | 拆除：托架、U形栓、切割螺栓、打磨、堵缝；加工、修复托架；移位至管缝处安装托架、U形栓 |
| 3 | 消防卷帘箱 | 2个 | 51、94环 | 当天拆除，当天钢环安装完成后用小槽钢作支架垫撑安装或焊接在钢管片上 |
| 4 | 消防应急灯箱 | 4个 | 36、53、69、102环 | 当天拆除，当天钢环安装完成后用小槽钢作支架垫撑安装或焊接在钢管片上 |
| 5 | 感温光纤 | 98 m | 所有钢环加固位置 | 选用离壁10 cm的支架安装在管缝处将原有支架安装上去 |
| 三 | 变电专业 | | | |
| 1 | 接地扁钢(1根)拆除、安装 | 98 m | 所有加钢环处 | 电缆支架上的接地扁钢，在施工时，将其卸下后固定在移位好的支架上 |
| 2 | 35 kV环网电缆迁移(7根) | 98 m | 所有加钢环处 | 钢环加固施工时临时外移10 cm，钢环安装后当场复位 |
| 3 | 供电系统控制电缆迁移 | 98 m | 所有加钢环处 | 钢环加固施工时临时外移10 cm，钢环安装后当场复位 |
| 4 | 强电侧电缆支架(上下层)拆装 | 186副 | 所有加钢环处 | 将原支架改排到管片边缘不影响钢环安装位置(确保每环一个支架)，改排后不恢复 |
| 四 | 机电专业 | | | |
| 1 | 机电低压电缆迁移 | 98 m | 所有加钢环处 | 钢环加固施工时临时外移10 cm，钢环安装后当场复位 |

续上表

| 序号 | 项　目 | 数量 | 位　　置 | 备　　注 |
| --- | --- | --- | --- | --- |
| 2 | 照明电源线迁移 | 98 m | 所有加钢环处 | 选用离壁 10 cm 的支架安装在管缝处将原有支架管线安装上去 |
| 3 | 照明灯具迁改 | 5 盏 | 20、28、36、44、122 环 | 选用离壁 10 cm 的支架安装在管缝处，钢环加固施工时拆除，等钢环安装后安装在新支架上 |
| 五 | 通信、信号专业 | | | |
| 1 | 弱电侧电缆支架拆装 | 95 副 | 所有加钢环处 | 将原支架改排到管片边缘不影响钢环安装位置(确保每环一个支架)，改排后不恢复。需保证最大支架间距小于 1 200 mm |
| 2 | 接地扁钢拆装 | 98 m | 所有加钢环处 | 电缆支架上的接地扁钢，在施工时，将其卸下后固定在移位好的支架上 |
| 3 | 漏缆支架拆装 | 172 副 | 所有安装钢环处 | 同弱电支架改迁 |
| 4 | 通信电缆(若干根)迁移 | 98 m | 所有安装钢环处 | 钢环加固施工时临时外移 10 cm，钢环安装后当场复位 |
| 5 | 通信信号箱迁移 | 17 个 | 40～44 环以及 46～47 环 | 初步方案：预先在管缝处安装上下两个离壁 10 cm 的支架，在支架上各安装一根槽钢。并把所有信号箱移至槽钢上安装。钢环安装时派专业技术人员现场监护，如发生意外损坏当场进行修复。最终方案须通号专业同意后实施 |
| 六 | 疏散平台 | | | |
| 1 | 疏散平台下托架 | 81 个 | 所有加钢环处每环 1 个 | 将托架移至管缝处 |
| 2 | 疏散平台 | 98 m | 所有加钢环处 | 钢环加固之前切除钢环穿过位置处的平台 |
| 3 | 疏散平台上红色扶手管卡 | 81 个 | 所有加钢环处 | 拆除：管卡、切割螺栓、打磨、堵缝；新购卡环；移位至管缝处安装。接头处用白铁皮包护 |
| 七 | 其他改排项目 | | | |
| 1 | 里程及标识牌 | 17 处 | 20、22、30、34、36、43、50、53、64、69、70、76、87、91、96、116 环 | 钢环安装时拆除，等安装完毕后固定在钢环上 |

### 6.3.3 区间综合整治方案

1. 隧道整治

本项目隧道整治主要按以下几个步骤进行：

(1)环纵缝堵漏处理

主要采用骑缝注浆及壁后注聚氨酯浆液施工，此施工过程将贯穿整个施工过程，只要发现渗漏就及时处理。

(2)管片收敛整治处理

采用地面微扰动注浆，对变形超过 60 mm 以上的区间进行微扰动注浆整治施工；施工范围暂估如下：下行线 93～97 环共 5 环，计划每环设置 5 排注浆孔，共计 25 孔。其中优先对收敛变形量较小的位置进行注浆，获取相应注浆参数，其次对变形量较大的位置进行注浆，对隧道结构收敛进行控制，以便进行后续加固施工。

(3)管片修补与防水处理

区间隧道管片存在大量管片裂缝及破裂,如不及时修补将严重影响管片的使用寿命以及后续整治施工的效果。针对区间管片调查情况,采取分级治理措施,达到防水等级二级要求。

(4)隧道不均匀沉降整治处理

由于基坑开挖导致下行线隧道出现大范围的不均匀沉降,如不及时进行沉降整治,将会导致隧道管片发生漏泥砂、渗漏水及道床管片脱开等次生病害,给地铁运营带来严重的安全隐患。针对区间隧道不均匀沉降治理,需等到收敛整治结束后,收敛变形数据稳定时进行。沉降治理范围为下行线累计沉降量超过 40 mm 的区域。

(5)道床加固整治处理

由于部分管片沉降较大,导致管片与道床中间出现较大空隙,在列车运行作用下,道床与管片之间的拍打效应加剧,隧道管片沉降与底部漏泥漏砂出现恶性循环。为根治漏泥漏砂病害,需对沉降严重区域管片与道床脱间隙实施环氧砂浆灌注加固。

(6)钢环加固

完成以上 5 个施工工艺后,最后再进行钢环施工。隧道如管片渗漏水、隧道收敛整治、管片强度得到有效修补,然后再进行钢内衬加装,对隧道结构进行永久性加固,方可确保隧道结构百年使用大计。

2. 环纵缝堵漏处理

在隧道环纵缝发生较大渗漏水时,主要采用环纵缝注浆堵漏方式进行处理,此施工工艺将贯穿整个施工整治过程,只要发现渗漏就及时处理。当连续 3 环发生较大渗漏水时,则采用壁后(壁后)注浆的方式进行堵漏处理。

(1)环纵缝注浆堵漏

①打孔。清理管片的嵌缝槽及环、纵缝,在相邻管片缝隙上正面垂直打孔,每 1 m 设 2～3 个注浆孔。

②埋管、清孔。在已打好孔的位置埋入金属注浆管阀,然后将孔内清理干净。

③封缝。根据要求,在相邻管片缝隙表面用弹性环氧密封胶封闭,间隔留出气孔。

④注浆。注浆时,当出气孔出浆后将出气孔封闭,然后再进行屏浆,使缝隙充满聚氨酯浆液。

⑤封孔。待注浆材料固化后,将金属管拔出,用弹性环氧密封胶封孔。

(2)壁后注浆堵漏

当漏水量较大时,应采用壁后注浆工艺。注浆材料一般为油溶性聚氨酯堵漏材料。

①施工工艺

a. 选定渗漏区域注浆孔位,打开原注浆预留孔。

b. 安装外接头、球阀和防喷装置。

c. 用电锤钻钻穿管壁、疏通预留孔。

d. 按比例配制注浆所用浆液。

e. 连接注浆管路。

f. 使用电动齿轮泵注入规定剂量的浆液。

g. 按要求完成注浆,关闭球阀,拆除防喷装置和注浆管路。

h. 待浆液凝结,拆除球阀,恢复原状注浆孔。

②施工技术参数

隧道注浆堵漏时应明确注浆孔位、注浆顺序、注浆时机，满足多点、少量、均匀的原则，确保浆液分布均匀。在注浆施工的同时对隧道的轴线、管片的变形进行严密及时监测，一旦发现位移或变形接近或达到报警值，立即停止注浆，以防对隧道产生不利影响。

壁后注浆主要技术参数：

a. 注浆量：每孔原则上为 30～50 kg(可根据实际情况调整)。

b. 注浆流量：5～10 L/min(常规情况下应采用流量下限)。

c. 注浆压力：不超过起始压力 0.15 MPa。

d. 主要材料：油溶性聚氨酯。

3. 管片收敛整治处理

对变形超过 60 mm 以上的区间进行微扰动注浆整治施工；在项目影响的范围内下行线外侧设置 5 排注浆孔，其中上下行线外侧各设置 2 排注浆孔，上下行隧道中间设置 1 排注浆孔。注浆时优先对变量较小的位置进行注浆，获取相应注浆参数后，再对收敛变形较大的区域进行注浆，确保项目影响范围内的管片结构的稳定性。

(1)施工工艺

在隧道外土层打设注浆管至设计要求的深度，再进行“微扰动”注浆加固。单孔工艺如图 6-47 所示。

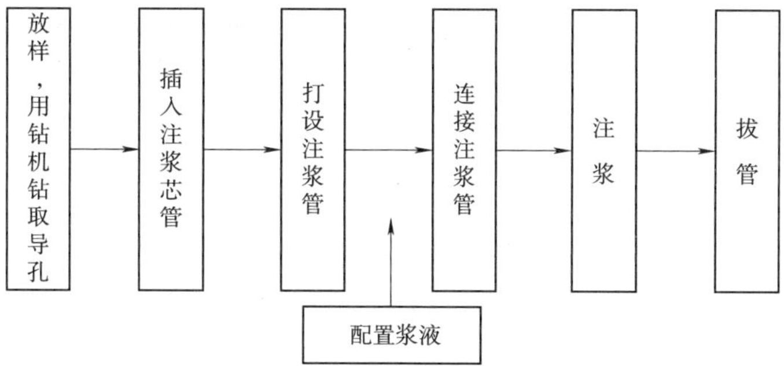


图 6-47　单孔工艺

①放样。根据设计，由测量单位进行测量放样，确定每一孔位以及注浆深度。

②钻取导孔。用阿特拉斯钻机(图 6-48)钻取注浆导孔，深度为 8～10 m，以方便注浆管的打设。

③插入注浆芯管，打设注浆管。注浆芯管采用丝口连接的 $\phi$28 无缝钢管，芯管端头侧向十字开 2 排 4 孔，孔径 4 mm，护孔装置长至少 10 cm，比注浆管稍粗。施工时，芯管端头采用漆包布包裹，防止其脱落堵塞出浆孔；采用专用设备，根据每个孔的注浆深度将注浆管逐根打入土层；覆土厚度按照实际测量数据确定。

④连接注浆管路。通过注浆管路将注浆泵、流量仪、混合器与注浆管等连接，开回流检查管路是否畅通。

⑤配制浆液。采用拌浆系统按水灰比 0.7 拌制水泥浆。

⑥注浆、拔管。采用双泵双液注浆方法进行“微扰动”注

图 6-48　阿特拉斯钻机

浆,采用专用拔管设备边注浆边拔管,缓慢连续均匀地进行,拔管速度与注浆流量、注浆单节高度、注浆量相匹配,约为每 30 s 拔 5 cm。

⑦拔除注浆管。按要求完成注浆,注浆管停滞 10 min 左右,待浆液初凝后,采用专用拔管设备将注浆管全部拔除,单次注浆完成。

(2)施工技术参数

①注浆范围:隧道所处标底至隧道顶部以下 1 m 共 5.2 m 范围。

②注浆孔布置:平面上在变形范围内平行于隧道轴线布置 7 排注浆孔。根据现场实际位置,考虑中间布置 1 排注浆孔,两侧各 3 排注浆孔。

③注浆孔孔距:1.2 m。

④注浆压力:根据实际施工监测情况确定。

⑤注浆流量:水泥浆泵流量 14～16 L/min,水玻璃泵流量 5～10 L/min。

⑥注浆顺序:

a. 先对距离隧道中心线 7.3 m 的第一排注浆孔进行施工,然后根据施工情况和变形监测数据确定距离隧道中心线 6.7 m、6.1 m 的注浆孔的孔位布置。

b. 优先对变形较小处进行注浆,取得相应参数后再针对变形更大的区域进行注浆。

c. 同一排内按照做一跳五施工,相邻孔注浆间隔不少于 2 d。

d. 由收敛变形最大点向两端进行,每次施工具体注浆孔位根据变形监测数据在施工前确定。

⑦注浆拔管:由下而上均匀拔管,注浆管每 30 s 拔 5 cm。

⑧材料

a. A 液:见表 6-20。

b. B 液:35°Be′中性水玻璃,模数 2.85。

c. 双液浆体积比:A 液∶B 液=(2～3)∶1。

⑨注浆终止条件

a. 注浆量达到每次注浆要求。

b. 单次注浆管片变形接近或达到允许值。

⑩管片单次收敛控制值≤5 mm,预警值>3 mm。

4. 施工监测

注浆施工的同时由专业监测单位对隧道的轴线、管片的变形进行严密监测,全面完整的施工监测是实现注浆信息化的核心内容,保证了施工注浆安全。监测项目见表 6-21。

(1)施工前对注浆区域隧道结构竖向位移的影响测量,针对注浆施工影响范围内所有测点的竖向位移测量,目的是了解注浆施工前后隧道结构差异沉降的变化。

(2)施工时进行即时监测跟踪测量。在注浆过程中,针对注浆位置固定测点的实时测量,可用于观察注浆过程中隧道结构某个位置的隆沉情况。

(3)注浆施工结束后隧道的整体线形监测,并及时提供数据以便分析以及安排下轮注浆。

5. 管片修补与防水处理

(1)管片裂缝修补

裂缝修补应在基面干燥或仅有湿渍的条件下进行。在干燥或基面仅有湿渍条件下,通过对管片内表面裂缝骑缝压注亲水性低黏度环氧浆液进行补强堵漏处理。环氧浆液注浆材料为无溶剂亲水性环氧灌浆材料，应满足《混凝土裂缝用环氧树脂灌浆材料》(JC/T 1041—2007)中的普通型N、固化物性能Ⅱ的性能指标。注浆材料不宜选用发泡类浆液(仅在渗漏水较大情况下，先灌注聚氨酯浆液进行临时止水)。

①细微裂缝涂抹水泥基渗透结晶防水材料(裂缝宽度小于0.2 mm且有渗水现象)

裂缝宽度小于0.2 mm的细微隧道裂缝，若出现渗水的贯通裂缝，裂缝表面涂抹水泥基渗透结晶防水材料(参考用量1.5 kg/m$^2$，沿裂缝中心两侧各50 mm涂抹)，防水材料规格见表5-3。

②灌浆法修补裂缝(裂缝宽度0.2～1.0 mm)

灌浆法是将各种树脂浆液灌入裂缝深部，达到恢复结构整体性、耐久性及防水性的目的。注浆材料应采用亲水性改性环氧浆液，然后表面涂刷刚性环氧砂浆封闭。灌浆法施工按照以下工艺进行：

a. 埋设灌浆嘴(盒，管)。对于>0.2 mm、<0.5 mm细而浅的裂缝，用钢丝刷沿缝进行表面刷毛和清洁处理，然后骑缝用环氧胶泥和粘贴灌浆盒或灌浆嘴；对于宽(>0.5 mm)而深的裂缝，宜沿缝开凿V形槽，然后骑槽粘埋灌浆嘴。V形槽凿开深度和宽度以至裂缝深度为准，控制在15～20 mm以内，注浆管的设置间距为200～300 mm。注浆嘴及注浆管应设于裂缝的交叉处、较宽处及贯穿处等部位。对封缝的密封效果进行检查。

b. 封缝。封缝的目的在于使裂缝形成一个密闭性空腔，对于不凿槽裂缝可用环氧胶泥封缝，先沿裂缝刷一道环氧树脂基液，然后抹一层厚1 mm左右、宽20～30 mm的环氧胶泥，也可用环氧树脂粘贴1～3层脱蜡玻璃丝布封缝，宽80～100 mm。对于凿V形槽裂缝，可用水泥砂浆封缝，为增强砂浆与界面的黏着力，应先于槽面上刷一层环氧树脂浆液，然后嵌填水泥砂浆。

c. 密封检查。为保证密封空腔的密闭性及承受灌浆压力作用，应对封缝的密封效果进行检查；待封缝胶泥或水泥砂浆固化后，沿缝涂一层肥皂水，并从灌浆嘴向缝中通入压缩空气，若无冒泡现象，表示密封效果良好，否则应予修补。

d. 配制浆液。灌浆材料要求黏结力强，可灌性好。注浆材料应采用亲水性改性环氧浆液。

e. 灌浆。灌浆主要设备为灌浆泵，需要自行配置储浆罐、储气罐、空压机或手动气泵，附属设备包括灌浆嘴、连接管道及搅拌器等。灌浆时应对全部设备进行检查，并接通管路，用压缩空气将孔道及裂缝内的粉尘吹净。灌浆由缝的一端灌向另一端，竖缝由下往上灌。化学灌浆压力为0.2～0.4 MPa，压力应逐渐升高，防止骤然加压使裂缝扩大。每次灌浆以邻近贴嘴冒浆为准，冒浆后立即用木塞塞紧，依次压灌，直至最后一个贴嘴冒浆，并用木塞塞紧，保持恒压继续压灌。当吸浆率小于0.1 L/min时，继续灌5～10 min后即可停止灌浆。注浆后待缝内浆液初凝而不外流时，方可拆下注浆嘴并进行封口抹平。灌浆结束后，立即清洗管道和设备。

③填充法修补裂缝(裂缝宽度大于1.0 mm)

填充法是沿裂缝将混凝土开凿成U形或者V形槽，然后嵌填修补材料，达到恢复防水性、耐久性和结构承载的目的。对于锈蚀裂缝，应先展宽加深凿槽，直至完全露出钢筋生锈部位，彻底进行钢筋除锈，然后涂上防锈涂料，再填充环氧砂浆，为增强界面黏结力，嵌填时应于槽面涂一层环氧树脂浆液。凿槽时应注意对钢筋的保护，不得对钢筋造成破坏。填充法修补裂缝也应埋设注浆嘴，在填充完后进行灌浆以防填充不密实。填充法修补裂缝如图 5-1 所示。

(2)骑缝钻孔注浆(裂缝宽度大于 0.2 mm)

骑缝注浆适用于宽度大于 0.2 mm 的裂缝修补，同时水压或渗漏量大。

骑缝注浆方法：采用粘贴式注浆嘴(黏合于缝上或凿小槽封埋)骑缝放置，为对准缝隙可用针插入缝隙。其孔间距约 300～500 mm，并且应控制注入的压力在 0.05～0.5 MPa 之间。采用环氧树脂刮涂密封裂缝，且环氧树脂应为可黏合潮湿基面的材料。注浆孔宜交叉布置在裂缝两侧，钻孔应斜穿裂缝，垂直深度宜为混凝土结构厚度 $h$ 的 1/3～1/2，钻孔与裂缝水平距离宜为 100～250 mm，孔径不宜大于 20 mm，斜孔倾角宜为 45°～60°。当需要预先封缝时，封缝的宽度宜为 50 mm。注浆嘴深入钻孔的深度不宜大于钻孔长度的 1/2。骑缝注浆如图 5-2 所示。

(3)管片破损修补

①破损面堵漏处理及修整：管片修补前，应将破损基面的尘土等杂质清理干净，不得有残留杂物；现场施工中，当环境温度低于 0 ℃且混凝土修补表面含水率大于 70%时，应停止修补作业。

②露筋管片或结构除锈：对外露钢筋应进行除锈处理，先用砂纸或砂轮对钢筋表面进行打磨，直至露出金属本色，然后对出露钢筋用丙酮清洗，进行二次除锈。

③植筋

a. 对于长×宽×深=100 mm×100 mm×50 mm 及以上的破损，应采用植筋加固，植筋钻孔深度宜为 50 mm，可采用 $\phi 8$ 钢筋，植筋长度不少于 50 mm 且修补完成后钢筋外露不应大于 30 mm，应采用植筋胶黏结牢固；植筋孔位布置应由孔洞中心向外扩散，间距不大于 200 mm。

b. 植筋和钢丝网的位置允许偏差为±50 mm，钢丝网的尺寸允许偏差为±20 mm。

c. 钢丝网与植筋应连接牢固。

④现场配制胶黏剂

a. 碎裂、掉块的管片采用强度高一等级的环氧砂浆或其他结构胶黏剂进行补强。

b. 现场胶黏剂不得混入碎块、灰尘等杂物，结构胶黏剂应按设计要求或产品说明书的规定配置，搅拌时间应符合设计要求或产品说明书的规定；结构胶黏剂搅拌后应在 5 min 内完成嵌填，结构胶黏剂应填实瓦楞纸、管片破损孔洞等间隙。

c. 环氧砂浆的技术要求参照现行《环氧树脂砂浆技术规程》(DL/T 5193)的质量要求和性能测试方法执行。应保证环氧砂浆黏结牢固持久，不得脱落。碎裂管片修复应先凿除松动、起壳的混凝土，将基面清理干净，在基面上涂界面处理剂，环氧砂浆要求在短时间内达到较高强度，其性能指标参照如下标准：2 h，≥20 MPa，1 d，≥30 MPa；3 d，≥40 MPa；7 d，≥45 MPa；28 d，≥50 MPa。

⑤修补：管片修补后出现明显突出部位等不平整情况时，应按专项技术处理方案进行处理，并重新检查验收。

⑥出清：修补完成后，应对管片表面进行清理，不应有树脂浆液等杂物残留。

(4)管片环缝与纵缝防水处理

①潮湿无渗漏明水接缝防水处理

对于潮湿而无明水的接缝，宜采取嵌填密封处理，并应符合下列规定：盾构钢环加固区域做整环的环(纵)缝嵌缝；其余嵌缝范围为拱顶45°范围；嵌缝材料采用高模量聚硫密封胶。高模量聚硫密封胶的物理力学性质见表6-26，注意事项：

a. 嵌缝范围宜以渗漏接缝为中心，沿隧道推进方向前后各不宜小于2环。

b. 拱顶及侧壁宜采取在嵌缝沟槽中依次涂刷基层处理剂、设置背衬材料、嵌填柔性密封材料的治理工艺，如图6-49所示；背衬材料的直径宜大于嵌缝沟槽宽度的20%～50%，且不应与密封材料相黏结。

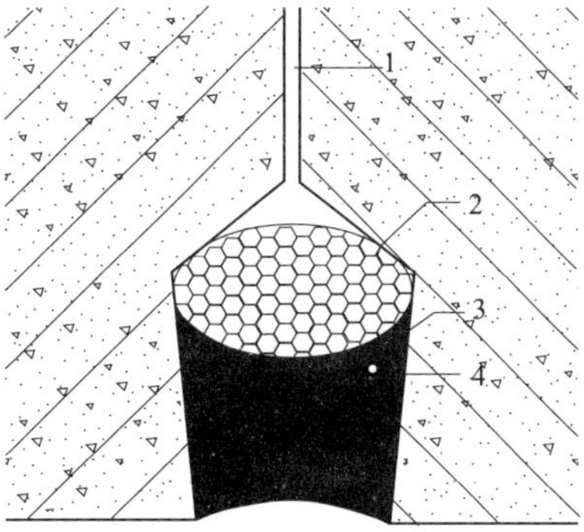

图6-49 拱顶管片环(纵)缝嵌缝
1—环(纵)缝；2—背衬材料；
3—柔性密封材料；4—界面处理剂

**表6-26 聚硫建筑密封胶的物理力学性能指标**

| 序 号 | 检 测 项 目 | | 性能指标 |
|---|---|---|---|
| 1 | 密度(g/m³) | | 规定值±0.1 |
| 2 | 流动性 | 下垂度(N型)(mm) | ≤3 |
| 3 | 表干时间(h) | | ≤24 |
| 4 | 适用期(h) | | ≥3 |
| 5 | 弹性恢复率(%) | | ≥70 |
| 6 | 拉伸模量(MPa) | 23 ℃ | >0.4或>0.6 |
| | | −20 ℃ | |
| 7 | 定伸黏结性 | | 无破损 |
| 8 | 浸水后定伸黏结性 | | 无破损 |
| 9 | 冷拉—热压后的黏结性 | | 无破损 |
| 10 | 质量损失率(%) | | ≤5 |

注：适用期允许采用供需双方商定的其他指标值。

c. 嵌缝作业应在无明水条件下进行。

d. 嵌缝作业前应清理嵌缝沟槽，做到缝内两侧基层坚实、平整、干净，并宜涂刷与嵌缝材料相容的基层处理剂。

e. 密封材料宜采用机械工具嵌填，并应做到连续、均匀、密实、饱满，与嵌缝沟槽两侧基层黏结牢固。

②有渗漏明水的环(纵)缝防水处理

对于有渗漏明水的环、纵缝，宜采取注浆止水。注浆压力不可过大，需控制在0.3 MPa以内，避免对管片造成二次破坏，同时符合如下规定：

a. 注浆止水前，宜先在渗漏部位周围无明水渗出的纵、环缝部位骑缝垂直钻孔至遇水膨胀止水条处或弹性密封垫上部，并宜注入聚氨酯灌浆材料或密封材料形成浆液阻断点，再在浆液阻断点围成区域内部用速凝型聚合物砂浆骑缝埋设注浆嘴并封堵接缝，并宜注入可在潮湿环境下固化的环氧树脂灌浆材料。

b. 注浆嘴间距不宜大于 1 000 mm，治理范围宜以渗漏接缝为中心，前后各不宜大于 2 环。环缝和纵缝嵌缝材料需耐久可靠，尤其拱顶嵌缝需防止掉落。

(5)管片接缝嵌缝处理

①衬砌接缝嵌缝范围：盾构钢环加固范围的管片做整环的环(纵)缝嵌缝，如图 6-50 所示，其余嵌缝范围为拱顶 45°范围。嵌缝材料采用高模量聚硫密封胶。

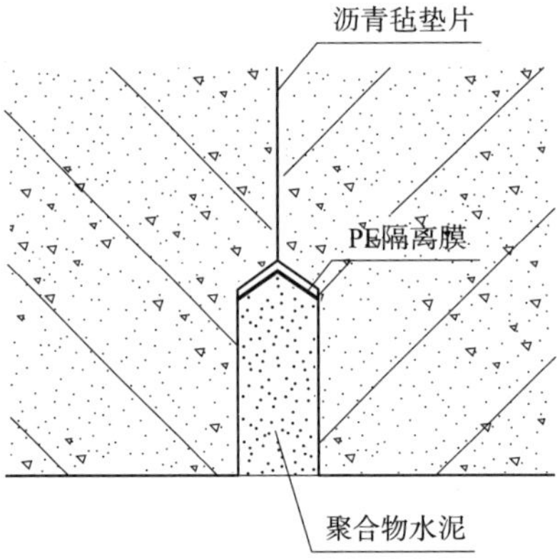


(a) 环缝嵌缝防水做法

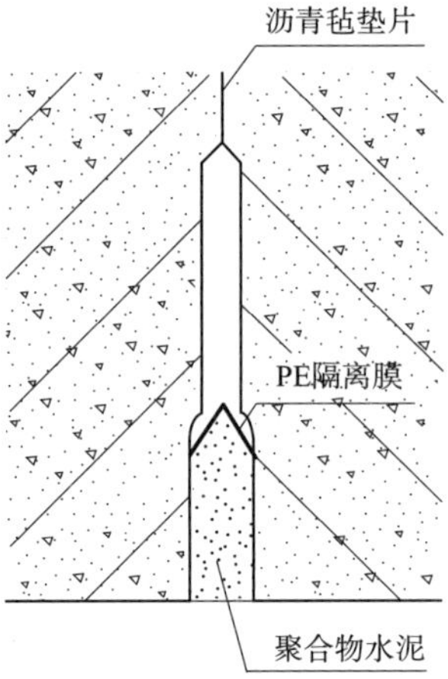


(b) 纵缝嵌缝防水做法

图 6-50　环缝嵌缝防水做法和纵缝嵌缝防水做法

②考虑接缝堵漏时需要连续封闭前后多环接缝，故规定只在明显漏水点处用快硬水泥封缝埋管引水(或注浆)，其他处则直接嵌缝密封。

(6)管片手孔封堵

管片处的手孔先用混凝土界面剂对表面进行处理，再以具有微膨胀性能、快凝(初凝时间小于 5 min)的超早强水泥充填密实，采用硫铝酸盐超早强(微膨胀)水泥。

6. 隧道不均匀沉降整治处理

(1)工艺总流程

总体施工流程如图 6-51 所示。

①放样。由于此区间管片为错缝拼装，且有部分管片为不规则错缝拼装，建议设计单位设计注浆孔时，考虑在轨道两边垂直于下卧土层的管片上钻孔，一个孔位于标准块管片，一个孔位于拱底块管片，由于此前注浆整治已经开过大量的注浆孔，建议避开原注浆孔位，然后根据实际管片加工一个孔位定位件，以保证每块管片孔位的一致性，精确放样，孔位放样误差小于 2 mm；钻孔前确认样点，以免切断管片主要钢筋。

②钻机定位。先采用多功能电锤钻钻孔并安装膨胀螺丝，安装钻孔系统，并钻孔定位。

③开孔(一次开孔)。采用钻孔系统进行开孔，开孔前调整钻孔系统姿态，保证开孔的垂直度。

④安装孔口管。成孔后，先进行清理，灌入植筋胶，采用无缝钢管作为孔口管与管片连接；

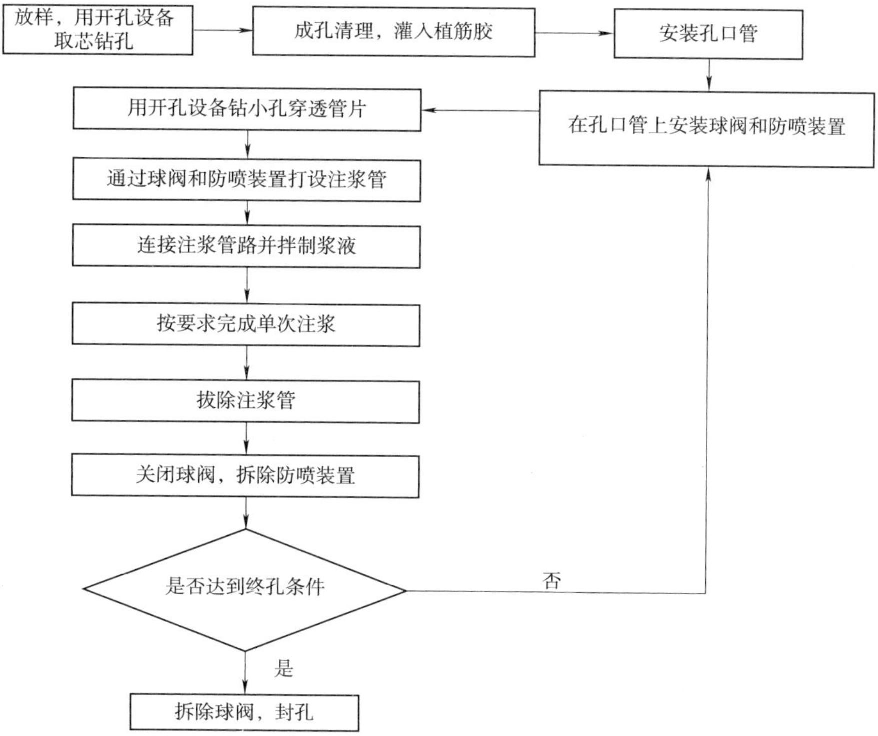


图 6-51　总体施工流程图

用定位架确认注浆孔构造高度小于限高。

⑤安装球阀和防喷装置。将 2 寸球阀与孔口管连接，注浆时在球阀上安装防喷装置。

⑥钻穿管壁(二次开孔)。采用 TE80 多功能电锤钻，钻穿管壁。

⑦插入注浆芯管，打设注浆管。采用专用设备，根据每次的注浆深度，通过防喷装置、球阀和孔口管将注浆管逐根打入土层。

⑧连接注浆管路。通过注浆管路将双液浆注浆泵、流量仪、混合器与注浆管连接。

⑨配制浆液。采用自制小型拌浆系统按水灰比 0.6～0.8 拌制水泥浆。

⑩注浆、拔管。采用双泵双液注浆方法进行注浆，采用专用拔管设备边注浆边拔管，缓慢连续均匀地进行，拔管速度与注浆流量、注浆单节高度、注浆量相匹配，拔管速度按下式确定：

$$v=l/(V/q)$$

式中　$v$——拔管速度(cm/min)；

$l$——单次注浆长度(cm)；

$V$——单次注浆量(L)；

$q$——双液浆流量(L/min)。

⑪拔除注浆管。按要求完成注浆，注浆管停滞 15 min 以上，待浆液初凝后，采用专用拔管设备将注浆管全部拔除；关闭球阀，拆除防喷装置，单次注浆完成。

⑫重复注浆。按施工工序⑧～⑪根据实际施工要求重复施工，直至达到终孔条件。

⑬拆除球阀，封孔。达到终孔条件后，拆除球阀，用亲水性环氧砂浆进行封孔，安加闷盖，完成单孔工艺。

(2)单孔单次注浆流程

①拌制和运输浆液:按要求拌制浆液→比重测定→浆液运输及搅拌。

②安装防喷装置:注浆前,在待注浆孔的球阀上安装防喷装置。

③压管:安装喷浆头→分节压管→安装混合器及连接注浆管路。

④注浆:开水泥浆泵→查看混合器内水泥浆压力→开水玻璃泵→按设定流量进行双液浆注浆→单液浆冲管或同时关闭两台泵。

⑤拔管:闷管后分节拔出注浆管。

⑥关闭球阀:关闭球阀并拆除防喷装置。

(3)施工技术参数

①注浆孔埋设范围及孔位图:需设计院确定。注浆目的:不求抬升,以防沉为主。

②注浆单节高度:10～30 cm,根据现场实际监测数据而定。

③暂估需要对下行线累计沉降量超过 15 mm 的区域进行微扰动沉降注浆。

④每环开设 2 个注浆孔,单孔暂估注浆 15 次,暂定注浆次数:2 700 孔/次。注浆深度根据注浆效果和监测数据而定。

⑤注浆压力:根据实际施工监测需要而定。

⑥注浆顺序

a. 先对下部隧道进行注浆整治,再根据监测数据调整施工顺序。

b. 垂直方向:由内而外递增,由下而上均匀拔管进行施工。

c. 水平方向:每隔 2～3 环跳环施工,同孔重复注浆间隔不少于 3 d,并根据监测情况及时调整;每块管片左右对称注浆;由沉降量最大点向两端进行,每次施工具体注浆孔位根据变形监测数据在施工前确定。

⑦材料

A 液:组成成分见表 6-22。

B 液:35°Be′中性水玻璃。

双液浆体积比:A 液∶B 液=1∶(0.4～1)。

⑧注浆终止条件

a. 注浆量达到每次注浆的要求。

b. 单次注浆抬升超过报警值[±(1～2)mm]。

(4)施工监测

注浆施工的同时由专业监测单位对隧道的轴线、管片的变形进行严密监测,全面完整的施工监测是实现注浆信息化的核心内容,保证了施工注浆安全。

①施工前对注浆区域隧道结构竖向位移的影响测量,针对注浆施工影响范围内所有测点的竖向位移测量,目的是了解注浆施工前后隧道结构差异沉降的变化。

②施工时进行即时监测跟踪测量。在注浆过程中,针对注浆位置固定测点的实时测量,可用于观察注浆过程中隧道结构某个位置的隆沉情况。

③注浆施工结束后隧道的整体线形监测,并及时提供数据以便分析以及安排下轮注浆。

④监测项目见表 6-21。

7. 道床加固整治处理

由于部分管片沉降较大,导致管片与道床中间出现较大空隙,在列车运行作用下,道床与管片之间的拍打效应加剧，隧道管片沉降与底部漏泥漏砂出现恶性循环。为根治漏泥漏砂病害，需对沉降严重区域管片与道床脱间隙实施环氧砂浆灌注加固，施工采用垂直打孔注浆法，考虑补强的要求，材料选用亲水性环氧浆液。

（1）施工工艺

具体施工工艺详见第 5.4.5 节“道床脱空整治”。

①打孔。从道床面两轨之间进行钻孔，孔深与管片相接（需根据现场量测计算得出）。

②埋管、清孔。在已打好孔的位置埋入注浆管。

③注浆。注浆时要进行屏浆，使裂缝充满浆液。

④封孔。待注浆材料固化后，将注浆管清除，用双快水泥封孔。

（2）技术参数

①注浆压力：以低压、慢速为好，不超过起始压力＋0.15 MPa，注浆最大压力 0.5 MPa。

②注浆量：每孔注浆量由现场确定。

③注浆材料：亲水刚性环氧注浆材料。灌浆环氧材料具有黏度低、亲水能力强、渗透性能优异、固结体力学性能优良、耐老化、无毒等特性。

④环氧浆材的力学性能见表 5-8。

⑤孔位布置：精确尺寸根据现场道床实际尺寸而定，每环开 2 孔（开孔剖面如图 5-15 所示），注浆孔横向间距为 1 m，纵向间距为 1.2 m，孔径为 12 mm。

### 6.3.4 钢环加固处理

1. 管线改排

根据设计图纸和现场勘察情况，隧道管壁上布置有消防管、供电电缆、漏缆、疏散平台等，顶部有地铁电客车运行时使用的高压直流电网。隧道管线分布示意如图 6-35 所示。

隧道管壁上的管线和平台都是通过安装在管片上的支架进行布置的，经过实地勘察，在需要装钢环的管片上不同程度地布置有线缆支架、水管支架、平台支架以及电网支架，因此需要在实施钢环安装和焊接前将相应位置上的支架进行改移，改移工作与隧道管片修补工作同时分批次进行。

（1）线路支架改移

管片上的线路支架是通过膨胀螺栓固定在管片上，首先在相邻的管缝边上安装新的线路支架，然后再拆除原有的线路支架。安装新的支架前，要对支架的预安装位置进行测量和弹线，对螺栓位置进行标记，对施工位置的线路用聚氨酯厚型材料和防火布进行保护，然后用电锤在标记的位置钻孔，安装膨胀螺栓，安装线路支架。新的支架安装完成后，将原有的支架拆除。

（2）疏散平台改移

疏散平台安装在矩形的支架上，支架通过膨胀螺栓固定在管片上，对有钢环施工的管片位置的疏散平台，首先要将相应位置的疏散平台取下来：松开连接在支架上的卡子；把支架移位至管片接缝处，对支架位置进行测量和弹线，标记螺栓的位置，用电锤钻在标记的位置钻孔，安装膨胀螺栓，将原有的支架拆除移位。支架移位后用切割机将原有的膨胀螺栓露出管片的部分切掉，然后再在钢环穿过的位置对疏散平台进行切割。

（3）隧道内管线支架施工进度计划

地铁隧道内的管线支架改移与隧道管片的施工同时进行，每个管片上的支架按照从下到上的顺序从轨道两侧同时施工。施工时,先在预定的安装位置上安装新的支架,而后拆除旧支架。

2. 钢环加固

线路区间隧道的管片中,对于裂缝宽度大于 0.4 mm 或者水平收敛变形大于 100 mm 的盾构环,增设钢环进行加固。钢环立体示意如图 6-52 所示。

钢环采用 Q345B 的钢板,钢板厚度 20 mm,宽度根据设计分为两种:如图 6-53 所示,钢环宽度为 850 mm 共计 61 环(采用 2 个 425 mm 的钢环进行拼装),环向分为 16 段;如图 6-54 所示,钢环宽度为 550 mm 共计 20 环,环向分为 16 段。钢拉条在道床面将两牛腿钢板连接,形成封闭环,钢环与管片间隙注入环氧树脂填充。根据管片裂缝宽度的不同选择不同的钢环,当 0.4 mm≤裂缝宽度<0.5 mm 时,使用宽度为 550 mm 的钢环;当 0.5 mm≤裂缝宽度时,使用宽度为 850 mm 的钢环。

图 6-52　钢环立体示意图

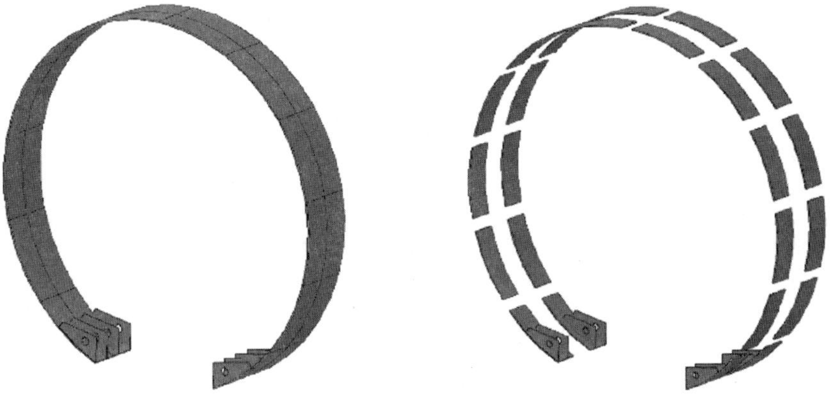

图 6-53　宽度为 850 mm 的钢环立体示意图

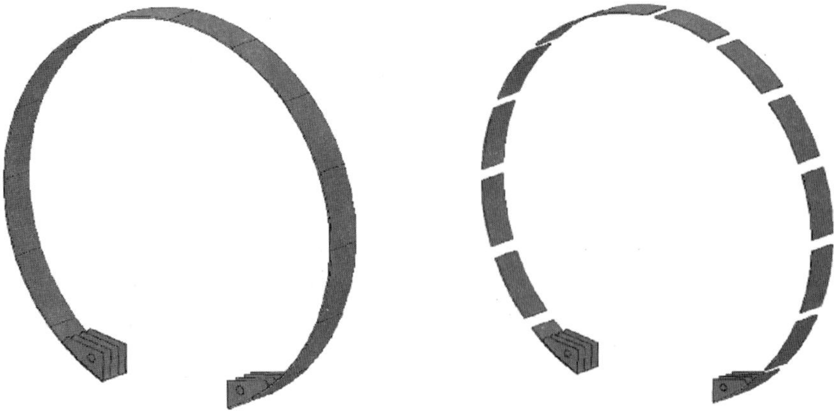

图 6-54　宽度为 550 mm 的钢环立体示意图

(1)施工准备

①在需要安装钢环的位置上利用红外线经纬仪标划出钢环中心线和钢环板块的边框线，根据现场管线和设施布置情况，利用特制的五块规格不同的钢环模块施划出每块钢环的位置，以确保每块钢环无论从哪个方向安装都准确无误。模块如图 6-55 所示。

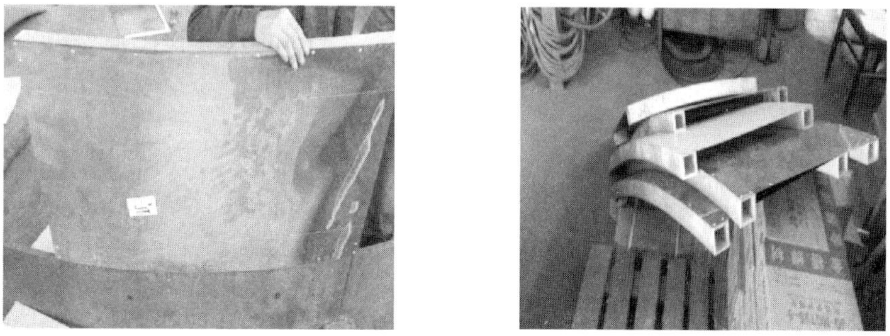

图 6-55　模块实景图

②根据现场实际管线等设施的布置，需要对电缆支架、消防管线支架等进行局部改移并对管线进行保护。

③每个钢环加工根据现场实测进行放样。

④机械螺栓打孔应避开连接螺栓及手孔，施工前应先实际放样确认。

⑤钢板安装前需对管片进行预处理，主要对管片表面的钙化物进行清理，保持管片表面的平整度。

⑥道床切割、凿除：对道床中心 2.3 m 以外的道床及水沟进行切割、凿除，深度垂直至盾构管片，切割后的道床侧面凿毛处理。

(2)钢环安装

钢环在加工厂加工完成后，进行试拼装。完成试拼装后，逐个编号包装运至现场。构件运至现场后，按照编号顺序进行安装。试拼装如图 6-56 所示。

①钢环安装采用特制的可拆卸移动操作平台，如图 6-57 所示。

图 6-56　试拼装

图 6-57　可拆卸移动平台

②根据全站仪测量的数据用红外线仪将钢板安装控制线标注在管片上，如图 6-58 所示。

③每个钢环的安装分两天进行。第一天安装牛腿及与牛腿相连的两块钢板块，用可拆卸

移动操作平台上的吊臂和电动葫芦将牛腿及钢板块安装到位，分别用 6 支植入混凝土180 mm 的 M16 机械螺栓锚固在管片上。第二天逐次安装邻接的钢环板块，最后安装封顶钢环板块，并用 M16 机械螺栓将各个钢环板块锚固在管片上。板块之间通过电焊进行连接固定，防止板块出现松动。

图 6-58　钢环安装位置示意图

④安装道床上的钢拉条，钢拉条的长度现场放样确定。用绝缘材料包裹，并涂装黑黄色警示条。

⑤在牛腿、邻接钢板、封顶钢板及道床上的钢拉条全部安装完毕后，各钢板之间进行整体焊接，以保证形成一个良好的受力整体，对隧道起到加固支撑的作用。

(3)钢环安装顺序示意图

钢环安装步骤见表 6-27。

**表 6-27　钢环安装步骤**

| 安装步骤 | 示　意　图 |
| --- | --- |
| 安装钢牛腿 |  |
| 安装与牛腿相连板块 | 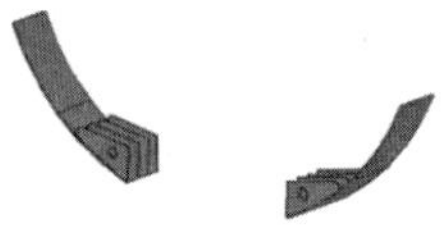 |
| 逐次安装邻近钢板 |  |
| 安装封顶钢板 | 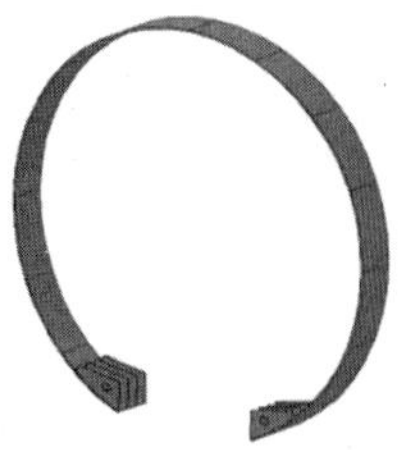 |

续上表

| 安装步骤 | 示　意　图 |
|---|---|
| 焊接成整体 | 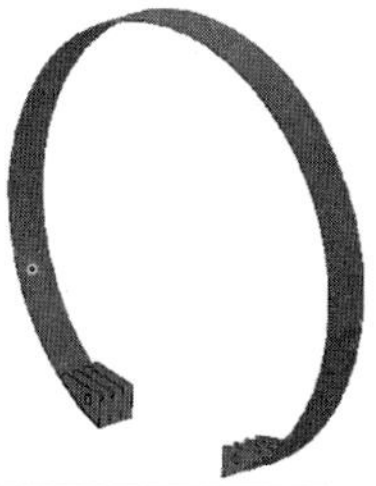 |

①首先安装牛腿及相连钢板块，如图 6-59 所示。

②逐次安装相邻板块，完成整个钢环的安装，如图 6-60 所示。

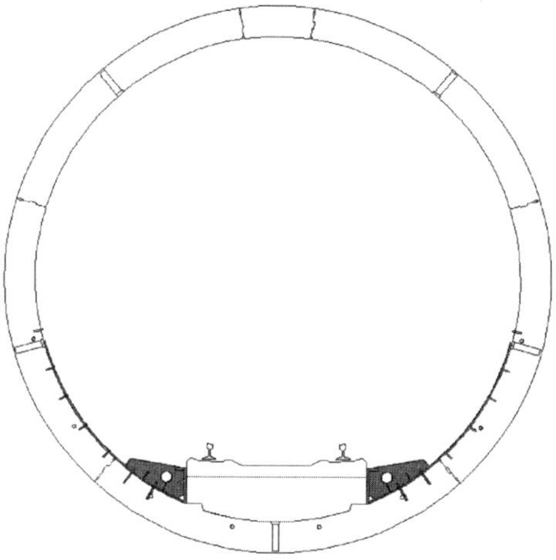

图 6-59　安装牛腿及相连钢板块

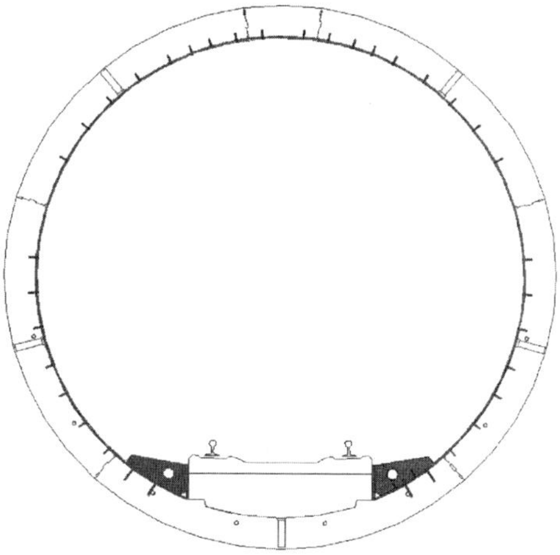

图 6-60　逐次安装相邻板块，完成整个钢环的安装

③最后安装钢拉条：每根钢拉条横断面为 20 mm×150 mm，长度根据现场放样确定，如图 6-61所示，每根钢拉条设置不少于 1 根，若单根钢拉条与钢牛腿中心偏差大于 100 mm，则设置 2 根，其总面积不小于 30 000 $mm^2$。

④在安装过程中，为提高安装的速度和精度，同时防止正在安装的钢板掉落对下方的管线造成损伤，设计制作了钢环板块安装导向装置，如图 6-62 所示。

⑤钢环板块安装时，首先将导向装置安装在已经安装完成的钢环板块上，然后将要安装的钢环板块沿导向装置滑移至安装位置，如图 6-63 所示。

(4)钢环支撑成环焊接

①在牛腿、邻接钢板、封顶钢板及道床上钢拉条全部安装完毕后，各钢板之间进行整体焊接，以保证形成一个良好的受力整体，对隧道起到加固支撑的作用。

②焊缝均采用坡口焊，同时采用气体保护焊，焊缝等级为二级(考虑为现场安装，熔深达到 80%～85%)，焊缝高度未注明者均为 12 mm，并安排专业检测人员进行焊缝探伤试验。

③焊接流程如图 6-64 所示。钢环对接前，需将焊缝处清理干净，分多次进行。每次焊接焊缝高度不得超过 8 mm，且需将前一次的焊渣清理干净，待冷却后再进行焊接。

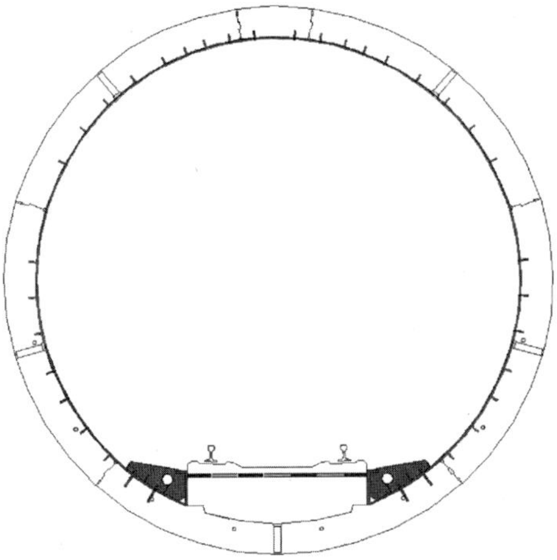

图 6-61　安装钢拉条

图 6-62　导向装置示意图

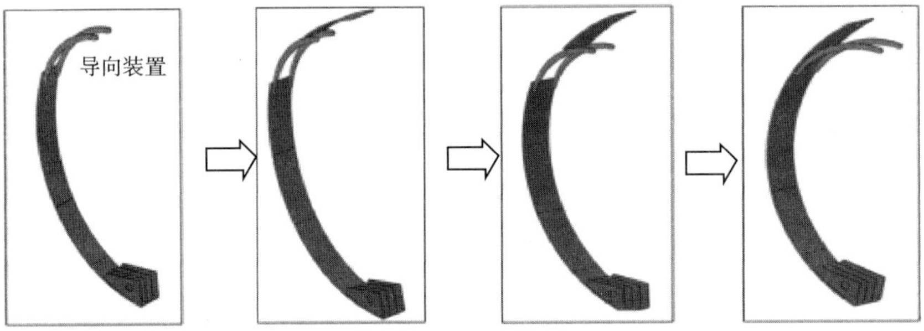


图 6-63　钢环板块导向安装示意图

④焊口质量保证措施：

a. 焊接过程中钢板后管片表面有条件情况下均铺垫石棉布，保证隔热效果。

b. 强电、弱电侧支架上各种管线均有保护罩加以保护，其中弱电侧保护范围为 3 环（当前拼装环加前后一环），强电侧保护范围为 3 环（当前拼装环加前后一环）。另外在焊接过程中，在保护罩外侧加盖石棉布。

c. 焊接时电焊温度须严格掌控，同一条焊缝需待上道焊缝冷却后再进行下道焊接工作。

d. 焊接现场准备消防设备，配备多瓶灭火器，确保没有明火或明显高温。

3. 环氧树脂填充

在钢环成环焊接后，穿插进行环氧树脂的填充压注工作。

钢环焊接成环完成后，立即在钢板与管片之间进行环氧树脂压注填充工作。考虑本区间施工区域收敛变形较大，钢环与管片间隙也会较大，平均间隙按照不大于 2.5 cm 控制。

(1)钢板两侧与管片接缝处采用环氧胶泥进行封堵。

(2)钢板两侧封堵预留注浆孔和出气孔，每块钢板上不少于 4 个。

(3)安装注浆嘴，由下至上分段搭接压注。

(4)利用移动平板搭设活动作业平台，采用小型电动注浆泵压注环氧树脂，压注顺序为自

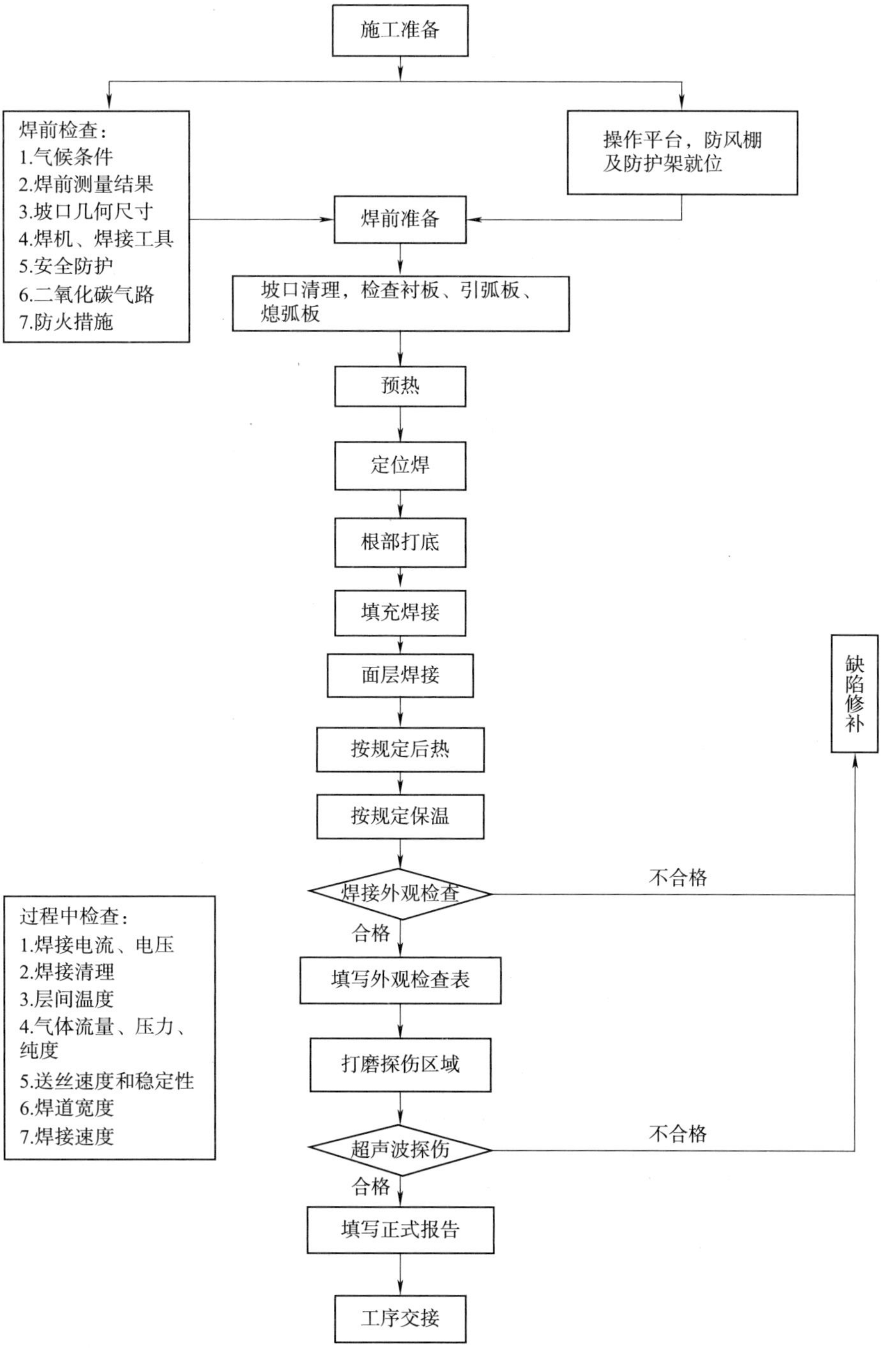


图 6-64　焊接流程

下而上，直至上部预留孔溢出树脂为止，并反复进行压注。

4. 钢板防腐二次处理

钢环安装完成以及钢板后环氧浆液压注完成后，对在施工过程中对钢板的防腐层造成的损伤进行修补。

(1)用钢丝轮将受损的漆面清理干净。

(2)用钢丝轮对现场焊接口的位置两侧及焊缝表面进行打磨,将焊渣和氧化层清理干净。

(3)对外露的钢板进行除锈处理,除锈等级达到 Sa3.0 级。

(4)隧道内比较潮湿,为保证防腐质量,在喷漆前用碘钨灯对钢环喷漆部位进行加温照射约 20 min,防止湿气凝聚在钢板上,然后再进行喷漆。

(5)对钢环和钢拉条首先喷涂环氧富锌底漆,待底漆干透后,喷涂 SPUR(聚脲弹性体),涂层厚度均匀,分两层喷涂,总厚度不小于 1.2 mm。

5. 排水管恢复以及素混凝土回填

在钢牛腿间预留的孔洞内铺设 DN100 的 PVC 管,与混凝土排水沟相连接,按照设计要求回填素混凝土形成新的排水沟,保证排水通畅,并将牛腿隔仓内填满混凝土,如图 6-45 所示。

由于修复区段长期累计沉降加之该段处于区间联络通道位置,导致该位置道床排水沟长期处于流水或积水状态,通过在牛腿隔仓里填充混凝土,一是可以有效防止牛腿隔仓内出现积水,避免长期死水发臭现象;二是可以通过对牛腿进行充分的防护,避免后期钢环长期浸水导致钢板腐蚀。

6. 管线恢复

将改排后的管线按设计要求进行永久性恢复。

## 6.4 高架桥支座更换工程

### 6.4.1 工程概况

1. 工程简述

某地铁正线全长 52.58 km,其中高架长度为 6.05 km,高架车站 3 座。高架车站区间为某站—某站。本检测区间共有主梁 175 跨、桥墩柱 192 个、支座 642 个、抗震设施 694 个、桥面 5.7 km。

30 m 标准梁支座小里程侧支座型号为 DTPX-2500-GD 与 DTPX-2500-ZX,大里程侧支座型号为 DTPX-2500-ZX 与 DTPX-2500-DX,本次涉及 1 500 kN、2 500 kN 和 3 000 kN 三种型号。

桥梁上部结构主要为预应力混凝土箱梁、预应力现浇连续箱梁,主要为简支梁结构和三跨一联或四跨一联的连续梁结构;桥梁下部结构主要为独柱墩及双柱式墩(B17 为门形墩);桥梁基础主要为钻孔灌注桩基础;桥梁支座主要为盆式橡胶支座;抗震设施主要为防震锚栓。

2. 支座病害类型

(1)安装错误,横向应为纵向。

(2)上钢盆大、小桩侧转动超出转角大于 20%。

(3)聚四氟乙烯板破损,被挤出。

(4)安装错误,纵向应为横向。

(5)安装错误,上下钢盆装反等。

## 6.4.2 材料与机械设备

1. 材料

(1)盆式支座购买同一个生产厂家的产品,尺寸、螺栓大小位置跟原支座一样,方便安装和施工。

(2)盆式支座出厂合格证书齐全。

(3)四氟板的尺寸与旧支座的相同。

2. 机械设备

所需机械设备见表 6-28。部分设备如图 6-65~图 6-68 所示。

表 6-28 机械设备

| 序号 | 设备名称 | 规格型号 | 数量 | 备 注 |
|---|---|---|---|---|
| 1 | PLC 同步顶升泵站 | 24 点位/8 点位 | 2 | |
| 2 | 位移传感器 | 限位 0.1 mm | 12 | |
| 3 | 高压油管 | 15 m,快速接头 | 24 | |
| 4 | 薄型千斤顶 | 200 t,本体高度 18 cm,直径 24.5 cm,行程 60 mm | 12 | |
| 5 | 薄型千斤顶 | 100 t,本体高度 10 cm,直径 20 cm,行程 25 mm | 12 | 备用 |
| 6 | 钢制保撑 | 200 t,高度 15 cm,螺旋伸缩高度 5 cm | 12 | 临时支撑 |
| 7 | 钢制保撑 | 100 t,高度 8 cm,螺旋伸缩高度 3 cm | 12 | 临时支撑 |
| 8 | 柴油发电机组 | 30 kW | 2 | |
| 9 | 汽油发电机 | 5 kW | 2 | |
| 10 | 柴油空压机 | 6 $m^3$ | 1 | 破除支座垫石或其他结构混凝土备用 |
| 11 | 电镐 | 2.2 kW | 2 | 破除支座垫石或其他结构混凝土备用 |
| 12 | 冲击钻、磨光机、手提切割机、水钻机等 | 各类小型机具 | 10 | 满足施工要求 |
| 13 | 施工黄车 | 江铃 | 2 | 运输 |
| 14 | 施工支架 | 改装 | 4 整套 | 满足施工要求 |
| 15 | 门式支架 | 标准 | 20 | 满足施工要求 |

图 6-65　PLC 电脑控制液压泵站系统

图 6-66　200 t 保撑(可调节螺旋型)

图 6-67　200 t 千斤顶

图 6-68　千斤顶和保撑工作状态

3. 监控、监测仪器

监控、监测仪器见表 6-29。百分表、位移传感器工作状态如图 6-69 所示。

**表 6-29　监控、监测仪器**

| 序号 | 仪器设备名称 | 规格型号 | 数　量 | 备　　注 |
|---|---|---|---|---|
| 1 | 全站仪 | 拓普康 | 1 | |
| 2 | 水准仪 | 苏光 | 2 | |
| 3 | 钢尺 | 3 m、5 m、30 m | 若干 | |
| 4 | 百分表 | 0.01 mm | 20 | 监测位移 |
| 5 | 对讲机 | 3 km | 3 对 | |
| 6 | 裂缝检测仪 | 电子 | 1 | |

图 6-69 百分表、位移传感器工作状态

### 6.4.3 施工方法

1. 施工工艺流程

(1)盆式支座更换

①第一天:(白天)施工准备→搭设支架及工作平台→清理墩顶,安放千斤顶及保撑→安装施工监测设备→拆除盆式支座上下钢板螺杆→PLC 工作泵站就位→安装高压油管→(夜间地铁停运)→试顶升→检查监测设备是否工作正常→正式顶升→分次分级同步顶升至预定位置→调整临时支撑高度,使其与梁底紧贴→用绳线葫芦将旧盆式支座拉出→放低临时保撑高度→回缩千斤顶至顶升前位置→再次调整保撑高度,使其与梁底紧贴→检查铁轨是否恢复到原来位置→(地铁恢复通行)。

②第二天:(白天)新盆式支座运至墩身顶备用→支座垫石清理→(夜间地铁停运)→再次同步顶升→再次调整保撑高度,使其与梁底紧贴→将新盆式支座准确就位→撤除临时保撑→回缩千斤顶→拆除顶升设备→(地铁恢复通行)→上下钢板螺杆安装→拆除支架→完成一个墩的盆式支座更换。

(2)盆式支座四氟板更换

(白天)施工准备→搭设支架及工作平台→清理墩顶,安放千斤顶及保撑→安装施工监测设备→PLC 工作泵站就位→安装高压油管→(夜间地铁停运)→试顶升→检查监测设备是否工作正常→正式顶升→分次分级同步顶升至预定位置→调整临时支撑高度,使其与梁底紧贴→将旧四氟板抽出,更换新四氟板→撤除临时保撑→回缩千斤顶→拆除顶升设备→(地铁恢复通行)→拆除支架→完成一个墩的四氟板更换。

2. 工作平台及支架搭设

(1)概况

①墩身一般高度约 7～10 m,墩身纵桥向两侧均有绿化。

②计划采用门式支架搭设,根据墩身的横向宽度和高度,对门式支架进行改装,要求安装和拆除方便,稳定性良好,强度和刚度能满足施工需要。

③在离梁底 1.5～1.7 m 的位置设置工作平台,工作平台围绕墩身布置,平台工作宽度 0.7～0.8 m,踩脚的位置用木板铺垫,四周设防护网。

(2)搭设方法

①根据墩身各个参数,加工钢管脚手架,改装门式支架。

②支架搭拆由专业架子工负责,每个班组安排 3 名专业工人。

③架子底部横向墩身位置不超过侧石的位置,以不影响交通为前提,在墩身上部工作平台位置,需超出侧石位置,准确测量工作平台底部与路面的净空,如少于 4.5 m,进行临时封道,避免因超高车辆经过时碰触工作平台底部引发安全事故。

④墩身上部的工作平台,采用定制钢管搭设,工作区域站人的位置,宽度 70～80 cm,铺设 5 cm 厚木板,工作平台的底部和四周用安全密目网围挡,确保工作人员的安全和防止小型工具或机具掉落平台。

⑤加工钢梯,施工人员上下平台通过钢梯上下,保证人员安全。

⑥一个墩身的顶升完成后,拆除工作平台及支架,用车辆运输到下一个墩进行搭设。

图 6-70　钢垫

3. 圆钢垫、钢垫板、保撑的设置

①圆钢垫:外径 20 cm,中空,壁厚 3 cm,用于梁底空间过大时,垫在千斤顶下面,如图 6-70 所示。

②钢垫板:有 30 cm×30 cm×3 cm、30 cm×30 cm×2 cm、30 cm×30 cm×1 cm、30 cm×30 cm×0.5 cm 四种规格,垫在千斤顶底部或顶部,调整千斤顶与梁底之间的空间。

③保撑:钢制,有 200 t、150 t 两种型号,高度分别为 15 cm、10 cm,中间螺纹部分的伸缩量分别为 7 cm 和 5 cm,外径为 20 cm 和 15 cm。主要用于临时支撑,可以在伸缩量范围内任意调节高度,与梁底紧密相贴,不留空隙。该保撑在多个项目上使用,效果良好,如图 6-71 所示。

图 6-71　保撑、顶板

4. 千斤顶及保撑设置

(1)计算上部结构的静荷载及动荷载

①计算上部结构梁体及桥面设施的所有荷载,系数乘以 2。

②参考设计单位提供的支座反力。

③估算地铁列车行驶路过时的动荷载。

(2)千斤顶数量及吨位确定

①根据设计图，单个支座最大的顶力为乔司南至乔司区间，B17 墩，支座顶力 2 736 kN，该墩顶共有 4 个支座，两个支座顶力为 2 736 kN，两个支座顶力为 1 491 kN，共 8 454 kN。

②Y 形双立柱墩(例 A09 墩)，墩顶有 4 个盆式支座，墩身中间支座垫石以外的位置各有 60 cm 空间，两侧有 120 cm 的横向空间，竖向有 35 cm 的空间，千斤顶和保撑拟设置在墩身中间的空间内。

③以纵向为准线，设两排 200 t 的千斤顶，每排 4 台，共 8 台，理论顶升能力 16 000 kN。设两排 200 t 的临时保撑，每排 4 台，共 8 台，理论支撑能力大于 16 000 kN。

④同一个墩身顶上的所有梁体均同步顶升，避免钢轨及其他连接件在伸缩缝处产生剪切破坏。

⑤根据计算荷载，在最不利的列车通行的情况下，支撑力理论值达到 32 000 kN，按系数 0.7 计算，达到 22 400 kN，大于上部结构总荷载 8 454 kN×2=16 908 kN。

⑥200 t 千斤顶，本体高度 18 cm，直径 24.5 cm，行程 60 mm；100 t 千斤顶，本体高度 10 cm，直径 20 cm，行程 25 mm。

5. PLC 系统、传感器、百分表及高压油泵的设置和安装

(1)本项目使用电脑控制 PLC 同步顶升系统泵站，共两台，一台为 24 点位，另一台为 8 点位，分别能同时连接 24 台和 8 台千斤顶。顶升时，泵站停放在地面。

(2)高压油管采用快速接头，连接千斤顶和泵站，长度 15 m 及以上，满足高度的要求。

(3)传感器能在 PLC 电脑面板上显示顶升高度，精确到 0.1 mm。顶升时，在每个千斤顶的边上均安装传感器。顶升时，做好数据记录工作，实时进行汇总和分析。

(4)每个墩身安装 4 个百分表，四周各一个，专人设置及管理百分表。顶升过程及时观测、记录数据，提供给顶升油泵操作者，为顶升提供准确的参考数据。

6. 顶升高度确定

(1)根据以往经验，盆式支座刚度大、压缩量小，梁体的顶升高度达到 2～3 mm 即可脱空。

(2)更换盆式支座，顶升时控制在 3 mm 之内，或小于 3 mm 时以盆式支座能脱空取出为前提。新盆式支座安装时，顶升总高度控制在 3～6 mm 之间。

(3)更换四氟板，顶升时控制在 3 mm 之内，或以旧四氟板能抽出、新四氟板能插入为前提。顶升总高度控制在 6 mm 之内。

(4)顶升高度控制以百分表、位移传感器、全站仪等的监测数据为准。

(5)除非特殊情况，所有的顶升高度控制在 6 mm 以内。

7. 顶升施工工艺

(1)准备工作

①发电机组就位，试运行正常。

②高压油管与千斤顶、泵站连接完毕，开机试运行正常。

③传感器安装就位，与泵站电脑连接，试运行正常。

④各个位置百分表安装就位，指定专人看管、记录数据。

⑤所有施工人员、监管人员、监理到场，各就各位，各司其职。

⑥顶升在地铁停运时进行，在地铁运营开通前，千斤顶收缩至原来位置，安置好保撑，确保

地铁列车运营安全。

(2)试顶升

①各项准备工作完成,开始试顶升。

②试顶升高度控制在 1 mm。

③试顶升期间检查各个高压油管工作情况,是否存在渗漏油等不良现象,检查百分表是否工作正常,检查位移传感器是否与电脑连接正常等。

④检查桥面钢轨情况,用水准仪测量钢轨升高情况,是否与位移传感器和百分表的读数相吻合,并及时反馈桥下顶升指挥人员。

⑤试运行结束,回缩千斤顶,再次检查千斤顶、高压油管、油泵等工作情况,检查钢垫板等是否密贴,有无松动滑移等现象,如果存在,及时纠正和调整。

(3)正式顶升

①在 PLC 电脑系统上设置顶升高度 1 mm,顶升速度设置为 0.1 mm/s,开动油泵,慢慢供油,开始顶升。

②电脑系统显示顶升高度达到 1 mm 后,泵站会自动停止供油,锁住油压,千斤顶不再往上顶升。

③现场顶升指挥人员要求专管人员口头报百分表读数,桥面监控人员报桥面升高的数据,各项数据汇总到指挥人员处后,进行分析是否继续顶升。在此期间,派专人观察支座上钢板是否与梁底出现脱空情况,并及时汇报给指挥人员。指挥人员将各类汇报的数据和情况进行全面分析后,决定是否继续顶升。

④在 PLC 电脑系统上设置顶升高度 1 mm,顶升速度设置为 0.1 mm/s,开动油泵供油,继续顶升。

⑤再次升高 1 mm 后,电脑自动锁定千斤顶,停止供油,重复以上的工作内容,指挥人员对各项数据进行汇总分析。再次仔细观察盆式支座上钢板是否与梁体脱离且出现缝隙,如出现缝隙,立即反馈顶升指挥人员。

⑥继续顶升,在 PLC 电脑系统上设置顶升高度 1 mm,顶升速度设置为 0.1 mm/s,开动油泵供油。

⑦重复以上操作,直至盆式支座上钢板与梁底出现缝隙、脱空为止。但是,顶升时百分表和上下位移传感器的读数以不超过 5 mm 为准。

⑧强调说明:

a. 本次工作内容为更换盆式支座和更换盆式支座的四氟板。

b. 更换盆式支座的,在顶升前拆除上下钢板的固定螺栓。顶升时,上钢板会与梁底出现缝隙,造成脱空,或下钢板与垫石顶出现缝隙。顶升到位的一个重要指标是上下钢板与梁底或垫石顶出现缝隙,以能取出盆式支座为准。

c. 更换盆式支座四氟板的,在顶升前不需拆除上下钢板的固定螺栓,顶升到位以旧四氟板能抽出、新四氟板能顺利安装为准。

(4)盆式支座取出

①同步顶升后,梁底与盆式支座上钢板出现缝隙后,开始拆除旧盆式支座。

②支座取出的位置与放千斤顶的位置方向相反,一般是从横向墩身的两侧取出,采用绳线葫芦慢慢拉出,拉出后用小型起重机将旧支座吊至地面。新支座按旧支座拆除的线路逆向安

装，从另外一侧采用绳线葫芦慢慢拉入准确的位置，就位。

(5)列车恢复运行前工作

①顶升后，通知要恢复地铁列车早晨开始运营，必须停止作业前的半小时开始着手进行千斤顶回缩、保撑设置工作，确保在规定时间段内完成，不耽误列车运行。

②将保撑的顶部钢板的高度调整至顶升前梁底的高度，供油泵站慢慢回油，千斤顶回缩，回缩至顶升前的高度，此时保撑开始受力，直至梁底高度恢复顶升前的原样，且以桥面工作人员的监测结果，桥面附属设施特别是钢轨已恢复到原来位置为止。

(6)新盆式支座就位准备

①此工作白天进行。

②将新盆式支座运输到墩身顶部，沿着旧支座拆除的路线，将新支座移动至靠近支座垫石的位置。

③清除支座垫石表面的杂物，准备好所有安装工具，为安装新支座做好一切准备工作。

(7)安装新盆式支座

①夜间地铁停运后，前期工作完成，监管人员、施工人员、监测人员全部就位后，开始顶升。

②顶升高度设置在拆除旧盆式支座的位置后，锁定千斤顶，同时保撑的高度跟随梁底上升的高度锁定。

③用绳线葫芦慢慢将新盆式支座拉入指定的位置。

④将盆式支座调整水平，上下钢板涂抹或注入结构胶，在现场人员通知停止施工前，回缩千斤顶，落梁。

⑤监管人员检查桥面设施是否恢复原样，是否满足通车要求，如满足，撤除千斤顶、保撑等，完成盆式支座更换的任务。

(8)安装盆式支座上下钢板螺杆

①安装上下钢板螺杆。

②螺杆及盆式支座防锈处理。

### 6.4.4 监测方案

1. 概述

(1)施工监测主要是监测顶升过程中上部结构梁体的顶升高度、梁体的横向位移和纵向位移，受力部位的裂缝监测等，主要监测设备及仪器为位移传感器、百分表、水准仪、全站仪、裂缝探测仪等。

(2)位移传感器：安装在梁底与墩身顶部之间，与 PLC 泵站的电脑相连，主要是反映梁体顶升的高度，将信息实时传到控制屏的显示器上，为顶升总指挥作出准确的判断和决断提供依据。

(3)百分表：

a. 监测梁体上下位移，安装在墩身顶部和梁体之间。

b. 监测梁体纵向位移，安装在墩身顶部和梁体侧面。

c. 监测梁体横向位移，安装在墩身顶部和梁体侧面。

(4)水准仪：监测桥面轨道上升高度。

(5)全站仪：监测高处梁体位移情况。

(6)裂缝探测仪:监测梁端的梁底千斤顶及保撑受力位置的裂缝情况。

2. 全面检查

(1)在顶升之前对顶升桥跨、墩身、梁体及其相应的上、下部结构进行全面地检查,以了解桥体的现状,避免已有病害对顶升施工的安全造成隐患,也便于在顶升过程中对已有病害的进一步观测。

(2)在顶升施工结束后再对桥梁做全面检查,对比顶升施工前的状况,观察病害的发展情况,从而考虑进一步的处理方法。

3. 梁体的位移监测

(1)梁体顶升高度监测

①位移传感器:安装在梁底与墩身顶部之间,每个千斤顶的边上各设置安装一个,传感器与 PLC 电脑控制系统连接,能在操作屏幕上即时显示顶升高度的数据,可严格控制梁体顶升高度。

②百分表:安装在梁底与墩身顶部之间,墩身横向两头各安装一个,纵向在支座的位置各安装一个。顶升时,派专人观测百分表的读数,记录数据并及时汇报给顶升负责人。

③桥面钢轨位置用水准仪进行监测,在附近设置临时水准点,记录顶升前、顶升中、顶升后的数据并进行对比和控制,在更换好盆式支座及四氟板后,桥面的高程恢复到原样,确保地铁列车行车安全。

④梁体顶升高度监测的目的:

a. 顶升时,梁体抬升高度小于 3 mm,特殊情况不超过 5 mm。

b. 顶升结束时,桥面设施如列车钢轨恢复到顶升前高度。

(2)梁体顶升纵向位移监测

①在梁体侧面设限位装置,百分表安装在墩身顶部,与梁体的限位装置接驳,在梁体有纵向位移时,能将位移量反映到百分表的读数上来。

②在梁体的墩身顶上的两个侧面均安装百分表和梁体限位装置。

③梁体顶升纵向位移监测的目的:

a. 顶升时,梁体纵向位移控制在 3 mm 以内。

b. 顶升结束时,恢复梁体的原来位置。

(3)梁体顶升横向位移监测

①百分表安装在墩身顶部,指针直接顶住梁体的侧面混凝土,顶升时,在梁体有横向位移时,能将位移量反映到百分表的读数上来。

②在梁体的墩身顶上的两个侧面均安装百分表,顶针均与梁体直接接触,如有位移量,可直接在百分表的读数上反映出来。

③梁体顶升横向位移监测的目的:

a. 顶升时,梁体横向位移控制在 3 mm 以内。

b. 顶升结束时,恢复梁体的原来位置。

(4)位移监测的其他方法

①全站仪监测为辅助监测,精密度与传感器及百分表比略差。在百分表与传感器接触不到的位置,采用全站仪监测。

②在梁体的某个部位,划好十字标准线并标上刻度。在顶升过程中,全站仪对准十字线,

观察梁体的空间位移情况。

(5)裂缝监测

①裂缝监测主要对受力关键截面的裂缝开展情况进行监测。

②施工前,应对梁体已有裂缝进行长度、宽度的测量,并做好记录。裂缝监测截面的选择与应力监测截面相同。在顶升过程中,应观测原有裂缝的宽度及长度的变化情况,并检查有无新增裂缝,做好裂缝性状的记录。另外,还需对墩柱进行裂缝的观测,查看是否有新增裂缝或出现发展,并做好详细记录。

(6)应力监测

①应力监测主要是在顶升、持荷和梁体回落过程中对关键截面进行监测,将实测应力数据与理论计算数据相比较。如果施工过程中出现实测值与理论值差异较大的情况,应立即停止施工,查找原因并及时调整。

②顶升时,PLC 电脑系统会显示顶升的顶力,与计算的理论荷载进行对比,千斤顶顶力的总和与总荷载相差值较大时,暂停顶升,检查梁体与支座的铰接部位是否脱开等,查找原因并及时处理后,再继续顶升。

(7)环境温度监测

在施工期间,做好必要的气温和梁体温度观测。同时实时关注当地天气情况,以做好全面应对措施。

(8)监测点设置

监测点设置示意如图 6-72 所示。

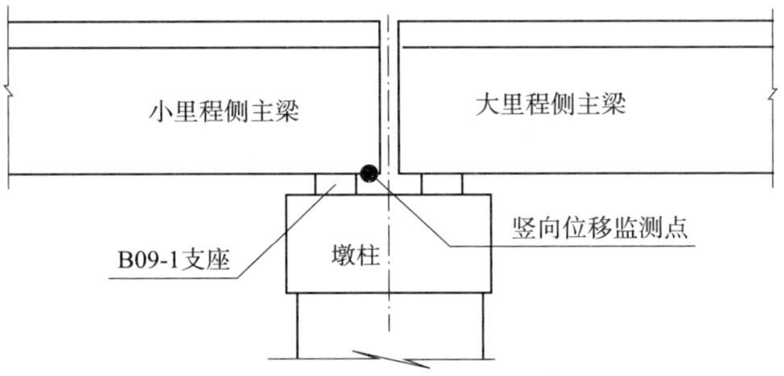


(a)竖向位移监测点布置侧面示意图

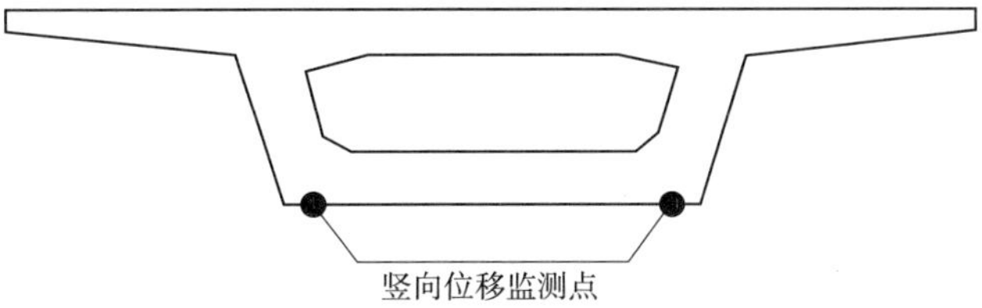


(b)竖向位移监测点布置断面示意图

图 6-72

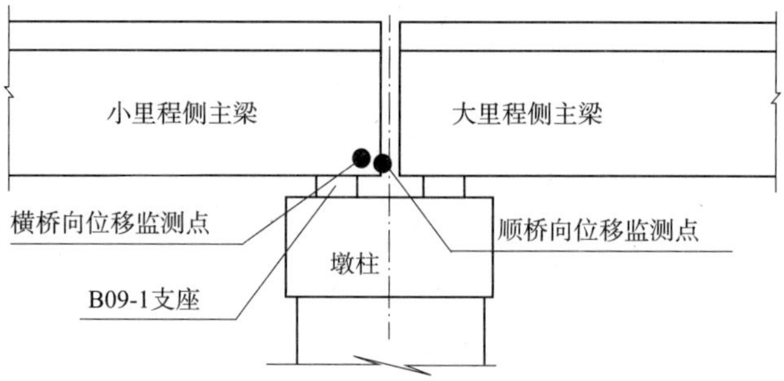


（c）顺桥向、横桥向位移监测点布置侧面示意图

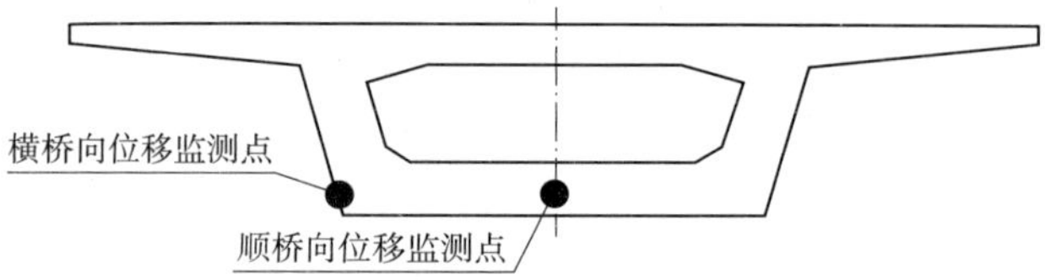


（d）顺桥向、横桥向位移监测点布置断面示意图

图 6-72　监测点设置示意图